MAIS PLATÃO, MENOS PROZAC

LOU MARINOFF

MAIS PLATÃO, MENOS PROZAC

Tradução de
ANA LUIZA BORGES

27ª edição

EDITORA RECORD
RIO DE JANEIRO • SÃO PAULO
2025

CIP-Brasil. Catalogação-na-fonte
Sindicato Nacional dos Editores de Livros, RJ.

Marinoff, Lou

L293p Mais Platão, menos Prozac / Lou Marinoff;
27ª ed. tradução de Ana Luiza Borges. – 27ª ed. – Rio de
Janeiro: Record, 2025.

Tradução de: Plato, not Prozac!
Apêndices
ISBN 978-85-01-05848-5

1. Aconselhamento filosófico. I. Título.

CDD – 100
00-1582 CDU – 1

Título original em inglês:
PLATO, NOT PROZAC!
Applying Philosophy to Everyday Problems

Copyright © 1999 by Lou Marinoff

Todos os direitos reservados. Proibida a reprodução, armazenamento
ou transmissão de partes deste livro, através de quaisquer meios, sem
prévia autorização por escrito.
Proibida a venda desta edição em Portugal e resto da Europa.

Direitos exclusivos de publicação em língua portuguesa para o Brasil
adquiridos pela
EDITORA RECORD LTDA.
Rua Argentina, 171 – Rio de Janeiro, RJ – 20921-380 – Tel.: (21) 2585-2000
que se reserva a propriedade literária desta tradução

Impresso no Brasil

ISBN 978-85-01-05848-5

Seja um leitor preferencial Record.
Cadastre-se em www.record.com.br e receba
informações sobre nossos lançamentos e nossas promoções.

Atendimento e venda direta ao leitor:
sac@record.com.br

EDITORA AFILIADA

Para aqueles que sempre souberam que a filosofia servia para alguma coisa, mas não conseguiam explicar exatamente para quê.

"Somente a Razão torna a vida alegre e agradável, excluindo todas as Concepções ou Opiniões falsas que podem perturbar a mente."

EPICURO

"A vida que não é examinada não vale a pena ser vivida."

SÓCRATES

"O tempo da vida humana não passa de um ponto, e a substância é um fluxo, e suas percepções embotadas, e a composição do corpo corruptível, e a alma um redemoinho, a sorte inescrutável, e a fama algo sem sentido... O que, então, pode guiar o homem? Somente uma coisa, a filosofia."

MARCO AURÉLIO

"As nuvens da minha dor dissolveram-se e bebi na luz. Com os meus pensamentos recobrados, virei-me para examinar a face da minha médica. Girei os olhos e os fixei nela, e vi que era a minha enfermeira, na casa de quem eu fora cuidado desde a minha juventude — a Filosofia.

ANICIUS BOETHIUS

"O homem não pode superestimar a grandeza e o poder de sua mente."

GEORG FRIEDRICH HEGEL

"Fazer filosofia é explorar o próprio temperamento, e ao mesmo tempo tentar descobrir a verdade."

IRIS MURDOCH

"O carpinteiro molda a madeira; os arqueiros moldam flechas; o sábio molda a si mesmo."

BUDA

O editor agradece a autorização para reproduzir o que se segue:

Capítulo 1: Trecho de "Little Gidding", em *Four Quartets*, © 1942 by T. S. Eliot e renovado em 1970 por Esme Valerie Eliot, reimpresso com a permissão de Harcourt, Inc.

Capítulo 2: Trecho *The Myth of Mental Illness*, de Thomas Szasz, HarperCollins Publishers, © 1961 by Paul B. Hoeber, Inc. © 1974 by Thomas Szasz, M. D.

Capítulo 3: Trecho reimpresso com a autorização do editor de *Philosophical Investigations*, de Ludwig Wittgenstein, Blackwell Publishers © 1997.

Capítulo 4: Trecho reimpresso com a autorização do editor de *Theories and Things*, de W. V. Quine, Cambridge, Mass: Harvard University Press, Copyright © 1981 by the President and Fellows of Harvard College.

Capítulos 4, 6, Apêndice 5: Trechos de C. G. Jung, Wilhelm Baynes org., *I Ching*, Copyright © 1967 by Princeton University Press. Reimpresso com a autorização da Princeton University Press.

Capítulo 8: Trecho de *The Prophet*, de Khalil Gibran. Copyright 1923 by Khalil Gibran e renovado em 1951 by Administrators C T A de Kahlil Gibran Estate e Mary G. Gibran. Reimpresso com a autorização de Alfred A. Knopf.

Capítulo 12: Estudo de Ben Mujuskovic foi publicado pela primeira vez em Lahav, Ran e Tillmann, Maria (organizadores); *Essays on Philosophical Counseling*, Lanham: University Press of America, Inc., 1995.

Trecho reimpresso com a autorização do editor de Thomas Mann, *The Beloved Returns*, Alfred A. Knopf.

Trecho republicado com a autorização do editor de *One Writer's Beginnings*, de Eudora Welty, Cambridge, Mass: Harvard University Press, Copyright © 1983, 1984 by Eudora Welty.

Sumário

Agradecimentos   13

PARTE I
NOVOS USOS PARA A SABEDORIA ANTIGA

1. O que estava errado com a Filosofia e o que está dando certo ultimamente   17
2. Terapia, terapia em toda parte, e nem um pensamento a ser pensado   33
3. PEACE em seu tempo: cinco passos para administrar problemas filosoficamente   57
4. O que você achou que faltava no Curso Básico de Filosofia que pode ajudá-lo agora   73

PARTE II
ADMINISTRANDO PROBLEMAS COTIDIANOS

5. Buscando um relacionamento   107
6. Mantendo um relacionamento   121
7. Terminando uma relação   143
8. Vida familiar e rivalidade   163
9. Quando o trabalho não funciona   181
10. Meia-idade sem crise   205
11. Por que ser moral ou ético?   221

12. Descobrindo o significado e o propósito   253
13. Ganhando com a perda   283

PARTE III
ALÉM DO ACONSELHAMENTO DO PACIENTE

14. Praticando a filosofia com grupos e organizações   309

PARTE IV
RECURSOS COMPLEMENTARES

Apêndice A: Relação de filósofos   329
Apêndice B: Organizações para a prática filosófica   349
Apêndice C: Catálogo de profissionais da filosofia   355
Apêndice D: Leitura complementar   365
Apêndice E: Consultando o *I Ching*   369

Índice remissivo   375

Agradecimentos

Agradeço aos filósofos que me precederam e aos meus contemporâneos por sua inspiração perene. A filosofia é um rio interminável, sinuoso aqui e fluente ali, mas nunca seco.

Os meus agradecimentos aos muitos colegas acadêmicos e profissionais, nos Estados Unidos e no exterior, por seu intercâmbio construtivo. Eles sustentam a chama da investigação filosófica por meio de teorias esclarecedoras e práticas eficazes.

Agradeço a todos os profissionais que contribuíram com estudos de casos. As restrições habituais nos impediram de incluir todas as sugestões. Usamos casos de Keith Burkum, Harriet Chamberlain, Richard Dance, Vaughana Feary, Stephen Hare, Alicia Juarrero, Chris McCullough, Ben Mijuskovic, Simon du Plock e Peter Raabe. Também sou grato aos profissionais cujos trabalhos e *insights* tive oportunidade de mencionar: Gerd Achenbach, Stanley Chan, Pierre Grimes, Kenneth Kipnis, Ran Lahav, Peter March e Bernard Roy.

Agradeço aos nossos colegas holandeses — especialmente Dries Boele e Ida Jongsma — por treinarem o primeiro núcleo de mediadores americanos no método nelsoniano do Diálogo Socrático.

Agradeço a muitos outros cuja clarividência e apoio irrestrito favoreceram a emergência da prática filosófica na América — entre eles Charles DeCicco, Joëlle Delbourgo, Ruben Diaz Jr., Paul del Duca, Ron Goldfarb, John Greenwood, Robbie Hare, Mahin Hassibi, Merl Hoffman, Ann Lippel, Thomas Magnell, Robyn Leary Mancini, Jean Mechanic, Thomas Morales, Yolanda Moses, Gerard O'Sullivan, Mehul Shah, Paul Sharkey, Wayne Shelton, Jennifer Stark, Martin Tamny e Emmanuel Tchividjian.

Por fim, agradeço a Colleen Kapklein, que transformou habilidosamente minhas divagações elípticas em prosa acessível. Qualquer filósofo, aprendi, pode escrever um livro impopular sem nenhuma ajuda. Afinal, temos o dom de transformar assuntos simples em assuntos espantosamente complexos. Ao contrário, a escrita popular requer a transformação engenhosa, se bem que fidedigna, de questões complexas em questões espantosamente simples — uma tarefa que eu não teria conseguido conceber, muito menos executar, sem uma assistência especializada.

LOU MARINOFF
Cidade de Nova York, 1999

• • •

Os estudos de casos aqui contidos foram extraídos da prática de aconselhamento e da prática de colegas que voluntariamente sugeriram a sua inclusão. O anonimato de nossos clientes foi garantido com a alteração dos nomes, lugares, profissões, detalhes e outras informações pertinentes. Embora a sua identidade tenha sido inventada, os benefícios filosóficos que obtiveram são reais.

PARTE I

NOVOS USOS PARA A SABEDORIA ANTIGA

1

O que estava errado com a Filosofia e o que está dando certo ultimamente

"Quanto às Doenças da Mente, a Filosofia lhes ofereceu Remédios; sendo, nesse aspecto, justamente considerada a Medicina da Mente."

— EPICURO

"Ser filósofo não é meramente ter pensamentos sutis, nem mesmo fundar uma escola... É resolver alguns dos problemas da vida, não na teoria, mas na prática."

— HENRY DAVID THOREAU

Uma jovem enfrenta o câncer de seio de sua mãe em fase terminal. Um homem encara uma mudança de carreira na meia-idade. Uma mulher protestante, cuja filha está noiva de um judeu e cujo filho casou-se com uma mulher muçulmana, teme os possíveis conflitos religiosos. Um executivo bem-sucedido se debate na dúvida entre abandonar ou não a mulher com quem está casado há mais de vinte anos. Uma mulher vive bem com o seu parceiro, mas somente um deles quer filhos. Um engenheiro e pai solteiro que sustenta quatro filhos receia que a denúncia de uma falha em um projeto importante lhe custe o emprego. Uma mulher que tem tudo que considerava importante — um marido amoroso, filhos, uma bela casa, uma profissão bem-remunerada — sofre com a falta de sentido e, quando avalia a sua vida, pensa: "É só isso?"

Todas essas pessoas procuram ajuda profissional para lidar com problemas que, para elas, são esmagadores. Poderiam ter procurado consultórios de psicólogos, psiquiatras, assistentes sociais, conselheiros matrimoniais ou até o clínico geral para tratar de sua "doença mental". Ou ter consultado um conselheiro espiritual ou se voltado para a religião em busca de orientação. E algumas receberam ajuda nesses lugares. Também podem ter passado por discussões sobre a sua infância, a análise do seu padrão de comportamento, recebido prescrições para antidepressivos ou escutado argumentações sobre a sua natureza pecadora ou o perdão de Deus, nada disso atingindo o âmago de seu conflito. Podem ter sido encaminhadas a tratamentos demorados, sem uma meta definida, com o foco no diagnóstico da doença como se fosse um tumor a ser extraído ou um sintoma a ser controlado com medicamentos.

Agora há mais uma opção para as pessoas insatisfeitas ou resistentes à terapia psicológica ou psiquiátrica: o aconselhamento filosófico. O que as pessoas descritas acima fizeram foi buscar um tipo diferente de ajuda. Consultaram um profissional da filosofia, procurando o discernimento a partir das grandes tradições da sabedoria mundial. Na medida em que as instituições religiosas estabelecidas perdem cada vez mais a sua autoridade e que a psicologia e a psiquiatria excedem os limites de sua utilidade na vida das pessoas (e começam a fazer mais mal que bem), muitas pessoas estão passando a se dar conta de que a especialização filosófica abarca lógica, ética, valores, significado, racionalidade, tomada de decisão em situações de conflito ou risco, e todas as vastas complexidades que caracterizam a vida humana.

As pessoas que enfrentam essas situações precisam conversar em termos suficientemente amplos e profundos para lidar com suas preocupações. Apreendendo a sua filosofia de vida pessoal, às vezes com a ajuda dos grandes pensadores do passado, podem construir uma estrutura para controlar o que quer que tenham de enfrentar e partir para a situação seguinte com uma base mais sólida e mais completa do ponto de vista espiritual ou filosófico. Elas precisam de diálogo, não de diagnóstico.

É possível aplicar esse processo em sua própria vida. Você pode trabalhar sozinho, embora às vezes ajude ter um parceiro com quem conversar, que cuide para que você não deixe passar alguma coisa ou parta para a racionalização da racionalidade. Com a orientação e os exemplos neste livro, estará preparado para descobrir os benefícios de uma vida examinada, inclusive a paz da mente, estabilidade e integridade. Não precisa ter nenhuma experiência em filosofia, não tem de ler *A República,* de Platão, nem qualquer outro texto filosófico (a menos que queira). Tudo que você precisa é de uma disposição filosófica que, já que escolheu este livro e o leu até aqui, eu diria que tem.

A FILOSOFIA PESSOAL

Todo mundo tem uma filosofia de vida, mas poucos de nós têm o privilégio ou o tempo livre para se reunir e deslindar os aspectos complexos. Tendemos a formá-la à medida que vivemos. A experiência é um grande mestre, mas também precisamos raciocinar sobre nossas experiências. Precisamos pensar criticamente, procurando padrões e reunindo tudo em um grande quadro para seguirmos o nosso caminho na vida. Compreender a nossa filosofia pessoal pode ajudar a evitar, resolver ou administrar muitos problemas. Nossas filosofias também podem fundamentar os problemas que experimentamos, portanto temos de avaliar nossas idéias para formarmos uma perspectiva a nosso favor e não contra nós. É possível modificar uma convicção para resolver um problema, e este livro lhe mostrará como.

Apesar de sua reputação, a filosofia não tem de ser intimidadora, maçante ou incompreensível. Grande parte do que foi escrito sobre o assunto ao longo dos anos certamente se enquadra em uma ou mais dessas categorias, mas em seu cerne a filosofia examina as perguntas que todos fazemos: o que é uma vida boa? O que é bom? Do que trata a vida? Por que estou aqui? Por que devo fazer a coisa certa? O que é a coisa certa? Não são perguntas fáceis, e não existem respostas fáceis ou não estaríamos ainda hoje matutando sobre elas. Nunca duas pessoas chegarão automaticamente às mesmas respostas. Mas todos temos um conjunto de princípios operacionais que orientam nossas ações, estejamos ou não conscientes deles e possamos ou não enumerá-los.

A grande vantagem de se ter milhares de anos de pensamento a que recorrer é que várias das mentes mais sábias da história refletiram sobre esses temas e nos legaram *insights* e orientações. Mas a filosofia também é pessoal — também somos os nossos próprios filósofos. Aprenda o que puder de outras fontes, mas, para chegar a uma maneira de abordar o mundo que funcione para você mesmo, terá de refletir por conta própria. A boa nova é que, com o estímulo apropriado, poderá pensar eficazmente por si mesmo.

E onde encontrar esse estímulo? Aqui, neste livro. *Mais Platão, menos Prozac* apresenta alguns dos frutos da prática filosófica. Os meus colegas e eu não somos filósofos apenas no sentido acadêmico. Embora muitos de nós tenhamos o título de Ph.D., demos aulas em universidades e publiquemos artigos especializados, fazemos mais que isso: também oferecemos aconselhamento individual, mediação de grupos e consultoria organizacional. Retiramos a filosofia do contexto puramente teórico ou hipotético e a aplicamos a problemas pessoais, sociais e profissionais cotidianos.

Se me procurarem, talvez eu discuta os pensamentos de Kierkegaard sobre como enfrentar a morte, as idéias de Ayn Rand sobre a virtude do egoísmo, ou o conselho de Aristóteles para se perseguir a razão e a moderação em tudo. Poderemos examinar a teoria da decisão, o *I Ching (O Livro das Mutações)*, ou a teoria da obrigação de Kant. Dependendo do seu problema, examinaremos as idéias de filósofos que mais se aplicam à sua situação, aquelas a que você se mostrará mais propenso. Algumas pessoas gostam da abordagem autoritária de Hobbes, por exemplo, enquanto outras reagem a uma abordagem mais intuitiva, como a de Lao Tsé. Poderemos explorar a fundo suas filosofias. Porém, é mais provável que você tenha uma filosofia própria e que esteja querendo expressá-la mais claramente. Nesse caso, atuarei como um guia para extrair e iluminar as suas próprias idéias e, possivelmente, sugerir algumas novas.

Tendo trabalhado a sua situação filosoficamente, o resultado será uma maneira imparcial, consistente e duradoura de enfrentar o que lhe atravessar o caminho agora e no futuro. Encontrará a verdadeira paz de espírito através da contemplação, não de medicamentos. Mais Platão, menos Prozac. Isto requer um pensamento claro e penetrante, mas não está além de sua cabeça.

A vida é tensa e complicada, mas não é preciso ficar angustiado e confuso. Este livro trata de problemas humanos da vida cotidiana. Ficamos especialmente vulneráveis quando nossa fé e confiança estão baixas, como quando tantos sentem que não encontram as respostas na religião ou na ciência. Durante todo este século, um grande abismo se abriu debaixo de nós quando a religião retrocedeu, a ciência avançou e o significado se extinguiu. A maioria de nós não vê o abismo até cair nele. Filósofos existencialistas conduzem excursões por ele, mas não conseguem libertar dele muitas pessoas. Temos de rebuscar as aplicações práticas de todas as escolas de filosofia para orientar a nossa travessia.

A filosofia está reconquistando a sua legitimidade como um meio útil de examinar o mundo à nossa volta enquanto o universo nos abastece de novos mistérios, a uma velocidade que torna impossível à teologia ou à ciência harmonizar os enigmas existentes. Bertrand Russell caracterizou a filosofia como "algo intermediário entre a teologia e a ciência... uma terra de ninguém, exposta ao ataque dos dois lados". Mas a vantagem dessa avaliação pertinente da desvantagem é que a filosofia pode usar as forças dos dois lados sem ter de absorver os dogmas ou as fraquezas de nenhum dos dois.

Este livro recorre aos maiores filósofos e filosofias de toda a história e do mundo inteiro para mostrar como tratar questões importantes em sua vida. Lida com problemas que todos enfrentam, inclusive relacionamentos amorosos, vida ética, como enfrentar a morte, mudança de carreira e a procura de significado e objetivo. Evidentemente, nem todo problema tem uma solução, porém, mesmo que não possamos encontrar uma solução, temos de enfrentar o problema de alguma maneira para continuarmos vivendo. Qualquer que seja a maneira — resolvendo ou enfrentando —, este livro pode orientá-lo. Em vez de oferecer abordagens pseudoclínicas superficiais de movimentos New Age ou orientados para a patologia, este livro oferece a sabedoria antiga, especificamente voltada para ajudá-lo a viver com satisfação e integridade em um mundo cada vez mais desafiador.

FILOSOFIA PRÁTICA

O aconselhamento filosófico é um campo da filosofia relativamente novo, mas em rápida ascensão. O movimento da prática filosófica originou-se na Europa na década de 80, começando com Gerd Achenbach na Alemanha, e passou a crescer na América do Norte na década de 90. Apesar de *filosofia* e *prática* serem duas palavras com pouca probabilidade de se associarem na mente da maioria das pessoas, a filosofia sempre ofereceu ferramentas para serem usadas no dia-a-dia. Quando Sócrates passava seus dias debatendo questões importantes no mercado, e quando Lao Tsé registrava sua opinião sobre como seguir o caminho para o sucesso evitando danos, eles pretendiam que essas idéias fossem utilizadas. Filosofia foi, originalmente, um modo de vida, não uma disciplina acadêmica — algo para ser não apenas estudado, mas também aplicado. Somente por volta do século passado, a filosofia foi confinada numa ala esotérica da torre de marfim, repleta de *insights* teóricos, mas vazia de aplicação prática.

Filosofia analítica é o termo técnico para aquilo que provavelmente surge em sua mente ao pensar em filosofia. Este é o campo definido academicamente. Esse tipo de filosofia geralmente é abstrato e auto-referente, com pouco ou nada a dizer sobre o mundo. Raramente é aplicável à vida. Essa abordagem é boa para universidades. O estudo básico da filosofia deveria fazer parte de toda educação; uma universidade sem um departamento de filosofia é como um corpo sem a cabeça. Mas na maioria dos campos de estudo acadêmico em que há uma divisão de investigação, há também outra de prática. Podemos estudar matemática pura ou aplicada, ciências teóricas ou experimentais. Apesar de ser essencial a todos os campos para expandir suas fronteiras teóricas, a filosofia acadêmica ultimamente deu ênfase excessiva à teoria em detrimento da prática. Devo lembrar-lhes que a sabedoria da filosofia, que diz respeito à vida real e a como vivê-la, precede a institucionalização da filosofia como ginástica mental que não tem nada a ver com a vida.

A filosofia está se popularizando de novo, tornando-se compreensível e aplicável para as pessoas comuns. Percepções eternas sobre a condição humana se tornam acessíveis. Nós, filósofos práticos, as retiramos das bolorentas estantes das bibliotecas, as espanamos e as colocamos nas mãos de vocês. Pode-se aprender a usá-las. Não é preciso ter experiência anterior. Talvez queiram conhecer o território antes de partirem sozinhos, e é isso que este livro lhes dará, juntamente com a chave de todos os sinais da estrada necessários para que façam uma viagem segura e fascinante, sozinhos ou com um amigo.

O benefício da sabedoria de séculos não depende de modo algum de um Ph.D., ou algo no gênero. Afinal, não é preciso estudar biofísica para caminhar, estudar engenharia para armar uma barraca ou economia para encontrar trabalho. Da mesma forma, não é preciso estudar filosofia para se levar uma vida melhor — mas talvez precise praticá-la. A verdade sobre a filosofia (e um segredo muito bem guardado) é que a maioria das pessoas pode fazer isso. A investigação filosófica nem mesmo requer um filósofo formado, apenas a disposição para abordar a questão em termos filosóficos. Não precisam sair e pagar alguém — embora possam se deleitar e aprender o processo com um profissional —, pois com um parceiro com a mesma disposição, ou até mesmo sozinhos, é possível conseguir isso em sua própria casa, numa cafeteria ou num shopping.

Como profissional da filosofia, defendo o interesse dos meus clientes. O meu trabalho é ajudá-los a compreender que tipo de problema têm diante de si e, através do diálogo, deslindar e classificar seus componentes e implicações. Ajudo-os a encontrar a melhor solução: uma abordagem filosófica compatível com o seu sistema pessoal de convicções, mas em harmonia com princípios de sabedoria consagrados pelo tempo, que contribuem para uma vida mais virtuosa e efetiva. Trabalho com os clientes para identificar suas crenças (e refletimos sobre a substituição daquelas que são inúteis) e exploro questões universais de valor, significado e ética. Trabalhando com este livro, é possível aprender a fazer o mesmo sozinho, e ele também pode ajudar a fazer outra mente trabalhar o mesmo assunto.

Quase todos os clientes me procuram para obter uma garantia de que suas ações estão de acordo com suas convicções e contam comigo para assinalar as inconsistências. O foco do aconselhamento filosófico é o agora — e planejar o futuro —, e não o passado, como em grande parte da psicoterapia tradicional. Outra diferença é que o aconselhamento filosófico tende a ser breve. Vejo alguns clientes somente numa sessão. Em geral, trabalho com alguém várias vezes no período de alguns meses. O maior tempo que durou um aconselhamento meu foi de mais ou menos um ano.

Uma sessão de aconselhamento filosófico envolve mais do que apenas combinar problemas com fragmentos racionais da literatura filosófica, mas um simples aforismo às vezes é capaz de servir de atalho para um problema espinhoso. É o diálogo, a troca de idéias, que é terapêutico. Este livro fornecerá todas as informações necessárias para esclarecer a sua própria filosofia, assim como uma orientação sobre como conduzir sua deliberação interna ou diálogo com um amigo. Mostrarei como ser radical o bastante para considerar cada opção, mas suficientemente prudente para escolher a certa.

PLATÃO OU PROZAC?

Antes de confiar exclusivamente na filosofia para administrar um problema, é preciso se certificar de que ela é adequada a sua situação. Se você está chateado porque tem uma pedra em seu sapato, não precisa de aconselhamento — precisa tirar a pedra do sapato. Falar na pedra em seu sapato não fará seu pé parar de doer, por mais enfático que seja aquele que o escuta e qualquer que seja a escola de terapia a que ele ou ela pertença. Encaminho as pessoas com problemas que suspeito serem de natureza física a profissionais clínicos ou psiquiatras. Algumas pessoas talvez não obtenham ajuda de Platão, assim como outras não obtêm ajuda do Prozac. Algumas podem precisar antes de Prozac, depois de Platão, ou de Prozac e Platão juntos.

Muitas pessoas que procuram o aconselhamento filosófico já se submeteram à terapia, mas a acharam insatisfatória, pelo menos em certo aspecto. Pessoas podem ser prejudicadas pelo tratamento psicológico ou psiquiátrico se a raiz de seu problema for filosófica e o terapeuta ou médico que procuraram não tiver percebido. A sensação de desespero pode ser desencadeada se a pessoa começa a sentir que ninguém será capaz para ajudá-la porque não é ouvida claramente. A terapia inadequada desperdiça tempo (na melhor das hipóteses), e pode agravar o seu problema.

Muitas pessoas que, em última instância, confiam no aconselhamento filosófico foram ajudadas antes pelo aconselhamento psicológico, mesmo que não o tenham considerado suficiente. O seu passado certamente o condiciona e orienta a sua maneira habitual de ver as coisas; portanto, examiná-lo pode ajudar. A compreensão de sua própria psicologia pode ser uma preparação útil para cultivar a sua filosofia pessoal. Todos nós carregamos uma bagagem psicológica, mas para nos livrarmos do excesso podemos precisar de aconselhamento filosófico. A idéia é viajar com a carga mais leve possível. Conhecer a si mesmo — uma meta abordada de maneiras diferentes no aconselhamento psicológico e filosófico — não significa decorar a Enciclopédia de Você. Demorar-se em cada detalhe delicado aumenta sua bagagem em vez de aliviar a carga.

Muitas pessoas que não chegariam nem perto de uma psicoterapia acham a idéia de conversar sobre idéias e opiniões não só atraente como também aceitável. Quer a terapia psicológica seja ou não para você um meio de alcançar algo, se você for curioso poderá se beneficiar enormemente do aconselhamento filosófico. De fato, qualquer pessoa com uma mente investigativa está preparada para a vida examinada que os filósofos consideram seu propósito unificador.

TERAPIA PARA O SÃO

O aconselhamento filosófico é, nas palavras de meu colega canadense Peter March, uma "terapia para o são". A meu ver, isso inclui praticamente todos nós. Infelizmente, o alvo de grande parte da psicologia e da psiquiatria tem sido "supor a doença" (isto é, "medicalizar") de todos e de tudo à vista, esperando diagnosticar cada pessoa que chega e descobrir a síndrome ou o distúrbio que pode estar causando o seu problema. Do outro lado, o pensamento New Age assume como premissa que o mundo (e todos nele) é simplesmente como tem de ser ou pretende ser. Apesar de, geralmente, esperarmos ser aceitos a despeito da variedade de idiossincrasias e falhas com que todos viemos, e apesar de não haver nenhuma razão para vermos essas falhas como algo anormal (o anormal é a perfeição), também não há razão para vermos a mudança como algo fora do nosso alcance. Quando Sócrates declarou que a vida não examinada não vale a pena ser vivida, estava defendendo a avaliação pessoal constante e se esforçando para o auto-aprimoramento como a vocação mais elevada.

É normal ter problemas, e a aflição emocional não é necessariamente uma doença. As pessoas que estão procurando uma maneira de monitorar e controlar um mundo que está se tornando cada vez mais complexo não precisam ser rotuladas como portadoras de um distúrbio, pois, na verdade, estão percorrendo um caminho consagrado pelo tempo para uma vida mais realizada. Neste livro, você verá especificamente como aplicar a filosofia quando estiver enfrentando dilemas morais, conflitos éticos profissionais, a dificuldade de conciliar a sua experiência e as suas convicções, conflitos entre a razão e a emoção, crises de significado, propósito ou valor, buscas de identidade pessoal, busca de estratégias como pais, ansiedade em relação à mudança de profissão, incapacidade de alcançar suas metas, mudanças na meia-idade, problemas com relacionamentos, a morte de um ente querido ou a sua própria mortalidade. Selecionei para um exame detalhado as situações mais comuns que põem as pessoas cara a cara com suas filosofias. Independentemente da sua preocupação particular, você pode aplicar as técnicas e os *insights* subjacentes.

Como o orienta a usar a filosofia por conta própria, este livro faz muito mais do que sugerir que "tome dois aforismos e me ligue de manhã". É um guia prático para as lutas mais comuns na vida. Oferece um estudo sucinto de filosofia para aqueles que nunca tiveram aulas (ou não conseguem se lembrar) de Filosofia. Mas, além disso, é uma reflexão profunda sobre a maneira como todos podemos viver com mais integridade e satisfação. Trata das principais questões que todos enfrentam na vida — e oferece as respostas dadas por alguns dos maiores pensadores de todos os tempos, assim como estratégias para ajudar a alcançar a resposta que terá mais importância para você: a sua resposta pessoal.

SUMÁRIO

Para que saibam o que os espera, segue uma breve descrição de onde encontrar os tópicos neste livro.

Nesta Parte I, apresento a prática filosófica, as maneiras de usar a filosofia para ajudar a si mesmo e os limites da auto-ajuda. Depois deste capítulo sobre o que estava errado com a filosofia da forma como é usada (ou não usada) no mundo real — e o que tem dado certo ultimamente —, o Capítulo 2 analisa a força e as fraquezas da psicologia e da psiquiatria e compara diversos tipos de terapias. O Capítulo 3 apresenta os cinco passos do processo PEACE para lidar filosoficamente com problemas. O Capítulo 4 fornece uma breve descrição de alguns filósofos cujas idéias são relevantes para a minha atividade de aconselhamento, para propiciar uma certa perspectiva histórica.

Cada um dos capítulos da Parte II enfoca um dos problemas mais comuns levados aos consultores filosóficos, mostra como a filosofia lida com eles e orienta a aplicação do pensamento filosófico às situações particulares. Os estudos de casos são entremeados com explicações das principais escolas de pensamento e importantes teorias filosóficas específicas a fim de proporcionar uma gama de opções para cada situação comum. Essas são as ferramentas de que você precisa para examinar a sua própria vida.

A Parte III amplia a perspectiva para além do aconselhamento filosófico e examina como a filosofia é praticada com grupos e organizações. A expressão *prática filosófica* refere-se a três tipos de atividades profissionais: aconselhamento individual de clientes, moderação de vários tipos de grupos e consultoria a vários tipos de organizações. Portanto, um conselheiro filosófico é um tipo de prático filosófico. Alguns práticos especializam-se em um tipo de prática, outros se dividem em mais de um tipo. Embora este livro enfoque o aconselhamento, os outros tipos de prática também são importantes e merecem ser mencionados. Indivíduos que trabalham em grupo podem lucrar com esses encontros, e organizações podem se beneficiar do mesmo tipo de auto-exame e esclarecimento filosófico dos indivíduos e grupos.

Por último, na Parte IV, a lista de recursos complementares fornece muitas outras informações. O Apêndice A tem uma lista de filósofos e suas principais obras. O Apêndice B relaciona organizações para a prática filosófica na América e no exterior. O Apêndice C é um catálogo nacional e internacional de práticos da filosofia. O

Apêndice D oferece uma seleção de leituras complementares sobre a prática filosófica e tópicos relacionados. O Apêndice E mostra como usar o *I Ching,* uma fonte eterna de sabedoria filosófica que você pode consultar por conta própria.

Este livro é muito mais didático do que seria uma sessão típica de aconselhamento filosófico individual. Com um prático filosófico, uma sessão pode transcorrer de três maneiras. Você pode discutir o seu problema em termos genéricos, sem mencionar nenhum filósofo ou filosofia particular. É o tipo de conversa mais provável de se ter com amigos, parceiro, família, *barman* ou motorista de táxi — e, às vezes, é o melhor método. Você está pensando por si mesmo, usando as habilidades crítica e analítica, usando a sua percepção de si mesmo e conversando filosoficamente sem tentar, de modo consciente, ser filosófico.

Outro caminho comum em uma sessão de aconselhamento é o cliente pedir uma instrução filosófica específica. Nessa variação, você pode ter reinventado uma roda filosófica e ser tranqüilizado ao saber que outra pessoa já mapeou esse território. No caso de você não estar preparado para defender suas opiniões, pode aprender com aqueles que o fizeram antes de você. Compreender um pouco sobre a escola de pensamento formalizada pode ajudá-lo a unir seus pontos ou preencher alguns espaços em branco, mas o seu conselheiro geralmente não lhe fará uma dissertação completa sobre cada tópico — a menos que a peça.

A terceira alternativa, mais inflexível, é indicada para quem já trabalhou seu problema dessa maneira, mas continua interessado. Implica um envolvimento maior e você pode ser encaminhado a outro profissional ou explorar a biblioterapia — na verdade, empenhar-se no estudo de alguns textos filosóficos. Talvez um *insight* budista o tenha ajudado e você queira saber mais sobre a prática Zen. Ou foi ajudado por uma idéia de Aristóteles e quer ir mais fundo em seu sistema de ética. Esse tipo de trabalho pode ajudar a equipá-lo ainda melhor para questões futuras do que a experiência de trabalhar um problema específico, mas é somente uma opção e, certamente, não será a correta para todo mundo.

Apesar de minha prática de aconselhamento envolver as três alternativas, este livro ilustra principalmente a segunda. Não se espera que você conheça filosofias específicas — isto é tarefa minha. A sua é apresentar o problema e estar disposto a indagar filosoficamente. O diálogo resultante — interior ou exterior — o ajudará a interpretar, resolver ou administrar qualquer tipo de questão. Não sou um médium que o porá em contato com filósofos mortos, mas um guia para suas idéias, sistemas e *insights*. Depois de ser apresentado a eles, verá que lhe serão extremamente úteis ao lidar com qualquer coisa que lhe aconteça.

Descobrimos que nem a ciência nem a religião respondem a todas as nossas perguntas. O psicoteraupeta filosófico Victor Frankl percebeu isso como a causa de um "vácuo existencial", e para sair dele as pessoas comuns precisam encontrar uma nova trilha:

> Cada vez mais pacientes lotam as nossas clínicas e consultórios queixando-se de um vazio interior, da sensação de uma total falta de sentido de suas vidas. Podemos definir esse vácuo existencial como a frustração do que podemos considerar a motivação fundamental no homem, e o que podemos chamar de... a vontade de sentido.

Frankl usou a expressão "vontade de sentido" para comparar duas das idéias fundamentais da psicologia: a "vontade de poder" de Adler e a "vontade de prazer" de Freud. Mas, como previu, havia algo ainda mais profundo no cerne do problema central das pessoas, e os tratamentos clínicos, psicológicos e espirituais existentes não seriam suficientes para aliviá-lo. No passado, dirigíamos nossas perguntas sobre o significado e a moralidade a alguma autoridade tradicional, mas essas autoridades esfacelaram-se. Um grande número de pessoas já não se satisfaz em aceitar passivamente as imposições de uma divindade inescrutável ou as estatísticas impessoais de uma ciência social imprecisa. Nossas questões mais profundas continuam sem respostas. Pior ainda, as nossas convicções permanecem sem serem examinadas.

A alternativa é a prática da filosofia. Está na hora de se adotar uma nova maneira de olhar para as coisas, e a nova maneira descrita aqui é, de fato, uma maneira antiga, há muito tempo esquecida e recuperada recentemente. Na entrada do novo milênio, completamos o círculo.

> *"We shall not cease from exploration*
> *And the end of all our exploring*
> *Will be to arrive where we started*
> *And know the place for the first time."**
>
> — T. S. ELIOT

---

*Não devemos parar de explorar/E o fim de toda a nossa exploração/Será chegar onde partimos/E conhecer o lugar pela primeira vez.

2

Terapia, terapia em toda parte, e nem um pensamento a ser pensado

---

"Já que algumas opiniões estranhas foram apresentadas, por engano ou por motivos ulteriores... os filósofos foram forçados a afirmar a verdade do manifesto ou negar a existência de coisas imaginadas erroneamente."

— MOSES MAIMÔNIDES

"... a noção de doença mental é usada hoje sobretudo para esconder e 'invalidar' problemas de relacionamento pessoal e social, assim como a noção de bruxaria foi utilizada do começo da Idade Média até bem depois da Renascença."

— THOMAS SZASZ

A América tornou-se uma sociedade terapêutica. Ou melhor, terapeutizada. A cada dia, mais profissionais penduram suas tabuletas nas portas de consultórios. No que diz respeito às qualificações (se é que existem), variam segundo a lei do estado — e não da substância. Lance um "O meu terapeuta diz..." em um coquetel e você não conseguirá dizer mais uma palavra sequer durante o resto da conversa, com as pessoas interrompendo-o para contar o que seus terapeutas dizem. Quando o presidente Clinton convocou o seu gabinete para tratar do escândalo que abalava o seu governo, os participantes descreveram a reunião para o *Washington Post* não como um encontro para se discutir estratégia ou uma assembléia política, mas como uma "sessão". *Barmen*, motoristas de táxi, o seu melhor amigo, a sua mãe e conhecidos estão sempre por perto com algum conselho pseudopsicológico para remediar seus sofridos esforços. Prateleiras de livros de "auto-ajuda" parecem estender-se por quilômetros no shopping local. Programas de bate-papos na televisão foram pioneiros em apresentar os *insights* correntes mais superficiais de cada faceta do comportamento humano. Ainda hoje, quando o roteiro parece sempre pedir a incitação de uma briga de socos entre os participantes, com certeza algum tipo de terapeuta será apresentado logo antes dos créditos para defender da boca para fora a solução de uma maneira mais civilizada. É de admirar que alguém consiga sobreviver ao mês de agosto, quando todos os terapeutas tiram férias.

Isso está acontecendo há décadas, mas parece que não aprendemos muito, na medida em que a demanda de assistência à nossa saúde mental e emocional continua firme. O aconselhamento psicológico ou a assistência psiquiátrica de alta qualidade podem fornecer uma ajuda valiosa e soluções viáveis para vários tipos de perturbação pessoal. Porém, as duas áreas (como todas as outras) são limitadas e, portanto, não oferecem resultados duradouros ou completos para todo mundo, nem mesmo para muitos que inicialmente obtiveram benefícios importantes. Não são suficientes.

O aconselhamento filosófico também não consegue lidar com tudo, e, às vezes, preciso encaminhar meus clientes para tratamento psicológico ou psiquiátrico como complemento, como substituição ou antes de trabalhá-lo filosoficamente. Mas o aconselhamento filosófico oferece muito mais abordagens viáveis de longo prazo dos problemas mais comuns, e é capaz de preencher algumas lacunas deixadas por outros tipos de aconselhamento. Este capítulo analisa a utilidade e os limites da psicologia e da psiquiatria e mostra como o aconselhamento filosófico se ajusta.

JOGO DE XADREZ

A metáfora do jogo de xadrez (inspirada por minha colega Ran Lahav) ilustra as diferenças entre as abordagens psicológica, psicanalítica, psiquiátrica e filosófica do aconselhamento. Imagine que você está no meio de um jogo de xadrez, e acabou de fazer um movimento.

A sua psicoterapeuta lhe pergunta: "O que o levou a fazer esse movimento?" "Bem, eu quis capturar a torre", responde você, sem saber aonde ela quer chegar. Mas ela continua fazendo perguntas para descobrir a suposta causa psicológica do movimento, certa de que há uma explicação além do "Eu quis capturar a torre", e você acaba contando a sua vida inteira para satisfazer as suposições dela. A teoria psicológica, que já foi popular, mas que hoje é muito criticada, sugeriria que o seu comportamento agressivo atual — querer capturar a torre — deriva de alguma frustração no passado.

O seu psicanalista faria a mesma pergunta: "O que o levou a fazer esse movimento?" E quando você respondesse: "Quis capturar a torre", ele prosseguiria com: "Muito interessante. E o que o fez dizer que foi isso que o levou a fazer o movimento?" De novo, você pode acabar contando toda a sua vida ou, pelo menos, os capítulos de sua infância. Se ele ainda não ficar satisfeito, talvez postule algumas razões das quais você não está consciente e que remontam à sua tenra infância. Uma teoria psicanalítica que continua atual, mas fortemente criticada, sugeriria que o seu comportamento possessivo — querer capturar a torre — deriva de sua insegurança reprimida quando foi desmamado.

O seu psiquiatra também pode lhe perguntar: "O que o levou a fazer esse movimento?" E você responder: "Bem, eu quis capturar a torre." Então, o psiquiatra consultará a última edição de *Diagnostic and Statistical Manual* (DSM) até encontrar o distúrbio de personalidade que melhor descreve seus sintomas. Ah, aqui está: "Distúrbio de Personalidade Agressivo-Possessivo". Uma teoria psiquiátrica atual, porém cada vez mais criticada, teria diagnosticado o seu comportamento como o sintoma de uma doença do cérebro, e você seria narcotizado para suprimir esse suposto sintoma.

Por outro lado, o seu conselheiro filosófico lhe pergunta: "Que sentido, propósito ou valor esse movimento tem para você?" e "Que significado tem para seu próximo movimento?", e "Como avaliaria a sua posição geral nesse jogo e como poderia melhorá-la?" O filósofo vê o movimento não apenas como efeito de alguma causa passada, mas como algo importante no contexto atual do jogo em si, assim como a causa de efeitos futuros. Ele reconhecerá que você pode escolher os movimentos que fará, e talvez perceba a causa do movimento como relevante, mas certamente não a história toda.

Acho muito mais saudável viver a vida do que ficar constantemente desencavando suas raízes. Se fizer isso continuamente, nem a planta mais resistente florescerá, por maior que seja o carinho que lhe dispensar. A vida não é uma doença. Não se pode mudar o passado. O aconselhamento filosófico parte daí para ajudar as pessoas a desenvolverem uma maneira produtiva de olhar o mundo, e, portanto, um plano abrangente de como agir no dia-a-dia.

A DIVISÃO
FILOSOFIA/PSIQUIATRIA/PSICOLOGIA

Filosofia e ciência já foram um único e mesmo ofício. Aristóteles estudou astronomia e zoologia assim como lógica e ética. Robert Boyle (como na lei de Boyle: o volume do gás, a uma temperatura constante, é inversamente proporcional à pressão) teria posto "filósofo experimental" no alto de seu currículo. As leis do movimento foram descobertas pelo filósofo naturalista *Sir* Isaac Newton, a evolução biológica, pelo filósofo naturalista Charles Darwin. Filósofos como eles estavam empenhados em testar e medir o mundo à sua volta, um processo que começou como uma extensão de perguntas do tipo "Como funciona o mundo?" feitas pela maioria dos filósofos. Antes da revolução científica no século XVII, essas abordagens estavam mais unidas do que separadas.

A ciência e a filosofia acabaram seguindo caminhos divergentes, e a medicina ocidental — após séculos nas mãos de charlatães, barbeiros, frenólogos e vendedores de xaropes milagrosos — aliou-se à ciência. A psiquiatria desenvolveu-se como um ramo da medicina primitiva, no século XVIII, e firmou-se realmente durante o século XX, na esteira de Freud. A medicina continua a equilibrar ciência e arte: *scans* CAT e a conversa tranqüilizadora, quimioterapia e técnicas de visualização, eletrocardiogramas e segundas opiniões. A psicanálise freudiana e todas as suas formas desenvolvidas pelos discípulos dissidentes (Jung, Adler, Reich, Burrow, Horney e outros) tornaram-se mais parecidas com uma igreja cismática do que com qualquer outra coisa. Psicanalistas freudianos e junguianos são tão divergentes e mutuamente hostis quanto os judeus ultra-ortodoxos e os reconstrucionistas, cristãos católicos e protestantes, ou muçulmanos xiitas e sunitas. Você não precisa ser médico para ser psicanalista; precisa permanecer leal, custe o que custar, a uma doutrina específica.

Mais uma vez, a filosofia da psiquiatria de Freud era a de que todos os problemas mentais (o que ele chamava de neuroses e psicoses) seriam explicados em termos físicos. Em outras palavras, ele achava que toda doença mental é causada por um distúrbio no cérebro. E isso é exatamente onde chegou a psiquiatria moderna. Qualquer comportamento concebível pode terminar no DSM, onde é diagnosticado como sintoma de uma suposta doença mental. Embora nunca se tenha comprovado que a maioria das chamadas doenças mentais no DSM seja causada por um distúrbio cerebral, a indústria farmacêutica e os psiquiatras que prescrevem drogas se comprometem a identificar o máximo possível de "doenças mentais". Por quê? Pelas razões de sempre: poder e lucro.

Considere o seguinte: em 1952, o DSM-I listou 112 distúrbios. Em 1968, o DSM-II listou 163 distúrbios. Em 1980, o DSM-III listou 224 distúrbios. A última edição, o DSM-IV, de 1994, lista 374 distúrbios. Na década de 80, psiquiatras calcularam que um em cada dez americanos estava mentalmente doente. Na década de 90, um em dois. Em breve serão todos — exceto, é claro, os psiquiatras. Eles descobrem a "doença mental" em toda parte — exceto no laboratório — e prescrevem o maior número de drogas que o seu plano de saúde cobre.

Apesar de, certamente, haver pessoas que precisam de medicação ou internação psiquiátrica para evitar que façam mal a si mesmas e aos outros, esse número está longe de um americano em dois, ou dez, ou cem. Para a maioria, a infelicidade pessoal, conflitos de grupo, incivilidade crassa, promiscuidade flagrante, crime epidêmico e violência orgiástica são produtos não de uma sociedade mentalmente doente, mas de um sistema que — por falta de um estadista visionário e de virtude filosófica — permitiu e estimulou a sociedade a se tornar moralmente perturbada. Embora os filósofos em geral tenham se calado a esse respeito, os práticos filosóficos podem ajudar a restaurar a ordem moral — e com ela, a "saúde mental" — à nossa extremamente desmoralizada comunidade de cidadãos. A ordem moral não é uma droga, mas causa efeitos colaterais prodigiosos.

A psicologia só se manifestou como um campo de estudo independente em 1879, quando Wilhelm Wundt inaugurou o primeiro laboratório de psicologia. Antes disso, o tipo de observação e percepção que associamos com a psicologia era território dos filósofos. Mesmo depois de mostrar a que veio, a psicologia continuou a ser uma disciplina estreitamente ligada à filosofia até o século XX. William James, aclamado como um grande pensador nos dois campos, lecionava a disciplina conjunta de filosofia e psicologia em Harvard no começo da década de 1900, e Cyril Joad tinha um cargo semelhante na Universidade de Londres na década de 40. Mas os campos foram divergindo ao longo do século passado, com a psicologia se afastando da área de humanidades e se afinando com as ciências sociais. Apesar dessa primeira base na esfera filosófica, James foi um importante defensor da psicologia como ciência: "Eu queria, ao tratar a psicologia como uma ciência natural, ajudá-la a tornar-se uma", escreveu ele.

Com o advento da psicologia comportamental, a separação foi total. Psicólogos behavioristas como John Watson e B. F. Skinner levaram suas questões sobre a natureza humana para o laboratório e as submeteram à experimentação. É essa abordagem, totalmente diferente daquela sintetizada em *O Pensador*, de Rodin (queixo na mão, cotovelo no joelho, perdido em pensamentos), que os filósofos estereotipadamente apóiam. Mas, quer você desenvolva suas idéias por meio de duelos verbais com Sócrates quer observando ratos no labirinto, as perguntas que faz a si mesmo são basicamente as mesmas: o que faz um ser humano ser o que é? A sua vontade racional ou a resposta condicionada? Se forem as duas, como elas interagem?

Os filósofos sempre foram observadores da natureza humana, o que parece a descrição da tarefa do psicólogo. Qualquer filosofia da humanidade seria incompleta sem o *insight* psicológico. Também a psicologia falha quando é destituída do *insight* filosófico, e os dois campos empobreceram ao se bifurcarem. Algumas áreas da filosofia, como a lógica, separaram-se completamente da psicologia. Mas filosofia conta sobretudo com observação, sensação, percepção, impressões — tudo isso cruza o território da psicologia. Ao olharmos para o mundo, nem sempre vemos claramente o que está na nossa frente —, peculiaridades fisiológicas e interpretações subjetivas quase sempre interferem. Essa interpolação — a diferença entre objeto e experiência — é a psicologia, e nenhuma perspectiva filosófica se sustenta sem ela.

A psicologia comportamental e a sua teoria principal do estímulo-resposta consideram a pessoa uma espécie de máquina que pode ser condicionada ou programada para qualquer resultado que se deseje — basta descobrir e usar o estímulo certo. (A teoria do estímulo-resposta foi confirmada por Pavlov quando conseguiu que os cães salivassem ao escutarem uma campainha, depois de treiná-los tocando uma campainha antes de colocar um prato de comida diante deles.) Mas o hífen entre *S* (estímulo) e *R* (resposta) suprime muita coisa. Todas as partes importantes da psicologia — e da humanidade — são menosprezadas com a destilação de todas as ações apenas em causa e efeito. Pensar no homem como nada além de uma criatura que responde de maneira controlável a estímulos específicos diminui a nossa condição humana. Desconsidera a psique — o objeto ostensivo de estudo da psicologia. Somos muito mais do que apenas o nosso condicionamento; há mais em nossa vida do que uma série de grupos de respostas. O problema é que grande parte da psicologia moderna — psicologia como ciência — descende do ou é influenciada pelo behaviorismo e seu conseqüente empobrecimento da experiência humana.

A aplicação do método científico fornece uma informação importante sobre os seres humanos e como funcionam. Mas apesar de poder reconhecer alguns fios de *insight*, a psicologia nunca revelará por inteiro a complexa tapeçaria da natureza humana. Por exemplo, embora seja um método científico correto, a psicologia comportamental nunca produzirá um sistema de ética, um dos principais componentes da vida humana — e tema a que toda uma linha da filosofia se dedica. Se desencadear uma ação é somente uma questão de encontrar o estímulo certo, o ser humano é reduzido a fazer tudo o que faz simplesmente para receber uma recompensa ou evitar o castigo. (O estímulo ou é uma cenoura ou a vara.) Nessas condições, existe algo como fazer uma boa ação? Seria possível fazer o que é certo simplesmente porque é a coisa certa a fazer, e não fazer a coisa errada simplesmente porque não seria certo?

Os behavioristas diriam que se aplicarem em você um desagradável choque elétrico toda vez que ajudar uma velhinha a atravessar a rua, em pouco tempo você interromperá a rotina de bom samaritano. Também afirmariam que conseguiriam fazê-lo empurrar a velhinha ao atravessarem correndo a rua se lhe dessem a recompensa certa toda vez que agisse assim. Desse modo, os behavioristas tornam os seres humanos excessivamente simplórios, ignorando a nossa rica vida interior. Somos muito mais variados e complexos do que os ratos que maniacamente empurram a alavanca que lhes entregará comida muito depois que as refeições foram suspensas. (De vez em quando, todos nós nos comportamos de maneira não muito mais inteligente do que esses ratos, mas essa é uma outra história.)

Um dos talentos dos humanos é a capacidade de gerar o nosso próprio estímulo interno. Às vezes prometemos a nós mesmos uma taça de sorvete depois de uma tarefa desagradável, e, então, estamos usando o que aprendemos com os behavioristas. Mas também podemos nos motivar com um senso de honra, de dever, sobre os quais os filósofos se estenderam, mas que estão além do alcance da psicologia experimental. Por isso Arthur Koestler chamou-a de "psicologia ratomórfica": os encarregados das experiências acabam aprendendo um bocado sobre roedores, mas as lições sobre os humanos são limitadas, e certamente não atingem as grandes questões da nossa existência.

Todos os cientistas trabalham com conjuntos de "observáveis" — as coisas que eles estudam. Por exemplo, astrônomos têm as galáxias, estrelas e planetas; químicos têm os átomos, moléculas etc. A tarefa do cientista é observar e registrar a observação dos fenômenos, propor teorias para explicar por que determinada coisa se comporta daquela maneira e, então, testar essas teorias conduzindo experimentos. Nas ciências sociais, o conjunto de observáveis não é físico ou diretamente mensurável. Isso resulta em importantes diferenças filosóficas entre ciências físicas (ou naturais) e sociais, e significa que nunca encontraremos numa universidade uma divisão única de ciência que abarque tudo. Nas ciências sociais, os pesquisadores impõem suas próprias visões sobre o que quer que estejam observando — por isso, até mentes brilhantes, como Margaret Mead, foram atacadas por tirarem conclusões erradas baseadas na preferência subjetiva (talvez inconsciente). Cientistas físicos podem esbarrar em problemas semelhantes, mas o efeito no resultado da pesquisa será abrandado pela natureza mais concreta, mais objetiva, dos itens sob observação.

Na psicologia, o conjunto de observáveis consiste na psique. Como observá-la? O que é? A neuropsicologia observa o cérebro, que é mensurável, pelo menos até certo ponto. Mas a psicologia genérica observa a mente. Como a mente, ou psique, não tem características físicas, todas as observações são indiretas e todas as conclusões são mais subjetivas e menos determinadas do que nas ciências físicas. Até mesmo nas ciências físicas, onde temos a vantagem da observação direta, a nossa informação é imperfeita. Há quase tantas perguntas sem respostas em relação ao cérebro palpável, que pode ser pesado e dissecado, quanto em relação à mente. Portanto, imagine como é mais fácil errar o alvo nas ciências sociais, como a psicologia, em que tudo é muito mais abstrato e não temos nada concreto para observar.

Mesmo assim, o reconhecimento relativamente recente da psicologia como ciência, combinado com a eterna necessidade humana de diálogo, resultou, no século XX, no crescimento sem precedentes da indústria de aconselhamento psicológico. Quando os primeiros psicólogos começaram a aconselhar seres humanos, psicólogos acadêmicos os acusaram de heresia, apostasia etc. "O aconselhamento psicológico não é psicologia", disse a sabedoria convencional. Mas, em algumas décadas, o número de psicólogos dedicados ao aconselhamento ultrapassou o dos psicólogos de todas as outras especialidades juntas.

Os psicólogos conselheiros têm praticamente o monopólio da licença do governo para a terapia por meio da conversa e por isso o seguro-saúde ajuda a pagar quando você os visita, embora eles não sejam médicos. Se o seu médico pode encaminhá-lo a um conselheiro psicológico, que não é médico, mas cujos serviços são pagos pelo seguro-saúde, então também poderá obter um encaminhamento ao conselheiro filosófico.

Cientistas sociais têm de confiar nas estatísticas ao fazerem suas avaliações. Embora as estatísticas possam lhe dizer muita coisa sobre um grupo, nada dizem sobre um indivíduo, e, aqui, os psicólogos esbarram em outro muro. Geralmente, temos razão em aceitar estatísticas confiáveis, mas também em insistirmos que elas não nos descrevem como indivíduos. Dados psicológicos mostram que, na média, as garotas têm mais habilidade verbal do que os garotos, e os garotos têm mais habilidade espaço-temporal do que as garotas. Mas isso não significa muito para o menino que obteve 800 pontos na parte verbal do SAT (Scholastic Aptitude Test) ou para a menina que está jogando na melhor equipe da Little League. O que aprendemos e que realmente podemos usar? (Essa é a voz pragmática de William James, ao testar uma idéia de "verdade" vendo se podemos usar a informação.) Os meninos precisam de mais aulas de leitura? As meninas precisam fazer mais esportes? Podemos ensinar meninos e meninas juntos, num mesmo grupo? Podemos examinar as estatísticas e tentar decidir o que funcionará para grupos grandes. Mas se você é um pai ou uma mãe procurando o melhor para o seu filho, seria bom que também seguisse sua experiência e intuição.

Talvez você ache que a filosofia também não é capaz de projetar o melhor plano de aulas. Mas com "fatos" de utilidade limitada, é a filosofia educacional que definitivamente orienta essas decisões. A maioria dos meninos e meninas está em escolas mistas porque temos um compromisso filosófico com a igualdade de oportunidades (mesmo que isso signifique diferenças pequenas, e talvez temporárias, na avaliação da leitura). Além disso, os educadores escolhem o método de ensino da leitura que consideram mais eficaz — e as diferenças aí também são filosóficas. Um grande número de escolas americanas está formando alunos analfabetos, em parte por causa do compromisso filosófico sistêmico de ensinar métodos que praticamente garantem o analfabetismo (por exemplo, a palavra inteira) em vez dos que garantem a capacidade de ler e escrever (por exemplo, a fônica). Já que sabemos como ensinar as crianças a ler, assim como a não ler, o método de educação que escolhemos depende somente da nossa filosofia da educação.

Não importa que tipo de cientista você é, as perguntas que está tentando responder são "Como isto funciona?" e "Por que isto faz o que faz?" Os cientistas procuraram causa e efeito (o que os behavioristas simplificaram ao extremo). Os psicólogos, então, perguntam: "Como as pessoas funcionam? Por que fazem o que fazem?" E um terapeuta psicólogo pergunta: "Como esta pessoa funciona? Por que ela faz o que faz?" O terapeuta vê os efeitos (por exemplo, ansiedade, depressão) e busca as causas (por exemplo, um relacionamento negativo com o parceiro, com os pais alcoólatras). Talvez esta seja a maneira científica de examinar as coisas, mas quando aplicada a um indivíduo, a terapia psicológica esbarra em dois grandes problemas.

Causa e efeito

A primeira é uma falácia que os filósofos chamam de *post hoc ergo propter hoc*. Caso não esteja afiado em seu latim, significa que, como um evento ocorreu antes do outro, o primeiro causou o segundo. Isso pode ser verdade em alguns casos: você dá uma topada e depois grita "Ai!" Mas nem sempre é verdade. Se os seus pais bateram em você quando pequeno e, agora, tem dificuldades de conter a sua raiva, não pode concluir que um causou o outro. Talvez tenha causado. Mas também pode ser irrelevante. Mesmo que fosse a causa, pode haver muitos outros fatores influenciando. Voltando à topada, é óbvio que estar descalço, deixar coisas espalhadas pelo chão e atravessar a sala correndo, no escuro, para atender o telefone são eventos causais. Mas na situação complicada do seu passado, todos os elementos têm realmente um significado na questão em jogo? Os acessos de raiva de sua mãe ensinaram-no a ser explosivo quando está com raiva? Ou foi a indiferença de seu pai? Os dois? Nenhum?

Lançar-se sobre os acontecimentos passados de sua vida procurando causas de sua dificuldade atual é mais problemático porque pode haver conexões que você não consegue ver. E a sua memória não é perfeita, de modo que fatos importantes podem ser esquecidos e vários detalhes irrelevantes podem ser recordados. E se a escavação do passado encontra somente pirita, mas você e o seu terapeuta a tomam por um veio importante de minério? Na melhor das hipóteses, você vai desperdiçar um tempão com coisas irrelevantes, mesmo que acabe chegando a seu destino.

Sem leis precisas para guiá-lo, como o químico ou o físico têm, como saber o que provoca aquilo que acontece? Se, em princípio, qualquer coisa poderia ter causado qualquer outra coisa (contanto que uma preceda a outra), o perigo é que, tendo uma teoria, você simplesmente escolha os itens que se encaixem nela e desconsidere o resto. Como Abraham Maslow assinalou muito bem, se a única ferramenta em sua caixa de ferramentas é um martelo, uma porção de coisas começam a parecer pregos.

Mesmo que a psicologia se tornasse um instrumento preciso, que bem lhe faria descobrir as causas de seu desconforto atual? Rotular ou classificar como "desconfortável" o faria sentir-se melhor? Saber que tem uma cárie não faz a sua dor desaparecer — tratá-la, sim. Compreender que está com dor de cabeça porque foi atingido por uma bola rebatida quando jogava beisebol não vai fazê-lo sentir--se melhor, mas uma aspirina vai. Sim, você pode melhorar a sua higiene dental e aperfeiçoar suas habilidades em campo para evitar dores semelhantes no futuro. Sim, algumas pessoas sentiriam alívio ao descobrir a origem de sua dor psíquica por meio da psicologia, e outras seriam capazes de ver um rumo de ação que traria alívio depois de compreendida a causa. Mas, para muitas outras, apontar a causa não será suficiente para ajudá-las. Passarão meses ou anos cavando até achar uma mina. Então, a sua resposta provavelmente será: "E daí?" Saber a causa de seu sofrimento psíquico, mas não ter como reduzi-lo, fará algumas pessoas se sentirem ainda pior. Saber que está deprimido porque o seu casamento está ruindo pode apenas aumentar a depressão, já que você não pode voltar atrás e mudar o passado.

O modelo clínico

O segundo maior problema das terapias psiquiátricas e psicológicas é imitarem o modelo clínico. São licenciadas como se fossem medicina, e planos de saúde dão cobertura (pelo menos em parte). Os médicos são treinados para diagnosticar e tratar as doenças físicas. Os psiquiatras e psicólogos são treinados para tratar as "doenças mentais". Esse termo está entre aspas porque é uma metáfora. Mas a metáfora está sendo cada vez mais confundida com a realidade. Uma velha piada ilustra esse ponto: os pacientes que chegam antes da hora marcada são diagnosticados como ansiosos; os que chegam atrasados, como hostis; os que chegam na hora, como compulsivos. Essa piada era contada pelos próprios psiquiatras, que sabiam muito bem a diferença entre doença literal e metafórica. Mas deixou de ser engraçada, porque essa diferença perdeu a nitidez pelo que Thomas Szasz chama de "o mito da doença mental".

Problemas clínicos são freqüentemente chamados de "síndromes". Uma grande quantidade de síndromes foi observada, documentada, pesquisada e compreendida. Por exemplo, a Síndrome de Down é causada por uma seqüência genética específica, enquanto a Síndrome de Tourette é uma disfunção cerebral específica que se manifesta por movimentos agitados, mas não perigosos, e vocalizações. A Síndrome da Imunodeficiência Adquirida (Aids) é causada por um retrovírus (HIV) que ataca e incapacita o sistema imunológico. Mas diagnósticos do tipo "Síndrome da Guerra do Golfo"? O que significa? Aparentemente, significa que pessoas que serviram na Guerra do Golfo não estão se sentindo bem. Ninguém sabe (ou ninguém está dizendo) se foram expostos a agentes biológicos ou toxinas químicas, se seus problemas são clínicos ou psicológicos, ou os dois. Fazer um diagnóstico como Síndrome da Guerra do Golfo parece muito científico, mas não revela nenhuma informação útil ou nova sobre o problema. Da mesma forma, pense na "síndrome de morte súbita infantil" (SIDS — *sudden infant death syndrome*). Infelizmente, alguns bebês morrem inesperadamente em seus berços. Costumava ser chamada de "síndrome do berço". Agora tem um nome muito mais fantasioso, que nada revela sobre o problema. Portanto, chamar algo de síndrome não garante que saibamos do que estamos falando, mesmo quando há algo clinicamente (isto é, fisicamente) errado.

Isso não é novidade para os filósofos. Há uma famosa explicação sobre o ópio que data da Idade Média. A pergunta era: por que o ópio (quando usado clinicamente) adormece as pessoas? A resposta dada pelos médicos da época (alguns dos quais, lamento dizer, provavelmente eram filósofos) era que o ópio adormece as pessoas por causa de suas "propriedades dormitivas". Todo mundo concordava sensatamente e aceitou durante anos que isto realmente explicava alguma coisa. Mas não explica nada. *Dormitivo* vem do latim *dormire*, dormir. Explicar que o ópio adormece as pessoas por suas propriedades dormitivas é o mesmo que dizer que o ópio adormece as pessoas porque as adormece. Afinal, nada científico — apenas uma explicação em círculo.

Então, o que acontece quando aplicamos definições circulares de doenças físicas literais a doenças mentais metafóricas? Obtemos o caos dos chamados distúrbios. Você tem um problema emocional originado de uma experiência passada desagradável? No DSM ele passa a ser uma doença mental: distúrbio de tensão pós-traumática. Seu filho está tendo problemas para aprender aritmética? Há uma boa probabilidade de ser porque a professora não conhece nenhum método didático mais apropriado ou porque os métodos didáticos atuais afirmem que a resposta certa de 2 + 2 = ? é qualquer número que faça o aluno se sentir bem, mas no DSM, torna-se uma doença mental: distúrbio de desenvolvimento da aritmética. Você está decepcionado porque não ganhou na última loteria? No DSM, também isso se torna uma doença mental: distúrbio de tensão da loteria. Recusaria tratamento psiquiátrico para si mesmo ou para o seu filho se fosse confrontado com este tipo de diagnóstico? No DSM, a sua recusa também se torna uma doença mental: distúrbio de não-concordância com o tratamento.

Isto seria excelente se fosse ficção científica ou comédia. Porém, hoje, se mascara de ciência séria. Em 1987, a American Psychiatric Association (Associação Psiquiátrica Americana) votou na classificação da síndrome de distúrbio de atenção e comportamento (ADHD — *attention deficit hyperactivity disorder*) como doença mental — ciência por votação secreta. Naquele ano, meio milhão de crianças americanas foram diagnosticadas com ADHD. Em 1996, 5,2 milhões de crianças — 10 por cento das crianças americanas em idade escolar — foram diagnosticadas com distúrbio de atenção e comportamento. A "cura" para essa "epidemia" é Ritalin, cuja produção e venda — e efeitos colaterais horripilantes — aumentaram rapidamente. É muito bom para o negócio de remédios; não tão bom para as crianças. Não existe a menor evidência clínica de que o ADHD seja causado por uma doença cerebral específica, mas é a queixa que justifica declarar mentalmente doentes milhões de crianças americanas, drogando-as por coerção e registrando de forma permanente o "diagnóstico" de "doença mental" em suas fichas.

Por que crianças normais, saudáveis, curiosas — e às vezes indisciplinadas — têm problemas de prestar atenção na escola? O distúrbio de atenção e comportamento é uma possibilidade; há muitas outras. Também pode ser por falta de motivação, de disciplina, de um tema a ser estudado, falta de padrões que exijam uma aprendizagem, de testes que avaliem o conhecimento, por causa de professores incompetentes e de pais indiferentes. Pode ser porque padrões obrigatórios foram substituídos por slogans insensatos, e não exista nenhuma autoridade moral em casa ou na escola para inculcar virtudes nessas crianças. O sistema educacional foi transformado de um caminho de aprendizagem em um campo minado de debilitação — com a psiquiatria e a psicologia como cúmplices voluntárias. Essas cúmplices infiltraram-se no e colonizaram, de modo semelhante, o sistema de justiça, os militares e o governo. É de admirar que as pessoas agora estejam se voltando (ou retornando) à filosofia?

Devanear é mais fácil para nós. Se o seu filho não presta atenção nas aulas, está sofrendo do distúrbio de atenção e comportamento. E se você se queixar desse tipo de diagnóstico, você tem o distúrbio de negação do distúrbio de atenção e comportamento.

Um dos problemas de chamar isso de abordagem científica é o fato de que esses supostos distúrbios não são testados segundo qualquer critério científico. A declaração ou suposição de que alguma coisa existe sem evidência que a sustente é o que os filósofos chamam de "reificação". Psiquiatras e psicólogos são peritos em reificar síndromes e distúrbios: eles os inventam, depois descobrem sintomas nas pessoas e os chamam de prova de que a doença existe. Qualquer que seja o benefício obtido do agrupamento de sintomas como esse, não elimina a enorme desvantagem: enfraquece o poder de inquirição, fazendo-nos crer que temos respostas quando não as temos. Você se sente infeliz sem nenhuma razão? Ah, é a síndrome depressiva não mediada, vê-se isso o tempo todo. Costuma bater os dedos na mesa? Você contraiu o distúrbio de percussão digital. De novo o pragmatismo na pergunta: "Aonde isso nos leva?"

E daí se você é uma mulher que ama demais, ou apresenta a síndrome de Peter Pan, ou o seu marido é de Marte? Qualquer livro de auto-ajuda que merece esse nome oferece a promessa de aprimoramento de si mesmo e da sua vida em geral. Mas a psicologia como é atualmente constituída — especialmente a psicologia popular — dispõe das ferramentas que o ajudem a aplicar os parcos *insights* que tem de si mesmo ao grande quadro de sua vida. A psicologia só consegue levá-lo até aí, independente do que promete a capa do best seller mais recente. Para integrar todos os *insights* concebíveis (*insights* psicológicos são apenas um tipo) em uma perspectiva e uma abordagem coerente, viável, da vida — uma filosofia pessoal —, você precisa de... filosofia. Muitos pacientes meus já passaram por um extensivo trabalho psicológico e, embora vários tenham obtido benefícios, nenhum achou que fossem suficientes para que alcançassem uma paz interior. As pessoas que realmente acham que a psicologia é o segredo de seu sucesso não procuram o meu consultório.

Não há nada inerentemente errado em confiar em teorias se elas são úteis às pessoas (afinal, é o que os conselheiros filosóficos fazem), mas fazê-lo em nome da ciência é enganoso. A terapia, ou o aconselhamento, é primordialmente uma arte. A sua maior parte é subjetiva demais para ser colocada na esfera objetiva da ciência de laboratório. E, de qualquer maneira, será que temos de ser rotulados com algum tipo de síndrome ou distúrbio só porque enfrentamos desafios emocionais, intelectuais, psicológicos ou, sim, até mesmo filosóficos? É claro que não.

A psiquiatria também não consegue lidar adequadamente com os problemas cotidianos sobre os quais a maioria das pessoas precisa falar. A ênfase pós-freudiana nas doenças com origem biológica, e com sintomas mentais ou emocionais — e os medicamentos prescritos que podem controlá-las — torna a psiquiatria relevante para uma fração minúscula do povo. Os que sofrem de disfunções devido a doenças físicas completamente fora de seu controle — como os maníaco-depressivos — são ajudados com medicamentos. Para lidar com esse tipo de problema, a sua primeira parada deve ser no consultório de um psiquiatra. Mas se o seu problema é de identidade, valores ou ética, a pior opção será deixar alguém reificar uma doença mental e escrever uma receita. Não existe comprimido que faça você se encontrar, alcançar suas metas ou fazer a coisa certa.

Se o seu problema básico é filosófico, nada nas prateleiras do farmacêutico lhe oferecerá alívio duradouro. Os americanos têm uma fraqueza pelo conserto rápido. Confiamos na tecnologia para melhorar a nossa vida e fornecer uma resposta fácil para tudo. A nossa sociedade também acolhe avidamente desculpas que reduzem a responsabilidade pessoal por qualquer coisa indesejável. Até mesmo os fumantes que mantêm o hábito de mais de um maço por dia depois que os riscos se tornaram conhecidos de todos estão agora processando as fábricas de cigarros por causarem seu câncer nos pulmões, como se elas fossem as únicas culpadas. Não é melhor nos livrarmos de cargas incômodas do que considerar qualquer tipo de infelicidade ou má conduta uma doença, algo genético ou biológico ou ambiental, e, portanto, fora do nosso controle? Além disso, os remédios são mais baratos e abundantes aqui do que em qualquer outra parte do mundo.

Tudo isso conspira para nos fazer aderir à visão psiquiátrica. Mas seguir esse ponto de vista só nos dá uma sensação vazia de não podermos ser culpados e a falsa esperança de respostas fáceis. Pois não existem respostas fáceis. A única maneira de se ter uma solução verdadeira e duradoura para um problema pessoal é trabalhá-lo, aprender com ele e aplicar o que se aprender ao futuro. Esse é o foco do

AS QUATRO FACES DA DEPRESSÃO

Para entender como a psicologia, a psiquiatria e a filosofia vêem a mesma coisa de modos diferentes, e o efeito disso no tratamento, vamos examinar quatro maneiras diferentes de compreender a depressão. Cada lente lhe proporcionará uma visão clara em alguns casos, mas a distorcerá em outros. Se sempre usarmos a lente apropriada da maneira apropriada, na hora apropriada, teremos tudo para ajudar alguém a lidar com um problema de forma tão limpa, eficaz e duradoura quanto possível. Mas, com muita freqüência, o conselheiro usa uma única lente ou erra na troca de lentes.

Uma possível causa da depressão é haver algo errado no cérebro — um problema genético que provoca a produção de transmissores neuroquímicos que são liberados de uma maneira que interfere em uma extensão tolerável da função cerebral. Este tipo de depressão é uma doença física, com todos os tipos de outras conseqüências. Outro tipo de depressão é causado por um estado cerebral induzido — ou seja, é biológico, mas não genético. Poderia ser resultado do abuso de substâncias — isto é, o efeito colateral de anfetaminas ou de um depressivo como o álcool. Esse tipo implica dependência física ou psicológica. Uma terceira causa típica da depressão é o trauma infantil não resolvido ou outro problema no passado, que é uma visão distintamente freudiana (e geralmente aceita) e um problema psicológico, e não clínico. O quarto tipo de depressão resulta de algo grave que acontece na vida atual da pessoa. Pode ser uma crise profissional, um problema pessoal ou financeiro iminente, como divórcio ou falência, ou um dilema moral ou ético. Aqui não há nada físico ou psicológico provocando a depressão; química cerebral, abuso de substâncias e trauma infantil não são os culpados.

Nos dois primeiros exemplos, uma pessoa precisa de atenção

clínica. A psiquiatria é muito boa nesse tipo de caso, um medicamento pode controlar os sintomas. Mas drogas não conseguem curar o problema subjacente — embora talvez a engenharia genética um dia o consiga —, por isso, a terapia falada ainda é indicada. No terceiro e quarto exemplos, a terapia pela conversa seria a prescrição apropriada. Para problemas do passado, a psicologia tem muito a oferecer, embora o aconselhamento filosófico também seja útil, ou em substituição ou depois do aconselhamento psicológico. Mas no quarto cenário — de longe o mais freqüentemente apresentado a todos os tipos de conselheiros —, a filosofia seria o caminho de cura mais direto. Algumas pessoas simplesmente não são muito filosóficas, portanto, se dariam melhor com outro tipo de aconselhamento. A maioria das pessoas pode se beneficiar do *insight* psicológico, mas a compreensão não termina aí. Como você pode saber qual é a coisa certa a fazer se você não se conhece? Parte do conhecimento de si mesmo é psicológico, é claro, assim como físico. Mas, no fim, a descoberta da essência mais profunda de si mesmo é uma tarefa filosófica.

Se você está cronicamente deprimido por causa de um trauma no passado, o medicamento pode ajudá-lo a se sentir capaz de falar sobre ele e, assim, ser útil a curto prazo. Em muito poucos casos, o mesmo é válido se você estiver lidando com uma crise mais imediata. Mas tomar medicamento então apenas adia o inevitável, e o risco é que, ao se sentir melhor com um comprimido, você não queira fazer o trabalho necessário para superar o desafio que venha a enfrentar. As drogas não fazem nada no mundo exterior — mesmo com o humor abrandado pelo Prozac, você continuará tendo de lidar com um patrão sádico ou um parceiro trapaceiro ou um banco burocrático. As repostas não estão — e nunca estarão — em um frasco de comprimidos. O melhor que você vai conseguir é um paliativo.

Assim como medicamentos podem ajudar em casos mais puramente psicológicos ou filosóficos, a filosofia pode proporcionar ajuda complementar em praticamente todos os casos em que o trabalho físico e psicológico esteja sendo feito. Mesmo no caso psiquiátrico mais estrito, como a necessidade de lítio para o maníaco-depressivo, a filosofia pode ser útil se a pessoa estiver clinicamente estável. Sustentar um diagnóstico como este será mais fácil se você puder desenvolver uma disposição filosófica funcional em relação à sua situação. Uma das razões para que tantos pacientes tenham problemas em manter a medicação — mesmo quando a acham útil — é que, de alguma maneira, não se sentem sendo eles próprios enquanto a estão tomando. Isso atinge o cerne da questão filosófica mais fundamental: "Quem sou eu?" Talvez você precise redescobrir a si mesmo quando está tomando medicamentos. Por sua vez, isso pode levar a perguntas ("O que me faz ser eu?" "Por que sou — se realmente sou — separado do meu corpo físico?") que são o ganha-pão da filosofia.

EMPATIA SIM, PERÍCIA NÃO

Um bom terapeuta de qualquer linha oferecerá simpatia, empatia e apoio moral, o que será muito importante para a cura. Algo tão simples quanto o diálogo é um bálsamo em muitos casos. Não é a perícia que faz um bom conselheiro; ela não é nem mesmo necessária. Mais importante é a capacidade de ouvir, de criar empatia, de compreender o que o outro está dizendo, de apresentar uma nova maneira de olhar a situação e oferecer soluções ou esperança. Grande parte do que provoca a reação na terapia é o estilo do terapeuta. Alguém com quem você se relaciona pessoalmente, de cujos *insights* você se vale e que estabelece um exemplo que é significativo para você, será a pessoa com quem progredirá na terapia.

A maioria das terapias faladas funciona por causa do terapeuta e da combinação de terapeuta e paciente, não de uma escola de terapia em particular. Independentemente de quem é a outra pessoa ou do que ela lhe conta, a interação por si só será útil. Mas a cura não é instantânea. Não existe um tratamento imediato para uma dor de dente emocional; nenhuma maneira óbvia de encher a cavidade ou extrair o dente. Você tem de se esforçar para compreender o seu problema, aprender a viver com ele, e a mudar. O aconselhamento psicológico é uma maneira de investigar e chegar a um acordo com as suas reações emocionais a um problema. É um bom lugar para se começar. O aconselhamento filosófico é uma maneira de investigar e chegar a um acordo com o próprio problema. É um bom lugar para se terminar. A última abordagem é, obviamente, mais direta, enfocando o modo de enfrentar o problema, descobrindo e assumindo as ações necessárias que são coerentes com a sua filosofia pessoal, e usando o que aprender enquanto leva a sua vida adiante.

Para a maioria dos meus clientes, o aconselhamento filosófico é uma proposta de curto prazo. Para a maioria das pessoas, o aconselhamento psicológico é de longo prazo. (A interferência da assistência controlada está mudando isso, embora a redução do tempo de uma relação planejada para ser de longo prazo seja mais um prejuízo do que uma melhora no processo.) A virtude da terapia em si pode significar que qualquer terapia é melhor do que nenhuma (embora o tipo errado possa ser pior do que nenhuma) e que um bom psicólogo é a melhor escolha para um conselheiro do que um mau filósofo. Às vezes, a melhor opção seria conversar com uma pessoa sensata, independentemente de sua formação. Muitos de nós recebemos bons conselhos de nossos avós, que conheciam e compreendiam um bocado as pessoas, simplesmente por terem vivido muito tempo entre elas. O equilíbrio entre o *insight* psicológico e o filosófico é o que realmente beneficiará a maioria das pessoas.

Vários bons psicólogos são muito filosóficos. E os melhores filósofos também são psicológicos. A psicoterapia vem em inúmeros sabores, e apesar de sua conotação clínica atual, não devemos nos esquecer de que *psicoterapia* vem de duas palavras gregas que não têm nada a ver com medicina: *therapeuein* significa "dar atenção a" alguma coisa, enquanto *psukhé* significa "alma" ou "alento" ou "caráter". Psicoterapia, então, pode significar prestar atenção à sua alma, o que faz do seu padre, ministro ou rabino um psicoterapeuta. Também pode significar dar atenção à sua respiração, o que torna o seu instrutor de ioga, professor de flauta ou mestre de meditação um psicoterapeuta. Também pode significar prestar atenção ao seu caráter, o que transforma o seu conselheiro filosófico num psicoterapeuta.

A idéia de que todo problema pessoal é uma doença mental é praticamente uma doença mental. É causada, primordialmente, pela irreflexão, e curada, basicamente, pela reflexão. E é aí que entra a filosofia.

3

PEACE em seu tempo: cinco passos para administrar problemas filosoficamente

"É vazio o argumento do filósofo que não alivia nenhuma aflição humana."

— EPICURO

"O problema filosófico é uma consciência da desordem em nossos conceitos, e pode ser resolvido ordenando-os."

— LUDWIG WITTGENSTEIN

O aconselhamento filosófico é mais arte do que ciência e atua de uma única maneira com cada indivíduo. Assim como a terapia psicológica se manifesta de inúmeras formas diferentes, o aconselhamento filosófico tem, pelo menos, tantas permutações quanto o número de práticos existentes. Você pode trabalhar filosoficamente um problema sozinho ou com a ajuda de um parceiro não-profissional. A grande questão é "Como?" Alguns conselheiros filosóficos — notadamente Gerd Achenbach — afirmam com razão que não existe método geral que possa ser explicado ou ensinado. Afinal, se não há um método geral de se fazer filosofia, como pode haver um para se fazer o aconselhamento filosófico?

Ainda assim, descobri pela experiência que muitos casos se ajustam bem à abordagem dos cinco passos que chamo de processo PEACE. Essa abordagem consegue bons resultados, é fácil de ser seguida e ilustra o que diferencia o aconselhamento filosófico das outras formas de terapia. Como veremos, a maioria dos problemas apresentados neste livro foi resolvida pelo processo PEACE. Talvez o seu também possa ser trabalhado dessa maneira. PEACE é um acrônimo que representa os cinco estágios: problema, emoção, análise, contemplação e equilíbrio. O acrônimo é apropriado, já que esses cinco passos são o caminho mais seguro para uma paz (*peace* em inglês) mental duradoura.

Os primeiros dois passos expressam o seu problema, e a maioria das pessoas atravessa esses estágios naturalmente. Não precisam de ninguém para identificá-lo, embora, às vezes, seja um ponto a ser revisitado e aperfeiçoado. Sua reação emocional é imediata e clara — ninguém precisa aprender a sentir emoção — , se bem que isso também possa ser algo em que pensar. Os dois passos seguintes examinam progressivamente o problema, e embora muitas pessoas possam fazer isso por conta própria, seria proveitoso ter um parceiro ou guia para explorar o novo território. O terceiro passo leva-o para além da psicologia e da psiquiatria, e o quarto coloca-o diretamente na esfera filosófica. O último estágio incorpora à sua vida o que você aprendeu em cada um dos quatro passos iniciais, já que abordagens exclusivamente cerebrais não são práticas, a menos que você saiba como usá-las.

Darei uma breve explicação de cada passo para mostrar como funciona o processo. Em seguida, eu os explicarei mais detalhadamente e concluirei com exemplos de casos, de modo que você possa ver o processo em ação. Cada capítulo na Parte II também descreve pelo menos um caso em termos do processo PEACE.

Ao encarar filosoficamente uma questão, você precisa primeiro identificar o *problema*. Por exemplo, seu pai ou sua mãe está morrendo, ou você foi rebaixado, ou sua esposa o está traindo. Geralmente sabemos quando temos um problema, e a maioria de nós possui um sistema de alarme interno que dispara quando precisamos de ajuda ou de recursos complementares. Às vezes, especificar o problema é mais complicado do que parece, de modo que este passo pode requerer um pouco de trabalho se os parâmetros da questão com que você está lidando não são óbvios.

Em segundo lugar, você deve avaliar cuidadosamente as *emoções* provocadas pelo problema. Trata-se de um registro interior. Deve experimentar emoções genuinamente e canalizá-las de modo construtivo. A psicologia e a psiquiatria praticamente nunca vão além deste estágio, e por isso seus benefícios são limitados. Prosseguindo com o exemplo acima, as suas emoções são, provavelmente, uma combinação de dor, raiva e tristeza, embora você vá ter um bocado de trabalho para chegar a essa conclusão.

No terceiro passo, *análise*, você lista e avalia as opções para resolver o problema. Uma solução ideal resolverá tanto as questões externas (o problema) quanto as internas (as emoções despertadas pelo problema), mas nem sempre é realizável. Continuando com o exemplo, dar a ordem de desligar o oxigênio de sua mãe agonizante talvez seja o melhor para ela, porém o mais difícil para você. Pode deixar a decisão para os médicos, ou para os seus irmãos, ou pretender deixar funcionando o inútil aparelho que mantém a sua mãe viva — esses são os diversos caminhos que terá de percorrer em sua mente para descobrir o mais adequado.

No quarto estágio, você recuará um passo, ganhará uma certa perspectiva e *contemplará* a situação por inteiro. Nesse ponto, terá compartimentado cada um dos estágios para ter controle sobre eles. Mas agora exercitará todo o seu cérebro para integrá-los. Em vez de se demorar nas árvores individualmente, examinará a forma da floresta. Isto é, cultivará uma visão filosófica unificada de sua situação como um todo: o problema quando o encara, a sua reação emocional e suas opções analisadas dentro dele. A essa altura, estará pronto para considerar *insights*, sistemas e métodos filosóficos para lidar com a situação em sua totalidade. Filosofias diferentes oferecem interpretações contrastantes de sua situação assim como prescrições divergentes sobre o que fazer em relação a ela — se for preciso fazer algo. No exemplo de enfrentar a morte da mãe, você tem de considerar as suas próprias idéias sobre qualidade de vida, suas responsabilidades em relação aos outros, a ética de retirar o aparelho que mantém a vida e o peso relativo dos outros valores em questão. Você tem de estabelecer, por meio da contemplação, uma posição filosófica que seja ao mesmo tempo justificável por seus méritos e coerente com a sua natureza.

Por fim, depois que articula o problema, expressa as suas emoções, analisa as suas opções e contempla uma posição filosófica, você alcança o *equilíbrio*. Compreende a essência do seu problema e está preparado para empreender a ação apropriada e justificável. Sente-se estável, mas está preparado para as inevitáveis mudanças que o aguardam. Por exemplo, se decidir desligar o aparelho que mantém a sua mãe viva, terá certeza de que era isso que ela teria desejado e, mesmo que a sua morte lhe seja penosa, cabe a você obedecer aos desejos dela da melhor forma possível em uma situação difícil.

EXPLORANDO O PEACE

Algumas pessoas podem percorrer as cinco dimensões em uma única sessão de aconselhamento; com outras, o PEACE pode levar semanas ou meses. A duração depende do cliente e da situação. Muitos pacientes já atravessaram os três primeiros estágios — identificação do problema, expressão das emoções, análise das opções — antes de procurarem o aconselhamento filosófico. Nesse caso, o processo continua no estágio contemplativo. Você deve respeitar o seu próprio ritmo, quer trabalhando sozinho, com um amigo ou parceiro, ou com um profissional treinado.

Cada um de nós está centrado em seu próprio ser, olhando o mundo de uma perspectiva exclusiva. Podemos perceber a existência simplesmente como uma cadeia de coisas que acontecem conosco e à nossa volta, ou assumir a responsabilidade por grande parte do que ocorre. Faz parte da natureza humana pensar da primeira maneira em relação às coisas ruins e da segunda em relação às coisas boas. Quando a tragédia o ataca, você inevitavelmente, a certa altura, reflete: "por que eu?" Esta nunca é a pergunta feita por alguém que acabou de ganhar na loteria. Se nossos filhos se comportam bem e se destacam, nos parabenizamos pela boa educação que lhes demos. Se eles se rebelam, nós os culpamos. Assumir a responsabilidade pelas coisas boas e nos dissociarmos das ruins é uma maneira de proteger e preservar nossos próprios interesses, o que demonstra que Hobbes não insistia à toa em que as pessoas eram basicamente "autoreferentes".

Para o objetivo de definir o problema que você enfrenta, tente olhar para o que está acontecendo sem fazer julgamentos. Estará olhando para aquilo que os filósofos chamam de "fenômenos" — isto é, eventos externos a você, fatos que existem independentes de suas convicções, sentimentos ou desejos em relação a eles. Considere isso o estágio fenomenal, se está se sentindo particularmente filosófico. Como ensina o *I Ching*, as coisas estão sempre mudando, portanto, estamos sempre nos defrontando com situações novas.

Felizmente, lidamos com a maioria das coisas de forma rotineira. Não temos de esmiuçar cada nova organização, pois há convenções sociais e hábitos pessoais para nos guiar na maioria dos caminhos. Desse modo, quando você examina a sua situação, tem de determinar o que é simplesmente um fenômeno e o que é apenas um problema para você. Presuma — por enquanto — que você não está causando a situação atual. Está apenas levando a sua vida, cuidando dos seus próprios assuntos. (Depois, nos terceiro e quarto passos desse processo, examinará o quanto você é responsável por isso, de modo que possa assumir o controle do que lhe cabe.) Você pode estar nadando nisso, mas não é o oceano.

Toda vez que você se depara com algo fora do comum, para o qual não tem nenhuma reação programada, a resposta é emocional. O sistema límbico, a parte mais antiga do cérebro, gera a fisiologia da emoção: respostas automáticas (tecnicamente, autônomas) aos estímulos. Mas a experiência de uma emoção ocorre em uma parte superior do cérebro, onde as respostas fisiológicas são interpretadas e rotuladas. É uma via de mão única. A separação torna impossível controlar uma emoção só pelo fato de reconhecê-la, um aspecto negligenciado por vários psicólogos e psiquiatras cujo foco de trabalho é fazer exatamente isso. Saber que está com raiva não vai mudar a reação de irritação do seu corpo (por exemplo, aumento dos batimentos cardíacos, secreção de adrenalina). Reconhecer a emoção é uma informação valiosa — só não espere que o *insight* contenha o sentimento. Depois de ter experimentado e identificado o sentimento, a terceira parte desse passo é expressá-lo adequadamente. A expressão também não vai fazer parar o sentimento, outra observação para psicólogos e psiquiatras, mas uma expressão inadequada da emoção provavelmente agravará a sua situação.

Com a análise, você começa o processo de resolução do seu problema fazendo o inventário de suas opções. Pode dizer: "Então, tenho este problema que está fazendo com que eu me sinta infeliz — o que posso fazer a respeito disso?" A maneira mais comum de produzir alternativas é por analogia. Se você está experimentando algo que já experimentou e resolveu, sabe o que fazer, ou não fazer, dependendo de como lidou com as circunstâncias anteriores. Também pode comparar com o que aconteceu com o seu melhor amigo, ou com o que viu nos filmes, ou leu neste livro. Descobrir pontos em comum com outras situações — criando uma analogia — é uma maneira eficaz de compreender a sua dificuldade atual. Pode não mudar o modo como se sente em relação ao problema, mas pode lhe dar discernimento a respeito de como e por que está acontecendo e ajudá-lo a gerar reações possíveis.

Terapias psicológicas não progridem mais do que a análise — se é que chegam até aí. Muitas não chegam; atolam-se "validando" interminavelmente as emoções. Os psiquiatras tendem a desestimular o exame racional de um problema e, em vez disso, enfocam as emoções, para conduzi-lo de volta à infância. Você pode fazer esse tipo de trabalho durante anos e nunca se sentir melhor. Mais uma vez,

MAIS PLATÃO, MENOS PROZAC

muitas pessoas atravessam os três primeiros estágios do processo PEACE sozinhas, mas estacam na contemplação e no equilíbrio, sem os quais não conseguirão chegar à resolução de seus problemas. Isto nos leva à contemplação e à integração de todas as informações que você acumulou nos três primeiros passos. A sua meta aqui é adotar uma posição — uma atitude ou uma maneira de encarar — em relação à sua situação total. O dicionário lhe dirá que *disposição* significa uma tendência predominante, uma inclinação, humor ou temperamento. Quando se diz que você tem uma disposição animada, isso é o que o seu admirador está querendo dizer. Mas neste livro, disposição é outra maneira de dizer perspectiva filosófica. Para encontrar a sua, você precisa recuar um passo do seu problema, do poder de sua emoção, da lógica de sua análise. O passo crucial é adotar uma maneira filosófica abrangente de encarar a sua situação completa, que lhe permita reconciliar-se consigo mesmo e mudar.

Descubra uma filosofia que encontre ressonância em você na obra de um filósofo reconhecido, ou lendo diretamente na fonte ou aprendendo os pontos relevantes com um filósofo treinado. Você certamente tem uma filosofia pessoal, embora, talvez, não suficientemente consciente ou articulada para agir a seu favor. Portanto, você provavelmente precisa de um guia, ou de um espelho, para ajudá-lo a arrastá-la para fora, onde possa vê-la e trabalhar com ela. A disposição é algo que você descobre genuinamente em seu interior. É mais como desenterrar uma pedra preciosa do que fabricar uma ferramenta. Se você alegar uma disposição filosófica que não sente profundamente, o máximo que estará fazendo será compensar a sua situação ou racionalizá-la. Isso não trará nenhum alívio real ou duradouro. Também pode descobrir que a sua disposição atual é, na verdade, agravar o seu problema e que, modificando-a, poderá mudar sua vida. Esse tipo de mudança é belo, como a transformação de uma crisálida em borboleta. Tudo muda, e a chave para se fazer a melhor mudança é a sua disposição.

Às vezes penso nisso como o estágio cerebral ou conceitual (mais palavras C). Digo cerebral porque você está trabalhando com o seu intelecto e suas emoções: o seu cérebro inteiro. E precisa de uma concepção de como tudo se ajusta — todos os elementos de sua situação, todos os elementos de seu mundo, todos os elementos de sua filosofia. Descobrir essa unidade é o que lhe possibilita superar um problema. Se você está bloqueado por um problema, precisa de uma ruptura conceitual. Suas respostas habituais não são suficientes.

No último passo, você alcança o equilíbrio. Com a sua disposição recentemente adquirida ou delineada, você põe em ação a sua melhor opção e incorpora o que aprendeu à sua vida de uma maneira concreta. O seu problema deixa de ser um problema, e você retorna ao seu estado habitual, agora aprimorado, de ser, não mais perturbado — até a próxima vez em que as circunstâncias conspirarem para desequilibrá-lo. Há sempre uma certa dose de oscilação; ninguém permanece estável para sempre. Mas se você realmente adotou o processo PEACE, estará mais bem equipado para o futuro. Depois que é encontrada uma disposição útil, ela não desaparecerá. Você não pode dissolvê-la. Pode recordar e tornar a usar tudo que agiu a seu favor em um conjunto de circunstâncias em qualquer situação similar que tenha de enfrentar. O que quer que aja a seu favor é reforçado, e, em contrapartida, o que não funciona é posto de lado. Se você completar este último estágio, nunca mais retornará à estaca zero. A sua vida será enriquecida, mesmo depois da pior tragédia, se aprender sobre si mesmo controlando a sua experiência e alcançando o equilíbrio.

Às vezes chamo esse último passo de essencial (outra palavra *E*), já que quando o atingir, terá compreendido a essência de sua situação. Terá descoberto não somente a essência do seu problema, mas também algo essencial sobre si mesmo. É esse *insight* que permite que resolva a sua situação atual e se prepare para a nova. Soluções absolutas nem sempre são possíveis, portanto, a resolução é um objetivo mais apropriado na maioria dos casos. Este passo também é essencial porque é o que lhe permite mudar. Você pode se tornar filosoficamente auto-suficiente, de modo que não precise de mais aconselhamento (a menos que decida ultrapassar o elementar). Uma disposição que leva ao equilíbrio é algo que o acompanha aonde quer que você vá. Não permanece no consultório médico para ser tirado quando quiser pôr fim a um sintoma desagradável. Não é algo de que dependa, como de um terapeuta ou de uma receita. É uma parte de você.

O QUE PABLO CASALS E MARK TWAIN TÊM EM COMUM?

Os primeiros dois passos do processo PEACE são familiares graças aos meus antecessores na psicologia e na auto-ajuda. E como mencionei, muitas pessoas percorrem a parte inicial do labirinto sozinhas, mas depois procuram ajuda externa. Na medida em que o terceiro e o quarto passos — análise e contemplação — distinguem este método do que veio antes, e já que são os mais recentes e difíceis de serem apreendidos, quero ilustrá-los com dois exemplos de grande efeito. Envolvem pessoas famosas que atuaram como seus próprios conselheiros filosóficos. Mais adiante, neste capítulo, analisaremos um caso da minha própria praticidade.

O grande violoncelista Pablo Casals certa vez quebrou o braço em um acidente de esqui e teve de ficar engessado durante seis semanas. O seu problema era óbvio: o braço engessado arruinou a sua agenda e interrompeu a sua carreira. Sua reação emocional provavelmente foi um misto de frustração, ansiedade, devastação, depressão e medo. Sua análise calculou todas as complicações logísticas: cancelamento ou reprogramação dos concertos, consultas com médicos e fisioterapeutas, ligações para o seu agente, refazer contratos, planejar a reabilitação depois de o braço estar curado etc.

Ele concedeu a indispensável entrevista coletiva para compartilhar as notícias com seus admiradores. Os repórteres reunidos talvez esperassem que ele se mostrasse desanimado, mas, ao contrário, acharam que parecia radiante. Perguntaram por que estava tão feliz. "Porque agora não tenho de praticar", respondeu ele.

Eu ficaria espantado se Casals tivesse consultado um prático filósofo, mas ele percebeu claramente a importância do estágio contemplativo para enfrentar o problema. Buscou dentro de si a atitude mais benéfica naquela situação. Obviamente, ele estava consciente dos elementos destrutivos das circunstâncias, mas preferiu se concentrar nos construtivos. Viu as restrições como libertadoras, e não como limitadoras. Reestruturou a questão se perguntando: "O que posso fazer durante as próximas seis semanas que, de outra maneira, eu não poderia?" Não sei se ele partiu de férias para o Taiti, se jogou em caça-níqueis em cassinos ou passou o tempo com amigos, mas, certamente, teve mais opções nesse período do que teria habitualmente, considerando-se as exigências de seu talento. A sua disposição permitiu-lhe aproveitar ao máximo a situação.

No caso de você achar que não tem essa serenidade, vou dar outro exemplo antes que você decida que isso está fora do seu alcance. Mark Twain era quase tão famoso por seu temperamento inflamável quanto por suas realizações literárias. Tinha pavio curto, e pode ter certeza de que sua cólera era devastadora. Quando melindrado, a sua resposta preferida era redigir uma carta mordaz. Mas, depois, sempre a deixava sobre a sua capa por três dias. Se depois de três dias ainda se sentisse irado, ele a enviaria pelo correio. Quase sempre a raiva desaparecia, e ele queimava a carta. Talvez tenha sido uma perda para os admiradores que desejassem muito uma cópia dessas palavras, mas certamente foi melhor para Twain, seus amigos e conhecidos.

Aposto que Twain usou aquelas cartas para definir o problema, expressar suas emoções (principalmente a raiva), e analisar suas opções (algumas das quais eram, com certeza, maravilhosamente gráficas). Mas o seu *insight* contemplativo deve ter exercitado as virtudes da paciência, imparcialidade, reflexão e disposição para mudar. Conhecido como sangue-quente, Twain poderia não ter demonstrado esse tipo de controle, a menos que estivesse inclinado a essas virtudes. Quer ele enviasse ou não as cartas coléricas, usava-as, assim como a pausa de três dias, para recuperar o equilíbrio.

Embora eu tenha dúvidas de que ele estivesse ou não ciente disso, Twain estava refletindo a idéia chinesa de que o melhor curso de ação é aquele que o deixa sem culpa e arrependimento. Esperando três dias e decidindo depois, com a cabeça mais fria, era mais seguro encontrar esse caminho.

Como não conhecemos o funcionamento íntimo da mente de Casals e de Twain em relação a essas questões, não sabemos o grau de facilidade ou dificuldade com que descobriram suas disposições ou quanto esforço foi investido antes de colocá-las em prática. Não se iluda pensando que foi fácil só porque sangue, suor e lágrimas não foram relatados aqui. A pessoa disposta a filosofar sobre o que quer que enfrente pode descobrir inclinações úteis e atingir um nível de equilíbrio. Isso não quer dizer que o dilema desaparece num estalar de dedos. Mas garanto que fazer o trabalho e obter o resultado é melhor que todas as alternativas — raiva, culpa, fuga, dependência, sentir-se vítima, martírio, litígio — juntas.

VINCENT

Vincent tinha uma carreira bem-sucedida como redator. Havia decorado a sua sala de trabalho com os habituais lembretes, fotos etc. Também pendurou a reprodução de um quadro famoso de Gauguin que mostrava mulheres taitianas seminuas numa praia. Uma das colegas de Vincent informou ao supervisor que se sentia ofendida pelo quadro e pediu que fosse retirado. Cumprindo a orientação da empresa sobre assédio sexual, o supervisor chamou Vincent à sua sala e mandou que retirasse a reprodução. Vincent protestou, mas não teve outra saída: tinha de retirar o quadro ou pedir demissão. Depois de pesar as duas opções, escolheu o menor dos dois males e decidiu retirar a arte. Afinal, é mais fácil encontrar outro quadro do que outro emprego. Vincent fez a coisa prática. O que não previra foi a raiva, o ultraje e a sensação de traição de princípios que experimentou depois de retirar a arte para conservar o emprego.

Ao examinarmos esse caso por meio do processo PEACE, veremos claramente como o aconselhamento filosófico difere do aconselhamento psicológico. Muitos psicólogos que assistem às minhas palestras sobre o aconselhamento filosófico depois me procuram e dizem: "Sabe, faço a mesma coisa." Na verdade, não fazem a mesma coisa em absoluto, e freqüentemente uso este caso para esclarecer a minha opinião. Eu conto aos psicólogos exatamente o que lhe contei sobre Vincent e pergunto como procederiam. Sem exceção, eles enfocam estritamente suas emoções — raiva, ultraje, traição — e dizem que tipo de trabalho fariam nessas áreas. Na minha opinião, seria uma perda de tempo, sem falar de dinheiro. Quando explico como um conselheiro filosófico (eu mesmo) procedeu nesse caso, eles percebem de repente que existe todo um universo de perspectiva não concebido por seu treinamento psicológico.

É assim que funciona:

ESTÁGIO UM: *Problema*. O problema de Vincent, resumidamente, era que ele sofria do senso de injustiça. Acreditava que havia sido injustamente obrigado a retirar o quadro e que o seu emprego não deveria ter corrido risco por uma questão de gosto pessoal em arte. As suas emoções derivaram do senso de injustiça. Ele, e não as emoções em si, era o problema básico.

ESTÁGIO DOIS: *Emoções*. Vincent não viu uma maneira imediata de expressar as suas emoções de forma construtiva. Ele não queria se sentir tão irado e traindo tanto os seus princípios, mas o sistema não lhe ofereceu nenhum remédio para se sentir melhor.

ESTÁGIO TRÊS: *Análise*. Consideradas todas as opções, Vincent provavelmente fez a coisa certa. Amava a sua profissão, e empregos como o seu não dão em árvores. Se tivesse se demitido, continuaria a sentir-se injustiçado e ainda ficaria desempregado. Provavelmente, é melhor ficar chateado e empregado do que chateado e desempregado. Se ele tivesse muito dinheiro, poderia ter processado o seu empregador e decidido a questão no tribunal. Mas não tinha. Fantasias de vingança, de certa forma, eram satisfatórias de modo passageiro, nunca opções reais. De qualquer jeito, se Vincent tivesse decidido ameaçar o seu supervisor e ofendido a sua colega, ou ficado louco de raiva e saído atirando pelo escritório, continuaria sem fazer justiça, mas estaria na cadeia. Em suma, a escolha de Vincent parece a melhor que ele poderia ter feito.

ESTÁGIO QUATRO: *Contemplação*. Filosoficamente, trabalhei com Vincent a compreensão da distinção entre ofensa e dano. Se alguém ou algo o fere — isto é, machuca-o fisicamente —, você não é cúmplice da agressão. O princípio de dano de John Stuart Mill afirma que "o único propósito com que o poder deve ser corretamente exercido sobre qualquer membro de uma comunidade civilizada, contra a sua vontade, é o de impedir que os outros sejam feridos".

Mas ofensa é outra coisa. Se alguém ou alguma coisa o ofende — isto é, insulta-o de alguma maneira —, você é definitivamente cúmplice do insulto. Por quê? Porque *se sente* ofendido. Você pode ser ferido passivamente por algo como um murro físico, mas toma parte ativa ao ser ofendido por algo como um quadro. Lembre-se da conversa do passado:

— Desculpe, não quis ofendê-lo.

— Bem, então, não há ofensa.

Esse tipo de civilidade tornou-se obsoleta em uma cultura que negligencia a reflexão, que possibilitou que ofensa fosse confundida com dano. Marco Aurélio sabia a diferença na Roma do século II, mas a nossa avançada cultura a esqueceu. Hoje em dia, as pessoas se sentem ofendidas, depois acusam outras de as terem ferido, e o sistema fomenta tudo isso com políticas que cortam a liberdade individual. Pior ainda, o sistema reforça a confusão recompensando financeiramente as pessoas por se sentirem ofendidas. Não é de admirar que as pessoas pisem em ovos ou fiquem com dor-de-cotovelo.

"Cale a sua opinião, e a queixa 'Fui ofendido' se calará. Cale a queixa 'Fui ofendido' e a ofensa desaparecerá."

— Marco Aurélio

A distinção entre ferir e ofender foi a primeira ruptura contemplativa de Vincent. A segunda veio com a percepção de que esse tipo de injustiça era sistemático e não dirigido a ele pessoalmente. A sua acusadora e o seu supervisor eram peças insignificantes de um jogo maior, que eles sequer compreendiam. O absurdo era quase divertido. Vincent não pendurou a página central da *Playboy* na parede — que alguns consideram arte, embora seja claramente mais provocante do que a reprodução de um quadro de valor inestimável. As pessoas que procuram se ofender sempre encontram motivo para isso; conseqüentemente, são elas que têm um problema. O problema é a necessidade que têm de se sentirem ofendidas. Vincent, inadvertidamente, interferiu na necessidade de alguém.

Vincent não precisava ver a sua situação como injusta, pois tinha sido ofendido, mas não ferido, pelo sistema. Tinha o poder de se recusar a ser ofendido pela intolerância do sistema, e decidiu exercê-lo. Ele tinha, agora, a disposição filosófica que o imunizava contra essa injustiça e que permitiu a dissipação de suas emoções negativas.

ESTÁGIO CINCO: *Equilíbrio.* Vincent voltou a trabalhar, não mais abrigando maus sentimentos em relação à sua colega ou ao seu supervisor. Tinha coisa melhor a fazer do que investir emoção no gosto artístico deles; tinha de dar prosseguimento à sua carreira. Como um toque final, propus que Vincent juntasse suas dez reproduções preferidas e as mostrasse à sua colega, pedindo que escolhesse uma que não a ofendesse para pendurar na sala. Desse modo, todos ficariam satisfeitos com a sua decoração.

O processo PEACE de Vincent foi completado em uma única sessão. Em momento algum discutimos a sua infância, fantasias sexuais, sonhos, complexo de Édipo ou uma prescrição para melhorar o seu humor. Moral da história: a psicologia e a psiquiatria não têm nada a dizer sobre injustiça. Se quiser resolver um problema filosófico, procure ajuda filosófica.

SEJA O SEU PRÓPRIO CONSELHEIRO FILOSÓFICO

Praticar filosofia significa explorar o seu universo interior. Você é o mais qualificado para empreender essa viagem de autodescoberta, embora às vezes possa se beneficiar da orientação de filósofos que já trilharam caminhos semelhantes. Os filósofos quase sempre trabalham sozinhos, no sentido de que os seres humanos tendem a pensar mais claramente sozinhos. Ainda assim, os filósofos quase nunca trabalham sozinhos, no sentido de que nossos pensamentos são abastecidos por *insights* importantes de diversas tradições filosóficas há 2.500 anos. Conselheiros filosóficos são como casamenteiros: ajudamos nossos clientes a encontrarem a interpretação filosófica de si mesmos e de sua situação, e com a qual possam viver e prosperar por toda a vida.

Você pode se ajudar filosoficamente conhecendo ou não Aristóteles a partir do Zen. Siga os passos do processo PEACE. Pegue o que é relevante para você no capítulo seguinte e nas muitas idéias filosóficas importantes ilustradas na Parte II e salientadas no Apêndice A (Relação de Filósofos). Os estudos de casos neste livro fornecem exemplos de como iluminar os seus interesses pessoais com a sabedoria de todos os tempos. Assim equipado, você será capaz de atingir o equilíbrio sozinho em várias situações. Lembre-se de que nem todo problema tem solução rápida. Grandes explorações às vezes precisam de mais tempo e esforço.

Se estacou em um determinado passo do processo, talvez precise de ajuda para prosseguir até o estágio seguinte. Algumas pessoas estacam no primeiro passo, incapazes de identificar prontamente a natureza do problema que enfrentam. É mais comum estacar no estágio emocional, fazendo coisas para aplacar emoções que, na realidade, as inflamam (como quem bebe para escapar do problema — o problema é beber exageradamente). Pode-se também estacar facilmente no terceiro estágio, analisando interminavelmente uma situação impossível de ser modificada somente com a análise. Para aqueles que completam os três primeiros passos, a contemplação pode ser um desafio. Descobrir e adotar a disposição certa pode levar minutos ou meses — ou, ocasionalmente, anos. Mas quando ela o conduz ao equilíbrio, o esforço terá valido a pena.

Se você realmente estacar e não conseguir se desvencilhar, pode querer consultar-se com um conselheiro filosófico (ver a relação no Apêndice C). Ou tentar trabalhar com outra pessoa leiga com inclinação filosófica. Usem um ao outro como púlpitos para revisar a perspectiva filosófica pessoal. Às vezes, alguém tem de ajudá-lo um pouco para que você possa ajudar bastante a si mesmo.

4

O que você achou que faltava no curso básico de filosofia que pode ajudá-lo agora

***

"A filosofia antiga propunha à humanidade uma arte de viver. Em comparação, a filosofia moderna aparece, acima de tudo, como a construção de um jargão técnico reservado a especialistas."

— PIERRE HADOT

"Se existe algo como instrução em filosofia, só pode ser instrução para fazer a pessoa pensar por si mesma."

— LEONARD NELSON

***

Alfred North Whitehead escreveu: "A descrição geral mais segura da tradição filosófica européia é que ela consiste em uma série de desenvolvimentos de Platão." Na verdade, muitas árvores deram suas vidas para que as partes interessadas pudessem ler as respostas aos argumentos de Platão, ou as respostas às respostas aos seus argumentos, ou as respostas às respostas às respostas... bem, você entendeu. No espírito da afirmação de Whitehead, porém oferecendo alguns fios a mais para serem tecidos, este capítulo apresenta fragmentos bastante curtos de algumas idéias filosóficas importantes — as principais escolas e pensadores que uso com freqüência no aconselhamento filosófico. Espero que você comece a perceber como algumas idéias filosóficas podem ser úteis no dia-a-dia, quer você consiga ou não soletrar Maimônides ou pronunciar Nietzsche. A filosofia, apesar de sua reputação de obscuridade e dificuldade, pode funcionar de modo prático com qualquer pessoa.

Com o objetivo de fornecer um plano geral, apresentarei os filósofos por categorias. Não é de maneira alguma a única forma de organizá-los, por isso não se surpreendam se os virem classificados de modo diferente em outras obras. Uma coisa que os filósofos gostam é de argumentação, especialmente a respeito de categorias. Até mesmo os períodos que anexei às categorias são gerais, com alguns dos principais pensadores de cada tradição caindo mais cedo ou mais tarde. É óbvio que este capítulo não é uma análise definitiva da história da filosofia ou de todos os filósofos importantes. A minha intenção é simplesmente apresentar os pontos mais relevantes do assunto, de modo que você forme um certo contexto para a aplicação dessas idéias quando surgirem na Parte II.

Agora, você está prevenido, portanto não me processe por causa da nota baixa no fim do semestre, se estiver cursando Filosofia e contar apenas com este capítulo para o seu estudo. Pense nele mais como uma "cola" para ser usada numa reunião social. Se você não está interessado em ver um grande painel neste momento, e não tem nenhuma reunião intelectual agendada, salte para a Parte II, ou para qualquer um dos capítulos da Parte II que lhe interesse em particular. Sempre há a possibilidade de você voltar a este capítulo se a sua curiosidade for atiçada. Se quiser informação mais profunda, há muitos livros dedicados à filosofia e à sua prática, alguns dos quais estão relacionados no Apêndice D.

Achei indispensável lançar a minha rede para além da filosofia ocidental, mas me vi voltando a um pequeno subgrupo de idéias repetidas vezes. Três ramos importantes da filosofia originaram-se aproximadamente no mesmo período da antigüidade, por volta de 600-400 a.C.

A responsável pela imagem da filosofia formada na cabeça da

MAIS PLATÃO, MENOS PROZAC

maioria das pessoas — homens barbados, usando toga e sandálias —
é a escola ateniense, destacando-se Sócrates, Platão e Aristóteles. Eles
se fundamentaram também em alguns pré-socráticos importantes
(tais como os cínicos e estóicos), mas para o nosso propósito aqui
nos limitaremos aos mais conhecidos. Ao mesmo tempo, em outra
parte do mundo, os Sábios da Floresta da Índia, entre os quais o
mais famoso é Siddharta Gautama (Buda), influenciavam a visão
de mundo indiana. Confúcio e Lao Tsé estavam desenvolvendo o
Confucionismo e o Taoísmo que, junto com o *I Ching,* mais antigo,
formam o cerne da filosofia chinesa. Esse período crucial nessas ci-
vilizações antigas exerceu grande influência na história da filosofia.

Uso essas três tradições com os meus pacientes praticamente na
mesma medida, moldando minhas escolhas ao indivíduo, naturalmente. No pensamento ocidental, encontro conceitos úteis em filósofos antigos e contemporâneos. A minha familiaridade com a
filosofia oriental está centrada principalmente nos textos antigos,
cujas teorias e práticas passaram a ser amplamente conhecidas e
estudadas no Ocidente, como o *Bhagavad Gita* e os ensinamentos
de Buda. Gurus contemporâneos da sabedoria oriental tendem a
conquistar seus seguidores não tanto por estabelecerem novas linhas
de pensamento, mas por viverem em harmonia com a sabedoria
dos antigos. Inspiram mais pelo exemplo e explicação do que pela
extensão. Ainda assim, os textos em que se basearam são vastos e a
maior parte não tem tradução em inglês. Alguns dos textos hindus
e budistas que uso são sagrados para seus seguidores (embora eu os
empregue como uma fonte de sabedoria secular) e, portanto, menos
abertos a questionamentos e reconsiderações. As fontes judaico-
-cristãs, do Livro Eclesiástico às Beatitudes, também contêm *insights*
filosóficos úteis. Do mesmo modo que as obras de poetas, dramatur-
gos e romancistas. Ocasionalmente, também as declarações de Casey
Stengel. Os filósofos não devem ser esnobes; devemos ser gratos por
descobrir a sabedoria onde for possível.

O ORIENTE

As filosofias indianas — o hinduísmo, e especialmente um de seus dois ramos não ortodoxos, o budismo — enfatizam a natureza cíclica da existência, a transitoriedade das coisas, os efeitos tóxicos dos desejos e a importância do desapego. O apego, seja a si mesmo, aos outros ou às coisas, é a causa principal do sofrimento. Uma forma de reduzi-lo, portanto, é a falta de apego. A filosofia indiana em geral — seja hindu ou budista — sustenta que devemos fazer tudo com todo o coração, como um serviço, não somente para colher os frutos que resultam do nosso trabalho.

O budismo afirma a igualdade moral das pessoas, mas defende a responsabilidade pessoal, assim como a compaixão pelos outros. Ensina que a mente que fica remoendo, o ego ganancioso, desejos sensuais, tudo interfere continuamente na realização da serenidade lúcida (natureza de Buda), e oferece várias práticas que silenciam gradativamente uma mente ruidosa, rompem os grilhões do desejo e permitem que a pessoa permaneça plenamente em paz. Um dos objetivos do budismo é uma vida sem inquietação.

Buda anotou as Quatro Verdades Nobres (ou melhor, seus escribas e alunos anotaram; Buda não deixou escritos). São um poderoso remédio filosófico, por isso geralmente não converso com os clientes sobre elas, a menos que tenham sofrido o bastante para ficarem atentos. Mas essas verdades expõem um caminho importante para atravessar as provações mais árduas da vida, de modo que possam ser úteis às pessoas em circunstâncias extremamente penosas. A primeira Verdade é que a vida envolve sofrimento. A segunda é que o sofrimento é causado; não acontece por acaso. A terceira, que podemos descobrir a causa e romper a cadeia causal para impedir o sofrimento. Remova a causa e removerá o efeito. A quarta, e mais importante, é que devemos praticar para alcançar o fim explicado no terceiro ponto.

Segundo o pensamento budista, tudo que fazemos tem conseqüências, inclusive o nosso comportamento moral, embora não possamos dizer quanto tempo leva para uma conseqüência se manifestar ou que forma assumirá quando isso acontecer. Talvez não possamos escolher estar ou não numa situação específica, mas temos escolhas quanto ao que fazer com a situação em que nos encontramos. Escolhemos entre o bem e o mal, e se fizermos boas escolhas, acontecerão boas coisas. Se fizermos más escolhas, coisas ruins acontecerão. Isso transfere parte da responsabilidade e do controle às pessoas.

Por outro lado, o hinduísmo pode resultar em passividade por causa da crença na reencarnação. Se é a esta vida em sua totalidade que você está preso como recompensa ou castigo pela vida anterior, que diferença podem fazer as suas ações?

O budismo encara a existência como uma série de instantes (como o oposto da série de vidas do hinduísmo), e o que acontece em cada um influencia o que acontece no seguinte. Essa postura mais otimista é a que prefiro, e a que exige mais responsabilidade pessoal. Nas duas filosofias, a ênfase é no desenvolvimento moral, em contraste com a fixação ocidental no progresso científico acima de tudo.

> *"Revelarei esse conhecimento e como pode ser realizado; que, uma vez cumprido, nada mais restará que valha a pena se ter nesta vida."*
>
> — *Bhagavad Gita*

O dogma central da filosofia chinesa é que tudo muda. Não se pode esperar um estado de coisas permanente em nenhum aspecto da vida, e para evitar que sejamos iludidos por uma situação inteiramente nova com cada mudança, temos de nos esforçar para compreender a natureza da mudança. Com uma percepção maior do porquê e de como as coisas mudam, a mudança parecerá a você mais natural, e você será capaz de antecipar e fazer a coisa certa nos momentos de mudança. Filósofos como Lao Tsé (autor do *Tao Te Ching*), Confúcio e o(s) autor(es) anônimo(s) do *I Ching* nos ensinam a tirar o máximo das melhores situações — assim como daquelas que escapam ao nosso controle, e também das ruins. Em cada caso, somos responsáveis por nossas decisões. Apesar da mudança constante, o mundo é visto como um lugar ordenado. Para se compreender a maneira como o mundo humano funciona, temos de entender a maneira como o mundo natural funciona e perceber as semelhanças. A tradução comum de *Tao* é "o Caminho", significando a maneira como as coisas se desenrolam. A melhor maneira de seres humanos viverem é em harmonia com as leis naturais que moldam os processos social e político.

A filosofia chinesa centra-se na busca de como levar uma vida boa, isto é, virtuosa. Se os indivíduos levam vidas boas, a sociedade também será boa: sem conflitos, decente, produtiva. Ela não considera o pensamento como o caminho exclusivo para a vida boa (como grande parte do pensamento ocidental). A qualidade de vida deriva da reflexão sobre dever e moralidade, interpretação da experiência e compreensão do processo.

> *"Não podemos ignorar grandes mentes como Confúcio e Lao Tsé, se somos capazes de apreciar a qualidade dos pensamentos que representam; muito menos podemos desconsiderar o fato de que o I Ching foi a sua principal fonte de inspiração... Estou na minha oitava década de vida, e as opiniões mutáveis dos homens raramente me impressionam; os pensamentos dos velhos mestres têm mais valor para mim do que os preconceitos filosóficos da Mente ocidental."*

CARL JUNG

O OCIDENTE

No Ocidente, parece que nós, filósofos, fazemos a exploração filosófica para que os outros não precisem se incomodar. Devolver a importância da introspecção filosófica às pessoas comuns é a força motora do aconselhamento filosófico.

Sócrates proporciona um dos modelos mais importantes para o aconselhamento filosófico, além de ser o "Padrinho" da filosofia ocidental em geral. Foi mentor e professor de Platão, e o seu trabalho sobreviveu exclusivamente por meio dos textos desse seu discípulo. Conselheiros filosóficos recorrem a ele em parte porque ele crê que todos nós já temos o conhecimento, que o que precisamos saber está dentro de nós, mas que podemos precisar de ajuda para trazê-lo à tona. Se você estiver lutando com uma questão importante, talvez precise de uma espécie de parteira filosófica para trabalhar com você o despertar de sua própria sabedoria. Ao contrário dos médicos e advogados, cuja ajuda procuramos porque possuem conhecimento especializado que nós não temos, os conselheiros filosóficos não contam necessariamente com a sua perícia particular, mas com a sua capacidade geral de conduzir uma indagação. Não lhe damos respostas, mas o ajudamos a fazer as perguntas profícuas. Não agimos necessariamente como autoridades que revelam informações totalmente desconhecidas para você, mas fornecemos a orientação que muitas pessoas precisam, por terem esquecido ou negligenciado os meios de examinar a si mesmos.

A outra contribuição importante que Sócrates deixou para os conselheiros filosóficos (e para muitos outros que a acham útil) é o chamado método socrático: fazer uma série de perguntas para se chegar a respostas definitivas. A famosa máxima de Sócrates, "A vida não examinada não vale a pena ser vivida", resume a sua convicção de que levar uma vida de qualidade é a coisa mais importante e que conseguimos isso principalmente por meio da indagação.

Platão — causa de todos esses desenvolvimentos filosóficos — era um essencialista. Ele acreditava na existência das Formas puras, porém abstratas, das quais os objetos materiais são cópias imperfeitas. Essas Formas são imutáveis, mas vivemos num mundo de aparências cambiantes e só podemos ter acesso a elas mentalmente. Com a educação apropriada, podemos abrir caminho para o mundo noético (o mundo das idéias) e compreender as Formas puras da Justiça, Beleza e Verdade — e, assim, fazer cópias melhores no mundo real em que vivemos. Platão achava que a vocação mais sublime era buscar a essência das coisas desse modo. Essa idéia também repercutiu no aconselhamento filosófico, pois se você não conhece a essência de algo, como reconhecer se a tem? Por exemplo, o que é felicidade? Realização? Moralidade? Aguçar a sua compreensão de conceitos como esses lhe dará uma perspectiva filosófica a respeito de onde você está em sua própria vida.

Aristóteles desenvolveu a importância e o uso do pensamento crítico, preparando o terreno para séculos de indagação filosófica. Foi pioneiro de várias ciências físicas e sociais, mas pouco disso tudo é cientificamente útil hoje, já que é tudo teoria e nenhuma prática — ele não realizou nenhuma experiência e não estava particularmente preocupado com a evidência. Também inventou a lógica, que em sua forma elementar é muito útil para clientes com problemas que envolvem erros no pensamento crítico.

A teoria da ética de Aristóteles é também extremamente importante. Ele definiu a bondade como a virtude pela qual todas as criaturas racionais se empenham, uma visão otimista, sem a menor dúvida. A virtude depende de a pessoa ter uma escolha, e Aristóteles acreditava que a escolha virtuosa era o Meio-Termo, ou o equilíbrio entre os dois extremos. A coragem, por exemplo, é o Meio-Termo entre a temeridade e a covardia. Ele achava que a felicidade derivava da virtude e da bondade, e enfatizava o dever, a obrigação e o desenvolvimento do caráter como preocupações importantes do ser humano. Considerava de grande valor moral a sobriedade e a moderação, como era de se esperar do homem que nos deu o Meio-Termo. Seus pensamentos a respeito de todos esses componentes da vida virtuosa são muito úteis no aconselhamento filosófico quando um paciente está elaborando as suas próprias concepções.

"O nosso estudo atual não é, como outros estudos, puramente teórico; porque o objeto de nossa investigação não é saber o que é virtude, mas como se tornar bom, e esse é o seu único benefício. Devemos, portanto, considerar a maneira certa de realizar as ações..."

Aristóteles

O IMPÉRIO ROMANO E A IGREJA CATÓLICA ROMANA

Depois de Aristóteles, as coisas estagnaram no Ocidente — do ponto de vista do que é útil para mim no aconselhamento filosófico — por muito tempo. A enorme extensão do território que havia sido cartografado durante o "Grande Avanço" da cultura helênica (inclusive a filosofia) permaneceu sem ser cultivado durante séculos. O poder militar do império romano retardou a evolução filosófica por muito tempo — com exceções notáveis, como os estóicos romanos — possivelmente porque tanta energia foi investida nas conquistas.

Após o declínio do império romano, a Igreja Católica Romana dominou o pensamento europeu, e a única erudição permitida era estritamente religiosa. A maioria das pessoas não sabia ler, e a maior parte dos poucos textos existentes era em grego, latim, árabe ou hebraico. Os leigos sabiam da interpretação oficial das escrituras que regulavam a sua vida, mas não tinham acesso a elas. Nenhuma divergência era permitida. Muitos livros foram proibidos. Muitas pessoas, inclusive filósofos, foram queimadas na fogueira. Os europeus tinham muita fé, mas indagavam pouco. Sem o livre pensamento, a filosofia não-teológica foi decrescendo até se interromper.

A Igreja Católica Romana exerceu tamanho poder que, em 1651,

Thomas Hobbes chamou-a de "o Fantasma do falecido império romano, sentado coroado sobre o seu túmulo". Em certo sentido, a Igreja tinha mais poder do que o império. A pena é reconhecidamente mais poderosa do que a espada, e o poder das idéias — da doutrina — tem a vida mais longa do que a autoridade de meros governos. Mesmo os maiores impérios, que se apóiam no poder da espada, não duram para sempre. Poderes espirituais e de idéias são mais fortes a longo prazo. Mas sob o jugo da Igreja, a capacidade humana de reflexão e ceticismo foi severamente restringida e os dogmas eram aceitos sem contestação. A filosofia, por outro lado, questiona tudo. A dicotomia fundamental entre teologia, que requer a fé, e a filosofia, que exercita a dúvida, freqüentemente torna os dois campos incompatíveis, como certamente foram por mais de um milênio, até a Reforma e o começo da Revolução Científica.

Não estou selecionando e isolando a Igreja Católica Romana — todas as religiões funcionam dessa maneira. Toda religião tem fortes convicções que são supostamente imutáveis, até algum filósofo aparecer para contestá-las. A Igreja Católica Romana complicou essa questão porque, graças a Tomás de Aquino, a sua teologia também incorporou a metafísica e a ciência de Aristóteles, grande parte dos quais revelou-se absurda. Mas não se podia afirmar o mesmo da filosofia de Aristóteles sem ser acusado de heresia contra Roma. Foi isso que colocou Galileu em apuros (e quase na fogueira) no século XVII: ao provar que parte da astronomia e da física de Aristóteles estava errada, ele afirmava, inadvertidamente, que as doutrinas católicas romanas a elas associadas estavam completamente erradas, o que era um crime capital naquele tempo.

Mas religiões também evoluem. A Igreja Católica Romana era famosa (ou infame) por seu Índice dos Livros Proibidos. O *Leviatã*, de Hobbes, foi banido assim que saiu publicado, mas não foi nem o primeiro nem o último grande livro a se ver em apuros com a política religiosa. No século XX, o Índice baniu, vez ou outra, as *Obras Completas de Freud*, assim como obras de Aldous Huxley, James Joyce, Alfred Kinsey, Thomas Mann, Margaret Mead, Bertrand Russell, H.

MAIS PLATÃO, MENOS PROZAC

G. Wells e outros. Podemos perguntar: "Como os seres humanos podem superar as concepções freudianas se nem mesmo têm a permissão de refletir sobre as concepções freudianas?" Mas os tempos mudam rapidamente. Sob o papado de João Paulo II, a Igreja Romana passou a reconhecer que *On the Origin of Species* (A Origem das Espécies), de Darwin (número um no Índice desde a sua publicação, em 1859), é compatível com o Gênese. Se você achar que isso significa que todas as apostas foram perdidas, tem razão. Recentemente, a encíclica *Fides et Ratio (Fé e Razão)* do papa João Paulo II exorta todos os católicos a se concentrarem na filosofia. "O papa tem um elenco de heróis filosóficos que teria feito os pontífices anteriores recuarem assustados", comentou o *London Daily Telegraph*. Ele admira não somente os filósofos ocidentais como também os textos sagrados indianos, os ensinamentos de Buda e as obras de Confúcio. Portanto, herdamos uma nova pergunta retórica. Em vez de perguntarmos "O papa é católico?", podemos perguntar: "O papa é filosófico?"

> *"... muitas pessoas tropeçam pela vida até a beira do abismo sem saber aonde estão indo. Às vezes, isso acontece porque aqueles cuja vocação é dar expressão cultural aos seus pensamentos deixaram de examinar a verdade, preferindo o sucesso rápido ao esforço da indagação paciente sobre o que torna a vida digna de ser vivida."*
>
> PAPA JOÃO PAULO II

A nova parceria entre teologia e filosofia estende-se até o povo. No nível pessoal, o meu companheiro freqüente no Zen e no café da manhã é o estimado Roshi Robert Kennedy, da Companhia de Jesus. Isso mesmo, ele é mestre zen e jesuíta. (O seu livro é recomendado no Apêndice D.) E ainda mais: a primeira instituição americana de ensino superior a oferecer o meu curso de doutorado em prática filosófica é o Felician College, uma pequena universidade católica em Nova Jersey. Na minha opinião, a Igreja Católica Romana está promovendo um renascimento filosófico de grande alcance. O que é extremamente interessante tanto para o catolicismo quanto para a filosofia.

OS PRIMEIROS MODERNOS

Os primeiros filósofos modernos, que surgiram no século XVII, marcaram o fim da Idade das Trevas. Após a revolução filosófica fomentada por Francis Bacon, Thomas Hobbes, René Descartes e Galileu, entre outros, o mundo nunca mais foi o mesmo. Ao declarar que "O conhecimento é poder", Bacon forneceu uma terceira via crucial entre a fé e a espada: a ciência. A palavra *ciência* ainda nem havia sido cunhada, mas o foco de Bacon no conhecimento empírico fincou os alicerces de uma nova maneira de experimentar — e fazer experimento com — o mundo. Enfatizou a importância da generalização a partir de exemplos específicos de fenômenos físicos até hipóteses que, então, poderiam ser testadas. Se o poder originava-se do conhecimento, o conhecimento originava-se da experimentação. Ele afirmava que tanto a experiência quanto a razão eram necessárias para se conhecer o mundo. O mundo tem uma dívida de gratidão com Bacon por ele nos ter dado o método científico.

> *"O conhecimento humano e o poder humano são um só, pois onde a causa não é conhecida, o efeito não pode ser produzido. A natureza, para ser comandada, deve ser obedecida... A sutileza da natureza é muitas vezes maior do que a sutileza dos sentidos e da compreensão."*
>
> FRANCIS BACON

Bacon vinha de uma família privilegiada financeira e culturalmente, e empregou um grande número de secretários para anotar a sua sabedoria — em latim. Quando jovem, Thomas Hobbes trabalhou como um dos escribas de Bacon. E aprendeu bem, superando mais tarde o seu mentor. Um dos grandes pensadores modernos, Hobbes foi o primeiro cientista político e o primeiro psicólogo empirista. Começou a aprender sobre a natureza humana por meio de observações sobre o que os homens fazem, de início sem nenhuma teoria particular (método que Freud, mais tarde, tornaria ineficaz). Hobbes observou que os seres humanos são, por natureza, auto-referentes e precisam da influência controladora da civilização e da autoridade para manter a paz.

Podemos agradecer a René Descartes por nos fornecer a famosa articulação da coexistência da mente e da matéria. O reconhecimento da dicotomia entre a mente e o corpo e da sua complexa inter-relação tornou possível o aconselhamento filosófico. A sua mente, como distinta de seu cérebro, apresenta perguntas, dúvidas, informação falsa, interpretações duvidosas e inconsistências — mas não doença. A doença é um problema físico; portanto, se você tem um problema que se origina em seu cérebro — ou assim suspeita —, deve procurar um médico. Idéias e crenças são estados mentais plausíveis, não exclusivamente ou em nada físicas; portanto, um conselheiro filosófico conta com a distinção de Descartes a fim de criar um espaço para cultivar mentes, ao contrário de tratar de corpos.

A outra contribuição de Descartes é mais prática do que a teórica mencionada acima. Como rei dos céticos, impôs a si mesmo a missão de "nunca aceitar algo como verdadeiro até conhecê-lo como tal sem nenhuma dúvida". Acreditava em examinar cuidadosamente tudo que conhecemos (ou achamos que conhecemos) para separar as crenças verdadeiras das duvidosas ou falsas. Examinava tudo sob uma luz crítica para ver se resistia ao escrutínio e recusava-se a aceitar até mesmo a mais insignificante das informações transmitida por professores ou por seus sentidos. A sua outra famosa contribuição, "Penso, logo existo", leva à responsabilidade de descobrir o que é verdadeiro e correto para a primeira pessoa. Esse conceito também fundamenta o aconselhamento filosófico ao colocar o pensamento (não os sentidos nem a emoção) como a chave para a compreensão.

Galileu teve a coragem de examinar a natureza dos fenômenos físicos e relatar o que suas observações revelaram — mesmo quando contradiziam a doutrina aceita. Manteve a premissa de que se os fatos não se enquadram na teoria, então a teoria, não os fatos, está errada. Por exemplo, Aristóteles afirmara que a lua era uma esfera perfeita, mas Galileu, a primeira pessoa a virar o telescópio na direção do céu, observou imediatamente que a lua tinha crateras e montanhas. Foi acusado de heresia! Se a psiquiatria existisse no século XVII, o caso de Galileu teria sido diagnosticado como distúrbio de desobediência à perfeição aristotélica, ou síndrome da cratera e da montanha lunar.

OS EMPIRISTAS

Esses primeiros filósofos modernos prepararam o terreno para os empiristas britânicos Hume, Berkeley e Locke, que concordavam em que a percepção e a experiência eram a chave para a compreensão do mundo. Platão acreditava que sabemos o que sabemos por intermédio da razão e que nascemos basicamente com o conhecimento dentro de nós, apesar de podermos precisar de um guia ou de uma parteira para fazê-lo vir à tona. Os empiristas foram uma reação direta a essa idéia, dando ênfase à experiência e não à razão. Verificavam o que significa experimentar através dos sentidos. Como os primeiros pensadores modernos antes deles, ajudaram a preparar o terreno para uma investigação científica mais rigorosa.

O famoso legado de John Locke é a idéia da mente de um bebê recém-nascido como uma tábula rasa, ou uma lousa em branco. Ele acreditava que a nossa mente era completamente impressionável e que todo conhecimento é impresso em nós a partir do exterior. Dividia as idéias adquiridas com a experiência em dois tipos: as sensações — a informação que adquirimos pela visão, audição e os nossos outros sentidos — e as reflexões — a informação que adquirimos através da introspecção e de processos mentais, como pensar, acreditar, imaginar, querer. Embora eu ache que ele esteja certo somente em parte, as suas idéias são eficientes para o aconselhamento filosófico. Muitos divergem de Locke, por exemplo, ao acharem que possuímos uma capacidade inata de aprender a linguagem, enquanto ele afirmava que não existem idéias inatas. Mas ele tem razão ao afirmar que a língua que aprendemos é a que escutamos — a que experimentamos.

Começar com uma lousa em branco significa que as crianças adquirem valores e preconceitos muito antes de terem a capacidade de formar os seus próprios. E as crianças aceitam muitas coisas sem crítica. Isso tem implicações importantes para pais, professores e qualquer outro responsável por moldar mentes jovens, e explica a tremenda responsabilidade que essa oportunidade acarreta. Também sugere que se os nossos filhos estão cometendo suicídio e homicídio, usando drogas e agredindo com uma freqüência cada vez maior — o que está acontecendo — então há algo drasticamente errado com as lições que lhes estão sendo ensinadas. Também sugere o potencial do aconselhamento filosófico para ajudar a encontrar o apagador, se o que tem sido escrito em sua lousa corrompe ou é nocivo a você, e ajudar a traçar novas idéias, mais pertinentes e mais úteis.

David Hume levou o empirismo ao extremo, acreditando, como Locke, que não temos idéias fora da experiência e que "todas as nossas idéias são copiadas das nossas impressões [pelos sentidos]". Também achava que não havia algo como uma causa necessária; que não podemos estabelecer uma conexão causal entre dois eventos de qualquer tipo. Supomos com freqüência conexões (se bato nessa bola com uma vara, ela se moverá) baseadas em nossas experiências passadas, mas não há nenhuma garantia de que, apenas porque algo aconteceu de uma determinada maneira no passado, continuará a acontecer da mesma forma no futuro. O simples fato de uma coisa seguir-se regularmente a outra não é suficiente para provar que a primeira causou a segunda. Por mais difícil que seja envolver a sua mente, esse argumento pode ser muito liberador. Negar a causa necessária é o mesmo que dizer que não existe predestinação, destino. Esta é a chave que abre a porta para a convicção de que você pode mudar.

OS RACIONALISTAS

Os racionalistas do século XVIII, liderados por Immanuel Kant, mais uma vez recorreram a Platão, voltando a enfatizar a razão. Enquanto Locke diria que a experiência é o único giz que marca a lousa em branco, Kant e os racionalistas concordaram com Platão, sustentando que a razão também deixa impressões na tábula. Enquanto os empiristas experimentam algo para ver se funciona e depois o aperfeiçoam baseados nos resultados, os racionalistas analisam, em primeiro lugar, como as coisas funcionam. Os racionalistas acreditavam que uma forma de conhecimento levava a outra e que era possível encontrar um caminho para unificar todo o conhecimento.

Kant admitia que também a razão tem seus limites. Em sua famosa obra *Crítica da Razão Pura,* ele explica a sua teoria de que o mundo é dividido na esfera fenomenal (o que podemos sentir; o mundo como aparece para nós) e numênica (o mundo como é realmente). Parece... mais uma referência a Platão! Kant afirmava que as coisas são de uma determinada maneira, mas que tudo que podemos conhecer são aparências. Sejam átomos, rochas, relacionamentos ou sociedades, as coisas podem ser observadas de várias maneiras. Por exemplo, olhe uma árvore pela janela. Faça a mesma coisa à noite. Tente em um dia chuvoso. Depois, utilize um dispositivo infravermelho para olhá-la. Imagine como ela é vista por um morcego, um elefante ou por alguém que é daltônico. Como a árvore realmente é? De uma dessas maneiras? Nenhuma delas? Kant responderia que a soma de todas as maneiras possíveis mais todas as maneiras não perceptíveis são a maneira numênica. Portanto a "coisa em si" — a coisa como é realmente — é muito mais rica, profunda e completa do que qualquer representação fenomenal específica. A razão só consegue nos contar sobre o mundo fenomenal.

"A razão não nos ensina nada relacionado à coisa em si: somente nos instrui sobre como considerar o seu uso completo e superior no campo da experiência possível. Mas isso é tudo que pode ser racionalmente desejado no caso presente, e com que podemos nos satisfazer."

IMMANUEL KANT

No aconselhamento filosófico, é importante termos em mente que a nossa percepção do momento é apenas uma maneira de ver as coisas, e que quanto mais perspectivas investigarmos, melhor será a nossa compreensão. A obra de Kant também nos previne contra definir categorias ou fazer julgamentos, pois é difícil saber se a categoria ou o julgamento reflete a coisa ou a maneira como a estamos analisando. Anaïs Nin expressou essa idéia ao escrever: "Não vemos as coisas como elas são, nós as vemos como nós somos."

A teoria da ética de Kant também é importante no aconselhamento filosófico. Ele pertenceu à escola de pensamento da deontologia (baseada em normas), oposta à escola da ética teleológica, ou conseqüente, que sustenta que as ações são certas ou erradas dependendo do resultado bom ou ruim. Para os teleologistas, Robin Hood é um herói porque, basicamente, seus fins (dar aos pobres) justificavam seus meios (roubar dos ricos). Deontologistas como Kant, por outro lado, acreditam que uma norma é uma norma: roubar é errado. Teriam posto Jean Valjean na cadeia por ter roubado um pedaço de pão, não tendo importância sua mulher e seus filhos famintos.

A força da escola deontológica é que se tem um livro de normas (seja a Bíblia, o Alcorão, o Manual do Escoteiro, ou o seu manuscrito pessoal) para consultar quando você estiver em dúvida sobre qual o caminho certo. Geralmente é fácil concordar com as normas básicas. O inconveniente é que, em um conjunto definitivo de regras, sempre haverá exceções (como matar em legítima defesa e a pena de morte, amplamente aceitos apesar do mandamento "Não matarás"), e nunca é fácil concordar com as exceções. Por outro lado, com a ética conseqüente, nunca se sabe o que é certo ou errado até se conhecer o resultado, o que complica fazer planos. A sua força é a sua flexibilidade e imparcialidade.

Em certo nível, é útil para os indivíduos identificar que tipo de sistema ético têm e que tipo admiram. Kant dá um passo adiante ao acrescentar uma regra incomum para um deontologista. Ele acreditava que se pode e deve testar as decisões para a realização moral e ética e delineou uma experiência de pensamento, que chamou de Imperativo Categórico, para ajudá-lo nisso. Ao analisar que ação empreender, pergunte a si mesmo: "Gostaria que todos os que estivessem em minha posição fizessem a mesma coisa?" Se a resposta é sim, está no rumo certo. Se a resposta é não, então não a faça. Por exemplo, embora você possa imaginar facilmente uma situação em que será mais vantajoso para você mentir, não gostaria que todo mundo mentisse, então não deve mentir.

"Nunca devo agir de modo diferente daquele em que eu possa querer que a minha máxima se torne uma lei universal."

IMMANUEL KANT

A NOVA VELHA ESCOLA

Embora a Europa continuasse a ser o ninho do pensamento filosófico, o jovem país da América foi extremamente influenciado pelo que acontecia do outro lado do Atlântico. Dois autores da constituição americana, Benjamin Franklin e Thomas Jefferson, eram, eles próprios, filósofos experimentais. Ou *tinkerers*,* para usar a ter-

---

*Uma corruptela de *thinkerers*, termo derivado de *think*, que significa "pensar". *Tinkerer* seria aquele que pensa, que usa a cabeça. (*N. da T.*)

minologia rústica mais no espírito da antiga América. Inventores, naturalistas, coletores de espécimes — esses fundadores seguiram a tradição empirista. Assim como seus colegas John Adams e Thomas Paine, também eles herdaram dos racionalistas um gosto pelo poder da razão, e dos humanistas, uma celebração da igualdade moral e da realização individual. Não me ocorre nenhuma "prova número 1" melhor que a Constituição. A fundação dos Estados Unidos deveu-se em grande parte ao entusiasmo filosófico de seus criadores — um grupo de práticos filosóficos como nunca mais vimos igual.

OS ROMÂNTICOS

Toda essa atenção ao conhecimento fixo e imutável incitou o desenvolvimento da revolução romântica do século XIX. O empirismo nos forneceu um equipamento melhor, o racionalismo nos deu teorias melhores, e os avanços científicos e de engenharia resultantes propiciaram ao mundo um progresso tecnológico sem precedentes. Mas nas Revoluções Industrial e Científica, os românticos viram as piores facetas do empirismo e do racionalismo. Embora todo esse progresso pretendesse servir à humanidade, os românticos perceberam que também, com excessiva freqüência, essas nobres aspirações eram perdidas em um mar de exploração. Com as guerras se tornando ainda mais horripilantes por causa do aperfeiçoamento dos armamentos, a escravidão se expandindo mundo afora, e mulheres e crianças usadas cruelmente em minas e fábricas em seu próprio país, os românticos olharam em volta e viram os métodos de seus antecessores piorando, e não melhorando as coisas. A filosofia romântica desenvolveu-se como uma reação ao materialismo, à mecanização da sociedade e à visão de pessoas como rodas de uma máquina.

Os românticos, ao contrário, se concentravam na exclusividade de cada indivíduo, na importância da espiritualidade e no poder da arte. Valorizavam mais a natureza que a civilização e mais a emoção que o intelecto. Apesar de realmente ter sido uma personalidade do século XVIII, Rousseau é o protótipo do romântico. Sua idéia do bom selvagem — em nosso estado natural, somos melhores, mas a civilização nos corrompe — influenciou grande parte do que veio depois. Na Alemanha, surgiu uma versão diferente do romantismo, chamado idealismo, cujo pioneiro foi Hegel (falaremos dele mais adiante). Na Inglaterra, o romantismo produziu mais poesia — Byron, Shelley, Keats, Wordsworth, Browning — do que filosofia, mas o impulso foi o mesmo.

> *"To her fair works did Nature link*
> *The human soul that through me ran;*
> *And much it grieved my heart to*
> *think*
> *What man has made of man."**

WILLIAM WORDSWORTH

Não sou um grande admirador de Jean-Jacques Rousseau, porque muitas de suas idéias são ingênuas — e porque ele próprio nunca viveu de acordo com elas. Ele acreditava que o "Homem era naturalmente bom, e somente se torna mau pelas instituições". Isso contrasta nitidamente com a visão de vida sem governo de Hobbes, como "solitária, pobre, desagradável, animal e curta". Creio que a verdade está em algum lugar intermediário. Os seres humanos são, sem dúvida, auto-referentes, e, se não reprimido, esse aspecto pode atingir extremos inconvenientes. Mas também temos elementos positivos para a sociedade em geral. Podemos ser generosos, moderados e justos. A maioria das pessoas é capaz de pender para qualquer dos lados, idéia com a qual Aristóteles e Confúcio concordariam.

O debate entre natureza e educação talvez nunca tenha sido concluído, mas está claro que a criação toca melodias elaboradas nos

---

*Às suas obras promissoras a Natureza uniu/A alma humana que corre por mim;/E aflige tanto o meu coração pensar/No que o homem fez do homem.

instrumentos fornecidos pela natureza. Os americanos adoram esse tipo de circo de antagonistas — Rousseau contra Hobbes, democratas contra republicanos, mães que reclamam contra filhas que as detestam —, mas nada se resolve dessa maneira. Achamos que a verdade emerge da confrontação, mas o resultado, freqüentemente, é a confusão. Conflitos são bons para chamar atenção para idéias importantes, mas o mundo não é simples.

A idéia da dialética de Hegel contribuiu para o avanço da causa da aventura para além do pensamento simplificado. Em conflito, ele acreditava que se devia apresentar uma tese e uma antítese, depois harmonizá-las na síntese. A síntese exige que se veja a verdade e a falsidade em cada ponto de vista para se chegar a algo melhor. Antes de achar que isto parece fácil demais, deixe-me acrescentar que Hegel pensava que devíamos propor a síntese a que chegamos como uma nova tese, contrapô-la a uma nova antítese, e compor uma síntese e assim indefinidamente, até alcançar a síntese última, a Idéia Absoluta, ou verdade. Mesmo que você não queira continuar até o infinito, esse tipo de aperfeiçoamento constante é um método útil para a sua filosofia de vida pessoal.

Outro legado de Hegel ao aconselhamento filosófico é a idéia de transcendência. Para Hegel, *transcender* significa tanto "negar" quanto "preservar". A sua identidade é como uma série de anéis concêntricos. O mais interno é o seu ser pessoal, depois vem a sua família, a sua comunidade, a sua cidade, o seu estado, o seu país, o seu planeta, e assim por diante. As suas ações promovem a exclusão ou inclusão de cada nível. Se você serve à sua comunidade, então serve à sua família; portanto, preservou a inclusão desse nível. Transcendeu a sua família — ainda que tenha servido a ela, e a você também. Do mesmo modo, você transcende a sua cidade quando serve ao seu país, e transcende o país quando serve à humanidade.

OS UTILITARISTAS

No século XIX, o utilitarismo originou-se da convicção de que a Revolução Industrial fracassara. Embora os enormes avanços objetivos da ciência e da tecnologia não pudessem ser desprezados, os utilitaristas argumentavam que, não obstante, haviam fracassado porque não melhoraram a qualidade de vida da maioria das pessoas. Na camiseta de souvenir de uma reunião utilitarista estaria impresso: "A maior felicidade do maior número." Esta frase pertence a Jeremy Bentham, o fundador do University College London, a primeira universidade inglesa a admitir mulheres, judeus, católicos, dissidentes e outros "indesejáveis sociais" da época. (Tenho orgulho de dizer que também me admitiu — graduei-me lá.) Sua política de igualdade de oportunidades foi produto do compromisso utilitarista com a justiça social. Para os utilitaristas, a felicidade não era uma condição individual, mas um estado possibilitado por uma estrutura social eqüitativa e útil. Visualizavam a sociedade ideal como uma oval, com um meio largo e próspero, em vez de uma pirâmide com um grupo minúsculo de membros prósperos no topo, sustentado por uma enorme base dos menos ricos. O utilitarismo é mais do que uma maneira útil de pensar sobre a política social, embora fosse principalmente isso que os seus proponentes tivessem em mente. Também é instrutivo para uma vida em família, ou em uma comunidade menor, ou em um grupo de amigos, que foi como se introduziu no aconselhamento filosófico.

"A natureza pôs a humanidade sob o governo de dois mestres soberanos, a dor e o prazer. Cabe somente a eles nos apontar o que devemos fazer, assim como determinar o que faremos."

JEREMY BENTHAM

John Stuart Mill é o mentor do utilitarismo. Estudou com Bentham e acabou superando-o com as suas próprias contribuições.

Embora não caiba tão perfeitamente num adesivo como a de Bentham, a formulação de utilidade de Mill, ou o princípio maior da felicidade, é, de alguma forma, mais específica: "As ações são certas quando tendem a promover a felicidade, e erradas quando tendem a produzir o inverso da felicidade. A felicidade é o que proporciona prazer e ausência de dor; a infelicidade, dor e privação do prazer." Este foco nas ações e suas conseqüências — ignorando os motivos — é problemático, mas exerceu grande influência.

Livre-pensador e libertista, assim como utilitarista, Mill também foi um igualitário e publicou um ensaio criticando a subjugação das mulheres. Nisso estava à frente do seu tempo, embora a sua obra tenha vindo depois de *Vindication of the Rights of Women*, de Mary Wollstonecraft. Mill foi um grande defensor da liberdade individual em geral, e uma de suas obras mais famosas é *On Liberty*, em que ele lança o seu princípio da iniqüidade. Relembrando, ele achava que a única justificativa para se coibir uma pessoa era impedi-la de fazer mal aos outros. Chegou ao ponto de dizer que temos, até mesmo, o direito de fazer mal a nós mesmos, contanto que não afetemos os outros. Beba até cair toda noite, se quiser, Mill diria, desde que não dirija embriagado, nem use o dinheiro do almoço de seus filhos para comprar bebida, nem negligencie ou bata em sua mulher. Isso tem implicações em sua vida pessoal assim como no governo, além de influenciar a ética do aconselhamento filosófico de uma maneira importante. Se um cliente me procurar dizendo que planejou prejudicar alguém, eu me recusarei a aconselhá-lo e, provavelmente, tentarei impedir que cumpra a sua ameaça. Alguns conselheiros podem assumir uma postura diferente no interesse do caráter confidencial — privilégio da relação médico--paciente. Por outro lado, admito uma responsabilidade secundária da comunidade em geral, assim como uma primária do meu cliente.

OS PRAGMATISTAS

Única escola da filosofia moderna exclusivamente americana, o pragmatismo desenvolveu-se como uma reação contra a presunção do racionalismo e a ingenuidade do romantismo. Seus três fundadores foram Charles Sanders Peirce (pronunciava-se Purse), William James e John Dewey. Embora naturalmente divergissem entre si a respeito de vários pontos (que grupo de filósofos não diverge?), a idéia fundamental era que a verdade de uma teoria, ou a justeza de uma ação, ou o valor de uma atividade são demonstrados por sua utilidade. Em outras palavras, a melhor ferramenta é a que finaliza o trabalho. Essa visão é essencialmente americana: durável, portátil e prática. Se algo é bom para você, é bom. Gosto de pensar que os pragmatistas originais teriam aprovado o aconselhamento filosófico: ajuda as pessoas, portanto, é pragmaticamente válido.

"Temos de descobrir uma teoria que funcione... A [nossa] teoria deve servir de mediadora entre as verdades anteriores e certas experiências recentes. Deve perturbar o mínimo possível o bom senso e a convicção anterior, e levar a um término sensato ou outro que possa ser verificado com precisão. 'Funcionar' significa essas duas coisas..."

WILLIAM JAMES

OS EXISTENCIALISTAS

O existencialismo surgiu no fim do século XIX, quando grande parte do pensamento intelectual estava ruindo. Muita gente pensou que os seres humanos estivessem prestes a adquirir todo o conhecimento. A linha de raciocínio era que restavam apenas alguns problemas de física e matemática e que, uma vez resolvidos, nosso conhecimento do mundo teórico e natural estaria completo. Essa

MAIS PLATÃO, MENOS PROZAC

realização se estenderia ao mundo social, e em breve estaríamos de volta ao Éden. Os gregos antigos tinham uma palavra para esse tipo de confiança exagerada: *hubris*. E geralmente precedia uma queda maior do que o orgulho por si só.

Evidentemente, logo que pareceu que estávamos chegando ao fundo de tudo isso, não somente surgiram novas questões não respondidas, mas também questões irrespondíveis. A teoria da relatividade de Einstein nos mostrou que a extensão, massa e tempo não eram absolutos, mas sim que as coisas são medidas em relação às outras coisas — somente a velocidade da luz parece invariável. A teoria quântica (e o princípio da incerteza de Heisenberg) demonstrou que, apesar do equipamento sofisticado, o material da natureza submicroscópica contém pares de coisas que não podemos medir com precisão em um determinado momento. O teorema da não-completitude de Gödels demonstrou que há teoremas que nunca seremos capazes de confirmar ou refutar — por conseguinte, algumas questões em matemática nunca serão respondidas. Ao nos confrontarmos com essa perda súbita do absoluto — isto é, ao sermos condenados ao conhecimento imperfeito em lógica, matemática e física — , nos deparamos com lacunas de conhecimento ainda maiores nas esferas biológica, psicológica e social. Não podíamos mais recorrer à soma total de conhecimento para nos tornarmos mais sábios. O progresso científico e tecnológico teve de ser moderado pelos novos *insights* filosóficos.

Os existencialistas intervieram direto nessa lacuna. Rejeitaram o essencialismo platônico (e a idéia do conhecimento perfeito) que havia dominado a filosofia até então. Acreditavam que não existia nenhuma essência inicial, somente o ser. O que você vê é o que você tem. Se não há nenhuma essência, somos todos ocos. A partir dessa perspectiva, Nietzsche declarou: "Deus está morto!" (acrescentando em outra parte, como se isso não fosse suficientemente desanimador: "E nós o matamos").

Pensar em um universo imprevisível e indiferente leva muitos ao desespero. Somos privados do material valioso e com uma trama bastante complexa que nos liga uns aos outros. É uma visão de mundo alienada, isolada e sem atrativos à primeira vista. O sentimento por trás disso tudo é: "Por que então se levantar de manhã?" Soren Kierkegaard — geralmente considerado o primeiro existencialista, apesar de sua inclinação cristã, em nítido contraste com o ateísmo da maioria dos existencialistas — chamou de "pavor" a reação que se tem ao encarar essa visão de nossa vida. Sartre chamou de "náusea": "Tudo é gratuito, este jardim, esta cidade, eu mesmo. Quando você de repente percebe isso, sente-se enjoado e tudo começa a ser carregado pelo ar... é a náusea." Na verdade, alguns consideram o existencialismo mais uma disposição do que uma filosofia, e alguns de seus textos principais são de fato romances (sobretudo os escritos por Sartre e Camus) e não tratados filosóficos.

Mas o ponto fundamental muitas vezes é negligenciado: os existencialistas estavam empenhados em uma busca moral para fazer a coisa certa na ausência de uma idéia essencial de bondade e privados da autoridade divina. Argumentavam que devíamos fazer a coisa certa mesmo quando não há razão para isso, e que coragem e integridade verdadeiras significavam fazer a coisa certa para o seu próprio bem. É uma lufada de ar fresco: fazer a coisa certa não por temer o castigo, ou desejar honrarias, ou achar vantajoso, ou pelo desejo de evitar pecar — mas simplesmente porque é a coisa certa a fazer. As más ações, então, acontecem simplesmente porque acontecem, não necessariamente como uma espécie de punição, libertando-nos da culpa. Precisamos continuar reconhecendo o certo e o errado; de fato, temos mais razões do que nunca para descobrir a maneira ética. Esse é o núcleo de esperança e bondade no cerne do existencialismo, quase sempre tão encoberto na retórica depressiva que é fácil lhe fazer vista grossa. Os existencialistas redescobriram, de fato, a moralidade. Na sua linha de pensamento, talvez seja isso que importe.

Kierkegaard percebeu a dificuldade em encarar a existência pura — sem essência, sem mistério, sem nada intangível, sem significado, sem propósito, sem valor. Um abismo assoma onde esperança, progresso e ideais parecem ilusões. A sua existência se torna muito frágil, e é fácil cair na armadilha de se perguntar por que você está vivo. As convicções religiosas podem ser muito confortantes, sejam verdadeiras ou não, e quando o existencialismo, ou qualquer outra coisa, as elimina, isso pode provocar ansiedade. Não uso Kierkegaard tanto quanto alguns de meus colegas, mas identificar a origem de sua angústia pode ser útil. Para as pessoas que se sentem ansiosas mas não sabem por quê, vale a pena identificar se a ansiedade pode ser atribuída a uma circunstância particular (espera do resultado de exames clínicos, antecipação da vida depois do divórcio) ou se é uma preocupação existencial mais abstrata. Muitas pessoas passam por uma fase existencial e, gradativamente, resgatam o significado e o propósito para a sua vida, acabando por deixar a angústia para trás. Se o existencialismo o deprimiu, tente pensar nele apenas como uma fase, e veja o que pode fazer para superá-lo. Depois de superada uma crise existencial, você pode se sentir mais em paz. É uma maneira de se desfazer do excesso de bagagem.

Friedrich Nietzsche é lembrado sobretudo por sua idéia de homem e super-homem. Ele achava que cada pessoa tem uma tarefa a desenvolver, esforçar-se para ser um super-homem. Uma das maneiras de entender isso é como um chamado para dar o máximo de si mesmo, para se erguer acima do padrão comum. O próprio Nietzsche demonstrava um desprezo doentio pela pessoa mediana; acreditava que se elevar significava rejeitar a moralidade convencional, e suas idéias foram usadas incorretamente pelos nazistas. Para usar o seu trabalho é necessário separar o joio do trigo, o veneno da sabedoria. Mas a afirmação de que nos satisfazemos muito facilmente com a mediocridade e que a maioria de nós não se dá ao trabalho de ser tudo que pode ser é um alerta que vale a pena ser considerado.

Jean-Paul Sartre explorou outra extensão lógica do existencialismo: se o universo não é determinado, somos completamente livres para escolher o nosso próprio rumo. Embora a possibilidade permanente — com a responsabilidade da ação caindo sempre sobre o indivíduo — possa parecer uma proposta desanimadora, também é liberadora. Independentemente de sua experiência passada, você controla o seu rumo futuro. Sartre denominou "má-fé" qualquer tentativa de negar que somos responsáveis por nossas ações, e viu a religião, ou fé religiosa, como um dos principais culpados. Ao chamar a angústia existencial de náusea, Sartre também ligou, em um certo nível, a mente ao corpo, reconhecendo que os efeitos desorientadores do existencialismo podem ser fisicamente desconfortáveis.

> *"O homem nada mais é do que aquilo que ele faz de si mesmo. Este é o primeiro princípio do existencialismo."*
>
> JEAN-PAUL SARTRE

Nos romances de Albert Camus, entre eles *A Peste* e *O Estrangeiro,* assim como no romance *A Náusea* e na peça *Huis Clos,* de Sartre, os heróis estão sempre tentando fazer a coisa certa, mesmo quando tudo está se desintegrando. São bons indivíduos, apesar de sofrerem um bocado; estão entorpecidos, mas ainda assim se esforçam para ser bons. Camus, que ganhou o Prêmio Nobel de Literatura em 1957, estava particularmente interessado no absurdo, que usou para descrever a sensação da existência sem sentido. Se o sentimento do absurdo, a náusea ou o pavor são os sintomas apresentados, a crise existencial é comumente enfrentada — e resolvida — pelos conselheiros filosóficos.

FILOSOFIA ANALÍTICA

A filosofia analítica surgiu na mesma época que o existencialismo, por volta da virada do século. Análise, no jargão filosófico, significa dividir um conceito em suas partes mais simples possíveis para revelar a sua estrutura lógica. Esse campo tem o objetivo de explicar as coisas em termos de estruturas lógicas e as propriedades da linguagem formal. Admiro os pioneiros desse ramo da filosofia — Bertrand

Russell, Gottlob Frege, Alfred Ayer e G. E. Moore — por seu enfoque rigoroso na lógica. Mas, em seu rigor, também excluíram todo o emocional, intangível, essencial — em suma, todo o resto. Embora Russell tenha escrito mais de setenta livros, tocando em todos os temas humanos concebíveis e tenha se envolvido apaixonadamente (para não dizer temerariamente) em causas sociais, a escola de pensamento que ele ajudou a fundar foi aos poucos se retirando do mundo humano. A filosofia, que prosseguiu quase exclusivamente na área acadêmica, acabou se tornando tão isolada, especializada e inescrutável que passou a ter cada vez menos importância para a vida diária, e tornou-se cada vez mais inacessível às pessoas comuns.

A filosofia costumava dedicar-se ao mundo físico e investigar o funcionamento interno da natureza humana. Mas a ciência assumiu o controle dessas áreas, e o que restou para a filosofia fazer? A minha resposta é: menos ou mais, dependendo da sua abordagem. Como pensar criticamente e como levar uma vida virtuosa, preocupações fundamentais da filosofia desde os tempos antigos, foram praticamente retiradas da agenda pública nas últimas décadas. Nesse meio tempo, a tradição da filosofia analítica prosseguiu em pelo menos três ramos principais: a filosofia da linguagem, a filosofia da ciência e a filosofia da mente. Cada qual se desenvolveu produtivamente, ou não tão produtivamente, dependendo dos próprios filósofos.

Na sua melhor forma, a filosofia da linguagem revela e pesquisa estruturas e propriedades importantes dessa capacidade humana prodigiosa. Na sua pior forma, insiste em que o sentido emerge somente dessas estruturas e propriedades (mas não demonstra como). Na sua melhor forma, a filosofia da ciência explica como a ciência funciona e investiga as suposições filosóficas feitas pelos cientistas para realizarem experimentos e interpretarem seus resultados. Em sua pior forma, quando feita por filósofos que não conhecem nenhuma ciência, degenera-se em teorização vazia sobre teorias mal compreendidas. Em sua melhor forma, a filosofia da mente tenta compreender as diferenças entre a mente e o cérebro, entre o cérebro e o computador, entre a computação e a consciência. Em sua pior forma, passa o tempo argumentando que estamos enganados ao acreditar que temos convicções, ou que não podemos ter certeza de que estamos tendo pensamentos só porque achamos que estamos pensando neles. Em sua melhor forma, a filosofia analítica permanece como ponta-de-lança da compreensão humana porque os filósofos estão sempre atentos à interpretação incorreta, o que costuma ocorrer em todas as épocas. Em sua pior forma, a filosofia analítica é um passatempo inofensivo — o que ainda é muito melhor do que a maioria das outras coisas em sua pior forma.

No caso de você achar que estou atacando a filosofia analítica, poderá saber de tudo diretamente de quem conhece. Willard Quine, provavelmente o filósofo analítico mais famoso e respeitado da América, é ainda menos diplomático do que eu — e não sou conhecido pela diplomacia!

> *"Sem dúvida, grande parte da literatura produzida como filosofia lingüística é filosoficamente inconseqüente. Alguns artigos... são simplesmente incompetentes; pois o controle de qualidade é irregular na imprensa filosófica em rápido desenvolvimento."*

WILLARD QUINE

ÉTICA APLICADA E
ACONSELHAMENTO FILOSÓFICO

A roda da mudança girou mais uma vez com o surgimento da ética aplicada em meados da década de 80. A ética biomédica, dos negócios, da computação e ambiental são, atualmente, as maneiras mais conhecidas de se usar ferramentas filosóficas para analisar problemas do mundo real. A indústria em crescimento põe a filosofia para trabalhar em algumas questões importantes do nosso tempo. Esses problemas vêm à tona porque as mudanças científicas e tecnológicas nos obrigam a repensar as leis existentes — sobre a eutanásia, o emprego de imigrantes ilegais, a permissão do discurso de ódio na Internet, ou sobre a destinação do lixo tóxico. Antes de criarmos ou retificarmos a legislação, precisamos esclarecer nossa posição filosófica. Existem até mesmo compêndios sobre a ética legal e a ética do jornalismo, mas, evidentemente, não são lidos em larga escala.

Por último, mas não menos importante, durante os últimos vinte anos na Europa e durante a década passada nos Estados Unidos, o aconselhamento filosófico começou a ampliar o significado da filosofia prática. A ética aplicada se estende às profissões e, às vezes, lida com temas de importância para os indivíduos. Alguns dos profissionais da ética aplicada também são conselheiros e consultores, portanto, práticos filosóficos. Mas a ética aplicada geralmente trata de questões mais amplas do que problemas pessoais.

Por outro lado, os conselheiros filosóficos trabalham com pacientes individuais. Gerd Achenbach acendeu o estopim em 1981, quando inaugurou a sua prática de aconselhamento filosófico na Alemanha. O "movimento" da prática filosófica agora está explodindo na consciência pública por todo o mundo. Meus colegas e eu recorremos à sabedoria coletiva antiga para orientar nossos pacientes na direção filosófica que os ajude a resolver ou administrar seus problemas. Lidamos com todos os tópicos da vida moderna (e pósmoderna) que tornam a vida tão desafiadora, complexa, valiosa e gratificante. Estamos ajudando as pessoas a levarem a vida examinada.

Espero que mais essa referência a Platão contribua para que se passe a considerar a filosofia uma tradição dinâmica, e não obscura. Nós, práticos, procuramos construir pontes entre a sabedoria acumulada em dois milênios e meio e a grande necessidade de novas aplicações no novo milênio. A prática filosófica é uma idéia antiga — talvez a segunda profissão mais antiga do mundo — cuja hora retornou.

PARTE II

ADMINISTRANDO PROBLEMAS COTIDIANOS

5

Buscando um relacionamento

"E, no entanto, se todos os desejos fossem satisfeitos logo que despertados, como os homens ocupariam a vida, como passariam o tempo? Imaginem essa corrida transportada para uma Utopia em que tudo crescesse por sua própria vontade e os perus assados passassem de um lado para o outro, onde os amantes se encontrassem sem demora e se mantivessem juntos sem dificuldades: em um lugar assim, alguns homens morreriam de tédio ou se enforcariam, alguns brigariam e matariam uns aos outros, e, portanto, criariam mais sofrimento para si mesmos do que a natureza lhes inflige assim como é."

— ARTHUR SCHOPENHAUER

"Para viver só, ou se é um animal ou um deus."

— FRIEDRICH NIETZSCHE

Embora todos os tipos de relações — com a família, amigos, vizinhos e colegas — satisfaçam em parte a intransigente necessidade humana de contato social, esta necessidade se revela mais comumente na busca de um relacionamento amoroso. Nem todo mundo precisa ou quer um relacionamento de muito tempo, e algumas pessoas buscam constantemente ampliar a gama de contatos sociais. Mas o casal é, geralmente, a relação adulta fundamental. As pessoas precisam gastar muita energia para manter seus relacionamentos amorosos, como analisaremos detalhadamente no Capítulo 6. Muita gente que não está vivendo no momento esse tipo de relacionamento investe uma quantidade equivalente de energia para encontrá-lo.

Se você é uma delas, seria bom encontrar a relação certa para evitar a devastação causada no término dos relacionamentos (ver Capítulo 7). A filosofia chinesa ensina que os fins estão contidos nos começos; uma tempestade violenta prepara-se rapidamente, mas não dura. Tanto a filosofia cristã quanto a hindu ensinam que plantamos o que colhemos. Cuidar desde o início de um relacionamento potencial a dois para torná-lo sólido e eficaz, pode ser de grande importância para assegurar um resultado mutuamente satisfatório durante um longo período. Quer o fim definitivo de uma relação seja a morte, o divórcio ou uma das inúmeras outras possibilidades, as sementes são plantadas no começo. Proceder conscientemente, apesar do turbilhão de emoções que acompanha cada novo relacionamento, não garantirá um desenrolar tranqüilo — todos os relacionamentos têm seus baques e vazios —, mas lhe oferecerá o melhor desfecho para o seu investimento. Este capítulo oferece uma orientação filosófica nos "comos" e "porquês" das buscas de relações.

Encontrar um parceiro de vida em uma sociedade tecnológica avançada é mais difícil do que em uma aldeia primitiva, onde, pelo menos, todos se conheciam e a esposa era escolhida entre as poucas pessoas disponíveis. Isso não produzia necessariamente finais felizes, é claro, mas a intimidade desse tipo de comunidade proporcionava apoio àqueles que não se casavam ou não gostavam do casamento que tinham feito. Agora os nossos horizontes são muito menos limitados, mas a compensação é uma perda de comunidade e um desgaste da rede de apoio social que liga grupos de pessoas.

Marshall McLuhan foi o primeiro a escrever sobre a "aldeia global", na década de 60. Desde então, o mundo tem diminuído e se interligado cada vez mais, com a Internet, a viagem aérea barata e extensa, o desarraigamento e a globalização aproximando as pessoas de todo o mundo. McLuhan falava somente do espaço físico, não do espaço cibernético, e não pôde prever os efeitos sociais da

MAIS PLATÃO, MENOS PROZAC

globalização. Com tantas interações humanas intermediadas hoje por algum tipo de interface tecnológica, seja um computador ou um telefone, o contato entre as pessoas perde a intimidade necessária para gerar relações individuais e, em conseqüência, comunidades. O filósofo francês Henri Bergson alertou, prudentemente, sobre a mecanização do espírito que pode resultar do progresso tecnológico e como isso pode obstruir o nosso desenvolvimento como seres sociais.

> *"Que tipo de mundo existiria se esse mecanismo se apossasse de toda a raça humana, e se os povos, em vez de se elevarem a uma diversidade maior e mais harmoniosa, como as pessoas devem fazer, caíssem na uniformidade das coisas?"*

> HENRI BERGSON

Em nossa acelerada sociedade tecnológica, ficamos dominados demais pela preocupação a respeito de como as coisas funcionam para que possamos desfrutar uma ligação espiritual com o nosso mundo ou com outras pessoas. Assim, a busca de alguém com quem possamos partilhar a nossa vida assume uma importância renovada.

DOUG

Doug comandava um programa radiofônico de entrevistas de madrugada. Ele adorava o seu trabalho, inclusive as peculiaridades do horário noturno, e estava satisfeito. Mas não se sentia tão feliz em outra área importante: ansiava por um relacionamento amoroso consistente. O seu horário de trabalho tornava difícil para ele conhecer pessoas e ainda mais namorar. Nem mesmo mantinha muitos contatos no trabalho (sem falar nos muitos problemas de um romance em ambiente de trabalho), já que a emissora operava com a menor equipe possível a essa hora. E quando terminava o seu turno e ele estava pronto para relaxar um pouco, o resto do mundo estava tomando o café da manhã e saindo para trabalhar.

A ironia, evidentemente, era que ele interagia com um enorme número de pessoas todas as noites: o seu público. Tinha ouvintes fiéis e as suas linhas telefônicas recebiam uma torrente de ligações. Ele falava para milhões de pessoas que achavam que o conheciam porque ele entrava em suas casas e carros. Mas ele se sentia como se não conhecesse ninguém.

Doug é um exemplo do poder alienador da tecnologia — e, como tal, é um ícone da vida moderna. O seu problema originou-se de uma tendência geral na sociedade para formar comunidades artificiais unidas por um tênue fio tecnológico, mas destituídas de qualquer tecido social verdadeiro. A tecnologia, incontestavelmente, melhorou bastante a vida do homem. Um dos benefícios é a expansão do círculo de relacionamentos potenciais. Mas o custo desse círculo maior é nos perdermos nesse leque imensurável de opções e possibilidades. Sem os limites que costumavam ser impostos, não sabemos mais como localizar ou avaliar parceiros potenciais.

Levada ao extremo, como costumamos levar as coisas, a tecnologia nos priva da comunidade genuína que é fundamental para nós, seres congenitamente sociais. Você não precisa estar tão especificamente ligado à mídia como Doug para sentir esses efeitos em sua vida. Aposto que você encontra pelo menos um grupo de conversa na Internet dedicado a queixas sobre o isolamento causado pela vida moderna — enquanto seus participantes prolongam seu isolamento através de interações virtuais, em lugar das reais. Mas, qualquer que seja a sua situação, estamos vivendo em um mundo tempestuoso. As relações proporcionam uma espécie de porto seguro.

Para Doug, isso tudo significava que o sistema tecnológico que o tornava tão conhecido cobrava um preço irônico: a solidão. Quando ele me procurou, já havia trabalhado bastante o seu problema. Relembrando o processo PEACE, ele já havia passado por P, E e A. Identificou o problema: o seu horário defasado, a inconsistência do contato social que mantinha com os que telefonavam e a sua falta de um relacionamento íntimo. Emocionalmente, ele sabia que estava infeliz com o seu isolamento e a não realização de seu desejo de uma relação amorosa consistente. Ao analisar a sua situação, Doug considerou inaceitáveis as opções viáveis: deixar o emprego ou ficar solteiro para sempre. O trabalho dava-lhe grande satisfação e não tinha a menor vontade de trocá-lo por outro. Não estava disposto a sacrificar aspectos importantes de sua carreira para buscar uma relação, embora esta fosse uma prioridade para ele.

Doug chegou ao ponto em que precisava do diálogo para reavaliar sua situação, incorporando todos os elementos que tinha examinado para achar a melhor disposição filosófica: o estágio contemplativo (C) do processo PEACE. Através dos séculos, os filósofos pediram às pessoas para reexaminarem as suas convicções. Essa é a essência da vida examinada de que ouvimos falar tanto. Trabalhei com Doug para ver se havia outras maneiras de ele conceitualizar o que estava passando. Minha tarefa como conselheiro filosófico era fazê-lo reavaliar a sua história pessoal.

Doug achava que as horas que passava no trabalho que ele adorava o estavam impedindo de ter a relação pela qual ansiava. Ele estava convencido de que essas horas eram um obstáculo ao seu desejo de conhecer alguém, e ainda mais de namorar. Juntos questionamos se esse seria realmente o caso e concordamos em que, na verdade, havia milhões de pessoas trabalhando em horário normal que, no entanto, enfrentavam frustrações semelhantes, que sentiam dificuldades em manter relacionamentos satisfatórios. Certamente havia milhões de pessoas trabalhando em horários estranhos, mas que nem por isso sentiam falta desse tipo de relação. Foi um *insight* insignificante, mas confortante: podia haver outra razão que não o turno de trabalho para a tristeza de Doug. Só o fato de saber que havia outros em situação semelhante fez Doug recuperar a esperança de encontrar o tipo de relação que desejava, e lhe deu nova energia para atacar o problema. Os cientistas chamam esse tipo de reflexão de verificação de suas suposições, e é um instrumento primário para a resolução científica do problema. Não é menos útil na solução filosófica do problema.

Para iniciar a fase contemplativa, Doug teve de examinar as explicações alternativas do seu problema. Precisava realmente conhecer novas pessoas para encontrar o amor, ou teria deixado de notar alguém que já conhecia? Estaria ele invertendo causa e efeito — teria escolhido o seu tipo de trabalho em parte para esquivar-se de relacionamentos? Haveria algo nele, como timidez, por exemplo, que o impedia de se encontrar cara a cara com as pessoas (ao contrário do contato através das ondas do rádio) ou de estabelecer relacionamentos quando conhecia alguém? Para achar a maneira de lidar com essa situação, Doug teve de abandonar qualquer certeza. Examinar a vida desse modo pode ser inicialmente desconfortável, já que você talvez não goste de tudo que venha a descobrir sobre si mesmo, mas é melhor, a longo prazo, conhecer coisas sobre si mesmo, quaisquer que sejam, mesmo que o surpreendam temporariamente. Somente por meio da verdadeira compreensão você poderá reconhecer suas razões, reformular suas crenças, agir para alcançar suas metas e encontrar uma paz mental mais duradoura.

Talvez você se surpreenda com o número de pessoas que estão na mesma situação de Doug: boa aparência, inteligente, espirituoso, articulado, estabelecido, e ainda assim sentindo falta de uma companhia íntima. No caso de Doug, discutimos algumas possibilidades que poderiam ser responsáveis por sua situação. O destino estaria desempenhando um papel? Talvez, mas Doug não gostava da idéia de estar completamente à mercê de forças desconhecidas. E a força de vontade? Doug tinha certeza de que, se decidisse pedir uma pizza, conseguiria que a entregassem, do seu sabor preferido, dando um simples telefonema. Encontrar alguém seria assim tão fácil? Doug achava que não. A sua parceira de vida deveria ser muito mais especial que uma fatia de pizza. Mas isso não significava que não poderia ser encontrada. Doug não se achava digno de atrair o tipo de mulher que realmente queria? Ou estava, de fato, fazendo quase tudo certo? Talvez a sua companheira já estivesse a caminho e Doug esti-

MAIS PLATÃO, MENOS PROZAC

vesse apenas ansioso com o atraso. Quando você acha que a pizza está demorando muito, liga para saber sobre a entrega. Mas como ligar quando o seu único verdadeiro amor está demorando demais para chegar? E como saber quanto tempo é tempo demais?

Apresentei a Doug alguns *insights* relevantes, um do Taoísmo e outro do Budismo. Em primeiro lugar, Lao Tsé adverte que querer muito alguma coisa, mas, por outro lado, acreditar que ela está além do seu alcance, será prejudicial ao seu estado mental. Fique sob uma macieira na primavera. Não verá nenhuma maçã e nem conseguirá uma balançando ou subindo na árvore. Fique sob a mesma macieira no outono. Maçãs maduras cairão em suas mãos. Pode-se tentar com ansiedade demais ou tentar na hora errada obter o que o seu coração deseja. Esforce-se para diminuir o desejo e escolher uma hora melhor. Em termos de conhecer pessoas, a melhor hora é quase sempre quando não nos esforçamos nem um pouco. Pare de procurar e encontrará. E se não encontrar, não vai se importar, porque não estava procurando. Esta é a arte de procurar sem procurar. Parece um paradoxo lógico, mas o Tao não está ligando para essas coisas — é assim que funciona.

> *"As cinco cores cegam os olhos humanos.*
> *As cinco notas ensurdecem os ouvidos humanos.*
> *Os cinco gostos estragam o paladar humano.*
> *Perseguir e caçar tornam o homem selvagem.*
> *As coisas difíceis de se conseguir prejudicam a*
> *conduta humana."*
>
> LAO TSÉ

O segundo *insight* é budista: o que experimentamos em vida é o que queremos que aconteça em vida — não o que simplesmente desejamos ou fantasiamos, mas o que queremos realmente que aconteça. A única dificuldade é que aquilo que você está experimentado agora é produto de suas volições anteriores, o que você quis previamente que acontecesse. Você pode influenciar o que viverá no futuro analisando o que está querendo agora, mas esse processo não é instantâneo. Leva tempo. Quanto tempo? Tente e descubra você mesmo. Com a prática certa, começará a viver mais completamente o presente, o que significa que não lhe faltará quase nada. Você tem o que tem vontade de ter. E repele o que quer demais.

> *"Todos os fenômenos da existência têm a mente como seu precursor, como seu líder supremo, e da mente eles são feitos."*

> BUDA

De fato, o seu companheiro íntimo é uma manifestação da sua mente — como você é a dele. Quando realmente puder querer que ele apareça, ali estará ele.

Como Doug admirava a utilidade desses pontos de vista, parou de lamentar o fato de todos os lugares estarem fechados quando saía do trabalho. Em vez disso, começou a perguntar o que estava aberto àquela hora. Agora deveria freqüentar o local mais popular da cidade onde se pode tomar o café da manhã, mantendo os olhos abertos para outra pessoa que pudesse estar pensando: "Não seria bom conhecer pessoas de uma maneira civilizada, como durante o café da manhã, num lugar onde se pode realmente ver e ouvir o outro, e não em alguma discoteca num porão escuro e ensurdecedor?"

Agora que percebia o seu problema como passível de solução (em vez de um grave conflito com o seu trabalho), ele estava pronto para agir, de modo que conversamos sobre outras abordagens práticas para se encontrar uma relação amorosa, desde algum grupo com o mesmo hobby, a fim de conhecer alguém com os mesmos interesses, até um anúncio pessoal no jornal, especificando alguém com horário incomum. Sejam quais forem os passos específicos dados por Doug, o importante para ele foi evitar idéias filosóficas preconcebidas que limitariam as suas opções.

O aconselhamento filosófico ajudou Doug a atravessar o está-

MAIS PLATÃO, MENOS PROZAC

gio contemplativo, ficando, então, preparado para fazer algo sozinho: dar os passos para conhecer alguém. A sua disposição havia evoluído do problemático ("O meu horário de trabalho está impedindo que eu conheça alguém") para o essencial ("Tenho usado o meu horário de trabalho como desculpa para não conhecer ninguém"). Tendo efetuado uma mudança fundamental em sua disposição através da contemplação, estava agora equipado para embarcar na aventura que procurava. Nesse estágio essencial, ele não tinha mais nenhum problema: estava disposto a seguir o seu coração.

Dessa maneira você pode moldar o seu próprio destino examinando o que realmente quer. Talvez esteja perdido em um labirinto de carências, mas não sabe disso, porque não sabe no que está pensando. Um dos objetivos do processo PEACE é pôr a nu o programa que estiver se desenrolando na sua cabeça e permitir que decida se quer mudar a rotina.

Adeptos do New Age tendem a levar essa idéia longe demais, sustentando que o que quer que afirmem acontecerá. E realmente seria engraçado se pensar em ganhar na loteria fizesse você ganhar. É preciso distinguir entre o que você pode mudar por meio de atos conscientes — como a sua disposição para conhecer pessoas e, portanto, a sua prontidão para conhecê-las — e o que não pode mudar por meio de atos conscientes — como o clima.

SUSAN

Se Doug soubesse do caso de Susan, teria considerado a experiência dela uma prova de que conhecer um monte de gente não é necessariamente o caminho para um relacionamento satisfatório. Executiva de sucesso, com uma grande empresa financeira, Susan era do tipo atlético, atraente, mais ou menos trinta anos, o tipo que as modelos representam em anúncios de carros luxuosos. Levava uma vida social intensa, com um círculo de amigos maravilhosos, e não lhe faltavam convites para sair. No entanto, apesar de seu sucesso profissional, financeiro e social, ela sentia que faltava alguma coisa. Queria assumir um relacionamento duradouro, ter filhos com o parceiro certo, mas ninguém com quem saía parecia estar à altura do seu ideal. A maioria das pessoas com quem saía não merecia nem um segundo encontro, muito menos um lugar à mesa em sua imagem de vida familiar.

Susan estava preocupada com a idéia de que já devia ter um relacionamento estável com alguém a essa altura de sua vida. Havia comparecido a inúmeras cerimônias de casamentos e oficialização de relações durante os últimos anos, e agora o ciclo de batismos e de dar nomes aos bebês se iniciava. Sua avó dissera recentemente que esperava viver tempo suficiente para dançar no casamento de sua neta mais velha. Casar parecia o normal a fazer. Mas Susan admitia ser uma perfeccionista e acreditava firmemente que seria capaz de estabelecer um relacionamento sem ter de ceder a alguém que não correspondesse aos seus padrões — todos eles.

Assim como Doug, Susan beneficiou-se com o questionamento de sua história. Ao contrário de Doug, quando analisou e integrou os diversos aspectos de sua experiência, ela insistia em retornar aos mesmos sentimentos: apesar de seu anseio por uma relação amorosa, não se envolveria com a pessoa errada. Ao ouvi-la, concordei com a avaliação de sua situação, e não vi necessidade de continuar o questionamento depois que ela já a reexaminara profundamente. É bom ter padrões elevados, e ela não se compararia a alguma média estatística. Entre os benefícios da prática filosófica estão as maneiras de achar a essência de si mesmo e a coragem para vivê-la.

Susan valorizava a virtude, nela mesma e nos outros. Eu a estimulei a continuar nessa atitude (é bastante rara na sociedade atual), mas também a entender o que era realista. Todas as relações são imperfeitas. Portanto, mesmo que você encontre uma pessoa maravilhosa, nunca existirá o perfeito "felizes para sempre". Além disso, não se pode saber de antemão quem é virtuoso, de modo que, se Susan queria encontrar uma pessoa assim, teria de investir tempo

MAIS PLATÃO, MENOS PROZAC

em conhecer as pessoas antes de julgá-las. Isso demandaria mais de um encontro.

Discutimos a possibilidade de um namoro prolongdo como uma maneira de ela se manter fiel à sua busca do parceiro certo sem eliminar todos os candidatos antes que tivessem a chance de se revelarem. Ela demonstrava uma espécie de reserva, muito menos comum hoje que no passado. Explorar lentamente uma relação poderia construir a base de algo duradouro, ou, pelo menos, revelar uma razão sensata para não continuá-la. Susan planejou ser honesta com parceiros potenciais a respeito de sua necessidade de alguém paciente em relação a isso. Como uma sociedade, tornamo-nos tão permissivos que perdemos as amarras na maioria das áreas, inclusive na de relacionamentos. Tudo se move em um ritmo acelerado e impulsivo. Independentemente dos benefícios da Internet ou de uma viagem aérea, o excesso de velocidade é nocivo para a corte entre duas pessoas. Se você está procurando alguém para assentar as fundações da sua casa, vai querer a pessoa que possa fazer o trabalho mais sólido, mais resistente, e não aquela que prometer fazê-lo da noite para o dia.

A idéia de Susan sobre a virtude correspondia à de Aristóteles, que acreditava que a felicidade era mais do que mero prazer, diversão ou entretenimento. Ele escreveu que essas coisas são transitórias, não duradouras, e se originam fora do ego, enquanto a realização vem de dentro. Chamava essa felicidade de "excelência de caráter" porque a via como resultando da realização das virtudes clássicas da sabedoria, moderação, coragem e justiça. (As virtudes cristãs — fé, esperança e caridade — foram estabelecidas séculos depois.) Para Susan, assim como para Aristóteles, realização significava alcançar o seu potencial. Aristóteles teria acrescentado que praticar essas virtudes significava seguir o caminho do meio. Se Susan pudesse ter confiado seus problemas a Aristóteles, ele teria insistido para que ela não comprometesse seus princípios, mas que também se certificasse de que não eram radicais.

"Se a felicidade consiste na atividade virtuosa, deve ser a atividade da virtude superior, ou, em outras palavras, da melhor parte da nossa natureza. (...)Concluímos, então, que a felicidade vai até onde o poder do pensamento vai, e que quanto maior o poder de pensamento de uma pessoa, maior será a sua felicidade; não como algo acidental, mas em virtude do seu pensamento, pois esse é nobre em si mesmo. Portanto, a felicidade deve ser uma forma de contemplação."

ARISTÓTELES

Susan também correspondia às idéias dos estóicos. Apesar da noção popular de que estoicismo significa cerrar os dentes diante do desconforto — considerar as coisas "filosoficamente", como dizem comumente —, o conceito central do estoicismo é valorizar somente aquilo que ninguém pode tirar de você. O valor, então, é encontrado em coisas como a virtude, representando o oposto do seu novo casaco de pele ou do seu cartão de crédito especial. Para os estóicos, a meta é conservar o poder sobre si mesmo. Se valorizar algo que lhe pode ser tirado, você se coloca ao alcance do poder daquele que pode tirá-lo. Pense em quanto poder um ladrão de carros tem sobre aqueles que não aperfeiçoaram uma atitude estóica. Compramos alarmes caros e incômodos, lutamos para ligá-los toda vez que saímos do carro, e gastamos uma fortuna com seguro e garagens particulares — e tudo isso antes de qualquer coisa realmente acontecer. Se o carro é roubado, a nossa aflição não é quantificável, mas certamente estará lá em cima na escala Richter. As ruas estão cheias de carros; as virtudes são raras nos seres humanos. Susan corretamente valoriza os seus padrões e expectativas, e os estóicos dariam a sua bênção por resistir às forças que a influenciam a se desvalorizar.

"A natureza queria que não precisássemos de nenhum grande equipamento para sermos felizes; cada um de nós é capaz de fazer a sua própria felicidade. As coisas externas não têm muita importância... Tudo que é melhor para um homem está além do poder de outros homens."

SÊNECA

Susan tinha também um lado fatalista, daí ser atraída por Tolstoi. Tolstoi acreditava no destino humano. Susan, da mesma forma, achava que o destino desempenhava o papel principal em qualquer relação, mas se perguntava quanto poder ela teria sobre a situação. Poderia achar o amor que queria e introduzi-lo em sua vida? Ou era uma questão de destino? Como em todas as questões filosóficas, não há como responder a essas perguntas de maneira conclusiva. A única maneira de descobrir é viver — e mesmo então, é claro, você pode não descobrir. As teorias filosóficas não podem ser provadas como os teoremas matemáticos. Como não sabemos as respostas absolutas, o mais importante talvez seja aquilo que você considere como respostas, e por que acredita dessa maneira.

"O reconhecimento do livre-arbítrio como algo capaz de influenciar os acontecimentos históricos, isto é, como não sujeitos a leis, está para a história assim como o reconhecimento de uma força livre que move os corpos celestes está para a astronomia."

LEON TOLSTOI

Em resumo, ou Susan esperava pelo relacionamento que tinha em mente ou se desacreditaria. Se decidisse esperar até encontrar alguém que satisfizesse as suas sublimes expectativas, poderia encontrá-lo amanhã — ou nunca. Não tinha como determinar a duração da espera. Ela só podia decidir por quanto tempo esperaria sem se envergonhar, e de que natureza essa vergonha seria.

Tanto Aristóteles quanto Confúcio, que foram contemporâneos, embora vivessem em mundos diferentes, acreditavam que a virtude, assim como o vício, é um hábito. A virtude não é uma meta inatingível, mas, ao contrário, está ao nosso alcance. A sociedade nos condiciona, mas, em certo ponto, temos de assumir a responsabilidade pelos hábitos que adquirimos. Susan se orgulhava de conservar a virtude e esperava que o parceiro de sua vida lutasse pela mesma meta. Um psicólogo poderia enfocar o seu perfeccionismo como uma falha ou uma capa para emoções mais profundas, enquanto um filósofo examinaria mais atentamente a sua concepção de virtude e como a avaliava nos outros. Por enquanto, Susan poderia ficar segura de que a fidelidade a seus padrões ofereceria um caminho para a realização.

Vemo-nos refletidos em outras pessoas, portanto as relações podem nos ajudar a nos compreendermos melhor. Uma visão mais clara do ego é uma meta da prática filosófica também, o que explica por que este livro tem três capítulos dedicados aos relacionamentos a dois. Para sermos plenamente humano, precisamos estar com outras pessoas. Esse é o ímpeto por trás da busca de relacionamentos, como vimos neste capítulo, e a razão pela qual precisamos trabalhar para mantê-las depois de encontradas, como veremos a seguir.

6

Mantendo um relacionamento

"Nada perdura, tudo muda."

— HERÁCLITO

*"O mundo é uma cratera em chamas. Com que estado
mental pode-se evitar ser queimado?"*

— KAO FENG

Todas as estruturas, de máquinas e organismos a sistemas, precisam de manutenção. O relacionamento a dois, sendo um tipo de estrutura maleável e complexa, exige a restauração constante e medidas preventivas para mantê-lo funcionando tranqüilamente. O equilíbrio necessário para se manter um ser vivo funcional muda continuamente, precisando de pequenos ajustes o tempo todo. Combinando-se dois seres vivos, tão elaborados e complicados como os humanos, o trabalho para manter a estrutura resultante — o relacionamento — mais do que duplica. As duas pessoas têm as suas próprias necessidades e carências, e a própria relação tem um conjunto adicional de requisitos.

Tanto a manutenção interna quanto a externa podem ser necessárias. Manter relacionamentos é um trabalho árduo, porém grande parte dele é realizado como algo mecânico, sem ser preciso que se pense a respeito. O corpo trabalha um bocado para se manter saudável — algo de que você geralmente não se dá conta —, regulando a temperatura e a respiração, por exemplo. Mas, em determinado ponto, também precisamos da intervenção externa, seja uma injeção antigripal, uma série de antibióticos ou uma consulta com um fisioterapeuta. Manter saudável um relacionamento pode também exigir um tipo de assistência externa, como uma festa de aniversário ou aconselhamento. Grande parte do que mantém um relacionamento vem da interação na rotina, como decidir juntos o que comer no jantar, buscar a roupa do parceiro na tinturaria ou um rápido beijo ao se despedirem pela manhã. Nos intervalos está o meio-termo em que a maioria das grandes questões de qualquer relacionamento se situa e onde a maior parte do trabalho deve ser feita.

PODER E FELICIDADE

Procuramos o poder, o máximo que pudermos ter. Thomas Hobbes definiu o nosso poder como a capacidade de conseguirmos o que queremos, ou o que achamos ser bom para nós. Ao contrário de Platão, que via o bom como dotado de uma Forma ideal, Hobbes acreditava que cada indivíduo tinha a sua própria definição de bom. Segundo ele, achamos algo bom porque gostamos dele; ruim, porque não gostamos. Para Hobbes, o melhor que podemos esperar na vida é a "felicidade", que ele via como uma cadeia de venturas, ou a capacidade de ser feliz mais ou menos regularmente, conseguindo o que você acha que é bom para si mesmo. Nenhuma felicidade desse tipo dura muito tempo. (Mais tarde, Freud redescobriria que a felicidade é transitória.) Para Hobbes, manter a própria felicidade é o poder definitivo.

"... uma propensão geral de toda a humanidade, um desejo perpétuo e inquieto de poder e mais poder, que cessa somente na morte."

THOMAS HOBBES

Um relacionamento bem-cuidado é um tipo de felicidade; é uma fonte de poder. Quase todo mundo concorda que queremos relacionamentos que nos façam felizes, ou que nos ofereçam satisfação. Quase todo mundo tem uma idéia bem menos clara do que investirá no relacionamento. Esse dilema é complicado por aquilo que os economistas chamam de lei do rendimento decrescente: quanto mais algo acontece, menor o seu valor. O seu primeiro beijo e os seus primeiros "Eu te amo" o fizeram ver estrelas; agora, o tempo passa e você não troca nenhum dos dois com o seu parceiro. Elogiar o cabelo da parceira provavelmente o fez ganhar muitos pontos no começo da relação, mas, ao longo do tempo, perdeu a força.

Faz parte da natureza humana preocupar-se primeiro consigo mesmo. As pessoas são auto-referentes. Mesmo quando estamos servindo a outros, geralmente o fazemos ou porque nos beneficia ou porque, se não o fizermos, nos prejudicaremos. Embora as pessoas sacrifiquem suas vidas pelos outros em guerras e outras situações extremas, esta não é a norma. Em geral, ser altruísta satisfaz também as nossas próprias necessidades, às vezes em primeiro lugar. Sendo uma criatura egoísta, quando a situação força uma opção, a sua felicidade pode ocorrer à custa da felicidade de sua esposa. Essa é a estrutura de uma luta de poder, e Hobbes via todo relacionamento como uma forma de luta de poder. Quando digo manutenção, quero dizer a busca do meio-termo, do equilíbrio da balança.

Se a manutenção dá tanto trabalho, por que se incomodar em dirigir os esforços para alcançar esse meio-termo? O maravilhoso nos relacionamentos é que, com a manutenção apropriada, o todo é maior que a soma das partes. Em termos ideais, os dois membros têm apoio para realizarem seu potencial como indivíduos, assim como realizar o potencial do par. Se a situação desapontar, a enorme energia consumida em um relacionamento irremediavelmente deteriorado também pode significar que o todo é menos que a soma das partes. (O território além dessa linha na areia é o tema do próximo capítulo.) Unir recursos para um objetivo comum — como em uma poupança conjunta — faz com que eles aumentem. Mas se somente uma pessoa deposita e a outra só retira, os cheques começarão a ser devolvidos por falta de fundos. Do mesmo modo, se somente uma pessoa num relacionamento está realizando a manutenção e a outra é indiferente, a conta conjunta também vai acabar sem fundos. A proteção do saque a descoberto pode ser válida para necessidades do dia-a-dia, mas não adianta quando se trata de algo grande.

SARAH E KEN

Durante os quatro anos juntos, Sarah e Ken foram felizes em sua relação. Os amigos de Sarah diziam ter inveja da sua relação "perfeita". Sarah e Ken haviam dado apoio um ao outro durante o estressante último ano do doutorado e, agora, desfrutavam o resultado de seus esforços, progredindo rapidamente nas firmas em que trabalhavam. Os dois trabalhavam muito, mas gostavam de fazer excursões e de esquiar juntos nos fins de semana de folga. Quando Ken foi preterido numa promoção, Sarah pôde confortá-lo e prepará-lo para a próxima oportunidade, e quando foi diagnosticado o câncer da mãe dela, Ken ficou ao seu lado até o término da série bem-sucedida de quimioterapia.

Sarah e Ken viviam juntos há três anos quando ela me procurou. Ela havia rompido uma relação anterior quando o homem com quem estava envolvida quis casar-se e ter filhos, e ela não se sentia preparada para isso. Agora, aos trinta e dois anos e estabelecida profissionalmente, queria ter filhos. Mas se preocupava com a dificuldade de conciliar a sua carreira e a maternidade, e estava convencida de que, para ela, um casamento estável era o alicerce necessário.

O problema era que, naquele momento, Ken não estava pronto para o próximo passo. Queria um dia ser pai, mas não agora, disse ele (lembrando a Sarah a oração de Santo Agostinho: "Faça-me casto... mas não ainda.") Estava feliz com a sua relação com Sarah, e via o casamento como um prelúdio para a paternidade. Sarah sabia que, para se tornar mãe da maneira que queria, precisaria mudar a relação. Mas queria mudar iniciando um novo estágio na relação, e não relacionando-se com outra pessoa.

Sarah não sabia se devia pressionar Ken. Poderia alguém estar conscientemente preparado para ter filhos? Ou impeli-lo a ser pai seria um grande erro? Pensou em engravidar esperando que ele capitulasse. Mas pretendia começar a família de maneira mais consciente e não queria arriscar-se a perder seu parceiro e ser mãe solteira.

Sarah também reconhecia um motivo financeiro por trás do seu dilema. Ela se dedicara tanto quanto ele à relação, quando mediam isso pelo salário. Mas queria poder ficar em casa enquanto os filhos fossem pequenos, e receava o efeito disso nela e em Ken. Rendimentos desiguais gerariam um desequilíbrio na relação? Ken aceitaria um padrão de vida inferior, mesmo que temporário? Ela aceitaria?

Sarah estava entre a cruz e a caldeirinha. Manter a relação implicava renunciar a uma das principais coisas pelas quais desejava mantê-la: ter um filho. E ter um filho poria em risco a relação que ela queria manter. Optou por avaliar a sua situação filosoficamente antes de tomar qualquer decisão. Percebeu que talvez não encontrasse uma solução, mas, dando um tempo para se conhecer e reexaminar as questões, esperava encontrar um meio-termo viável ou simplesmente deixar a situação como estava até que as coisas se resolvessem. Às vezes, não fazer nada é a ação certa. Talvez Ken só precisasse de um pouco de tempo, e, então, ele estaria tão ansioso por ser pai quanto ela por ser mãe. Ela estava sofrendo uma certa pressão dos pais para gerar seus netos, e sabia que quanto mais esperasse, maior a probabilidade de ter dificuldades em conceber. Mas não sentia nenhuma urgência em resolver a questão e aconselhei-a a buscar ajuda no processo de investigação filosófica. Sugeri que tentasse envolver Ken no processo, para ver se conseguiriam chegar a um acordo.

O aconselhamento filosófico atua ajudando a extrair seus pensamentos sobre todos os desafios importantes da vida e a organizar os princípios em que você acredita, para que possa agir sobre eles. Se você integra um sistema filosófico ou pode encontrar um para fazer parte — seja uma religião, um conjunto de normas projetado por você mesmo ou uma combinação dos sistemas existentes —, ele atuará como um amortecedor eficaz durante todo um relacionamento. A maioria das pessoas expressa filosofias e intuições profundas sobre como e por que as coisas são do jeito que são, mas não as formularam a partir de um conhecimento sistemático e, portanto, não podem agir de acordo com elas. Sarah estava trabalhando para mudar isso nela e achou que podia persuadir Ken a fazer o mesmo.

Biblioterapia

No caso de Sarah, achei que a biblioterapia seria benéfica. Para alguns dos meus clientes, recomendo um livro que acredito que vá ajudá-los. Nem todo mundo gosta de trabalhar dessa maneira, mas quando é adequada, pode ser uma grande ajuda. Para Sarah, recomendei o *I Ching* (uso a tradução de Wilhelm-Baynes). Discutimos o conceito básico dessa obra: há uma maneira melhor e uma pior de você se conduzir em qualquer situação, e se for sensato, descobrirá e escolherá a melhor maneira. O *I Ching* não é, como alguns imaginam, um estratagema para ler a sorte. É um repertório de grande sabedoria, e reflete o funcionamento interno de sua própria mente. Era justamente o que Sarah estava procurando, e achei que ela teria a ver com a abordagem intuitiva do *I Ching*.

O *I Ching* não é para ser lido de uma só vez. Deve-se usá-lo fazendo-lhe uma pergunta que você quer responder. Na verdade, está perguntando a si mesmo; o *I Ching* ajuda você a encontrar a resposta dentro de si. Um sistema simples de lançar moedas (descrito detalhadamente no Apêndice E) indica-lhe uma seção particular do texto. O texto é formado de sessenta e quatro seções, e cada uma corresponde a um dos sessenta e quatro hexagramas possíveis, obtido com o lançamento das moedas. Sarah obteve o hexagrama 37, "A Família", onde leu, entre outras coisas:

MAIS PLATÃO, MENOS PROZAC

O alicerce da família é a relação entre marido e mulher. O laço que mantém a família unida é a lealdade e a perseverança da mulher...

Outra passagem aconselhava:

A mulher não deve obedecer a seus caprichos. Ela deve cuidar dos alimentos no interior. A perseverança traz sorte.

O texto prossegue explicando:

... dessa maneira, a mulher se torna o centro da vida social e religiosa da família, e a sua perseverança nessa posição traz boa sorte à casa toda. Em relação às circunstâncias gerais, o conselho dado é não procurar nada por meio da força, mas calmamente restringir-se aos deveres imediatos.

Juntos, Sarah e eu discutimos as interpretações possíveis desse hexagrama. Sarah achou as passagens aqui citadas especialmente significativas, e concluiu que não forçaria a paternidade em seu marido. Supôs que se perseverasse em ser uma esposa boa e amorosa, Ken se daria conta de que ela também seria uma boa mãe. Então, a sua paternidade surgiria naturalmente, e não por coerção.

Desse modo o *I Ching* ajudou Sarah a ajudar a si mesma através da contemplação, proporcionando-lhe uma disposição filosófica que lhe daria o que queria, mas por meio de atitudes espontâneas que não acarretariam nenhum desastre.

A prosa adorável e a natureza prática de sua sabedoria já são razões suficientes para se ler o *I Ching*, mas, além disso, eu o indiquei a Sarah pelo que sugere o outro nome desse antigo texto chinês: *O Livro das Mutações*. Como Heráclito observou, e Sarah estava experimentando, "Nada perdura, tudo muda". A natureza de uma relação é conservar algo diante de uma mudança. Isso não quer dizer que uma relação não muda, pois deve mudar. Um casamento nas bodas de ouro não é o mesmo de cinqüenta anos antes. Houve diversas fases, ciclos, crises e resoluções ao longo do percurso. A maleabilidade é a chave para a sobrevivência da relação.

A montanha-russa é uma coisa, mas andar nela provoca mudanças a cada segundo. Subir e descer são duas sensações muito diferentes, embora continuemos na mesma montanha-russa. Sarah sabia que o carrinho onde estava com Ken se dirigia ao topo da rampa, mas não tinha certeza do que havia do outro lado: uma família, um relacionamento sem filhos ou o fim da relação. De qualquer jeito, a mudança estava para ocorrer, e ela queria encontrar a melhor maneira de vencê-la.

A filosofia chinesa ensina que você pode não ser totalmente responsável por uma situação, mas, quando está nela, tem a obrigação de encontrar a melhor maneira de enfrentá-la. Segundo o *I Ching*, se escolher o pior caminho para realizar o que deseja realizar, haverá problemas mais adiante na estrada (como Sarah temia ao considerar a idéia de uma gravidez "acidental"). Buscar sempre o melhor caminho permitirá que você, além de tirar o melhor proveito de uma situação boa, também faça o melhor em uma situação ruim.

De modo geral, Maquiavel não é um filósofo em quem se confiaria para obter uma orientação em relações amorosas. Mas em *O Príncipe*, ele expõe uma teoria útil sobre a mudança. Ele achava que tudo o que nos acontece deve-se ao destino ou à capacidade — cada qual com uma influência de aproximadamente 50 por cento.

> *"Estou disposto a sustentar que a sina é o árbitro de metade de nossas ações, mas que ela nos deixa o controle da outra metade."*
>
> MAQUIAVEL

Em qualquer situação, você deve atribuir-se o mérito pelo que pode fazer, segundo seu próprio potencial. Mas deve reconhecer a ação das forças do universo sobre as quais você não tem controle.

MAIS PLATÃO, MENOS PROZAC

Sarah não precisava ser induzida à inatividade por uma perspectiva fatalista. Mas, por outro lado, tinha de se curvar às coisas que estavam além da sua capacidade de influenciar. Sarah tinha de averiguar como a *fortuna* e a *virtù* (destino e virtude) de Maquiavel se combinariam quando se tratasse de mudar a atitude de Ken em relação a ser pai. A filosofia chinesa sustenta que precisamos apurar que tipo de situação estamos atravessando e escolher um rumo condizente com ele. Em uma tempestade, fechamos as escotilhas até que passe. Com um vento favorável, abrimos todas as velas. Sarah achava que, qualquer que fosse o destino da viagem, esta transcorreria melhor com dois navegadores (interpretando mapas feitos pelos melhores cartógrafos do mundo) do que com um capitão solitário.

TONYA

Meu colega Christopher McCullough tinha uma paciente que o procurou preocupada, achando que se casara com o homem errado. Mas, Tonya apressou-se a acrescentar, sempre começava a se sentir insatisfeita depois de dois ou três anos de relacionamento. Seu casamento assinalava a primeira vez em que se sentia comprometida com uma relação duradoura, mas ainda era dominada por essas antigas sensações. Teria cometido um terrível engano? Apesar de suas dúvidas, ela disse que amava muito o seu marido. Queria continuar casada, mas sentia-se presa no casamento. Vamos rever este caso em termos do processo PEACE para termos uma idéia de como o conselheiro filosófico ajudou Tonya.

O seu problema era claro: medo de que a relação estivesse fracassando. A partir dessa preocupação básica, Tonya tinha outros medos: de ser incapaz de ter uma relação duradoura e de que uma relação assim significasse sua prisão. Também via com nitidez as emoções associadas com essas preocupações — além do medo, sentia culpa, tristeza, insegurança, ansiedade e desligamento.

Foi no estágio de análise de sua situação que Tonya sentiu dificuldades. Descreveu habilmente a sua história psicológica, selecionando tão bem vários temas que ficou claro que já passara por algum tipo de psicoterapia. (Mais uma vez, o aconselhamento psicológico pode ser útil dessa maneira: ajudando-o a conhecer-se.) Mas quando se tratava de suas opções de ação, ela via poucas possibilidades: continuar casada, gostando ou não disso (o caminho tomado por seus pais) ou reconhecer que não fora feita para uma relação duradoura, romper o casamento e abandonar a idéia de se estabelecer permanentemente. A opção que estava deixando de ver, apesar de sua obviedade, era permanecer casada e feliz.

Seu conselheiro orientou-a através do estágio da contemplação. Quando lhe pediu para definir o que queria dizer com estar comprometida com sua relação, ela respondeu que havia assumido uma obrigação e estava cumprindo as expectativas da família e da sociedade. Isso refletia uma disposição filosófica — casamento como obrigação para satisfazer os outros — que claramente não estava funcionando com ela.

Ao ser-lhe apresentada uma maneira alternativa de encarar o casamento, Tonya concordou que também podia ser um compromisso assumido porque queria uma relação séria, exclusiva, assim como satisfazer as necessidades e carências do outro. Percebeu que permanecer com o marido ou ser-lhe infiel seria uma decisão sua e não uma condição imposta. Disse que achava que a única razão para não trair — já que se sentira tentada a fazê-lo — era não querer ferir seu marido. Em sua mente, era como se ele a estivesse forçando a fazer algo que ela, de fato, não queria fazer. Mas agora se dava conta de que, ao rejeitar a possibilidade de estar com outros homens, estava fazendo uma escolha. Ao agir por conta própria, sua prioridade era não magoar o homem que ela amava. Ela realmente não queria magoá-lo.

Tonya concluiu que o compromisso não era uma perda de liberdade, e sim um exercício de liberdade. Tonya reestruturou a sua filosofia da relação em torno desse *insight* básico, e isso fez toda a diferença para ela. Compreender que a opção de partir estava sempre ali — e que continuava decidindo ficar — acalmou os seus temores. Parou de se sentir presa, pois sabia que existia uma saída, mas que escolhera não usá-la.

"Nenhum homem é livre se não puder comandar a si mesmo."

PITÁGORAS

Tonya e seu marido ainda tinham pela frente o trabalho que todo casal tem de fazer para manter uma relação feliz. Mas sem admitir um compromisso fundamental, não há uma base sobre a qual construir. Esse primeiro passo foi o crucial para Tonya.

No caso de Tonya, o que aprendeu sobre o problema da sua relação vazou diretamente para outras áreas de sua vida durante a busca de equilíbrio. O mais importante, ela se comprometeu com entusiasmo com a sua profissão, que estava sendo negligenciada há anos. Libertada dos medos de ser capturada na armadilha do sucesso e de ficar presa a uma relação, lançou-se em seus negócios, que subitamente deslancharam. Tonya é um grande exemplo de que o trabalho de se moldar uma filosofia que o ampare em uma determinada circunstância pode ser difícil e, às vezes, penoso, mas sempre lhe será útil em outras áreas de sua vida.

AUTORIDADE EXTERNA

Hobbes escreveu que se as pessoas reconhecem uma forte autoridade comum, elas obedecerão a essa autoridade e viverão bem umas com as outras. Fronteiras que todos respeitam limitam o conflito. Mais uma vez, na ausência dessa autoridade, e sem limites com que todos concordem, o conflito só se intensificará. Hobbes estava escrevendo sobre a guerra civil, mas as idéias também se aplicam a campos de batalha mais pessoais. A autoridade externa que limita os conflitos nas relações pode ser eclesiástica, civil ou filosófica.

No passado, havia uma autoridade secular mais forte que mantinha o casamento: o estigma social do divórcio. Nem todos os casamentos eram felizes, é claro; porém, mesmo em relações difíceis havia um forte incentivo para as pessoas continuarem juntas, porque as alternativas eram inconcebíveis. Algumas religiões, como o catolicismo, ainda exercem esse tipo de autoridade sobre seus fiéis, embora seja possível ver nas batalhas públicas sobre o processo de anulação e no número de católicos não-praticantes que as normas do catolicismo a esse respeito estão se tornando cada vez mais difíceis de serem obedecidas.

De maneira geral, hoje somos independentes em relação a esse tipo de autoridade externa. O individualismo resultante não deixa de ser uma vantagem em certo sentido, mas também dá ensejo a um determinado nível de anarquia social. Sem regras que as orientem, as pessoas deixaram de saber como agir umas com as outras. Idéias filosóficas, quer promovidas pelo estudo acadêmico, analisadas no aconselhamento ou formuladas por conta própria, podem atuar como autoridade externa e, quando essas idéias são respeitadas mutuamente, podem manter a paz.

> *"Durante o período em que os homens vivem sem um poder comum que todos reverenciem, eles ficam no estado chamado de guerra."*

> THOMAS HOBBES

Sem restrições nas relações, o nosso foco passa da manutenção para a verificação do funcionamento da relação. Se vista por uma perspectiva negativa, o passo seguinte é, quase sempre, terminá-la, em vez de melhorá-la. Assim como cada vez mais pessoas estão alugando carros em vez de comprá-los com financiamentos a longo prazo, elas parecem também estar alugando relações. O aluguel é bom quando significa um carro novinho na sua garagem a cada trinta e seis meses, mas nunca produzirá o tipo de cuidado e manutenção

MAIS PLATÃO, MENOS PROZAC

constante que uma relação duradoura requer. Por que se preocupar com a troca de óleo se só resta um ano de aluguel? Por que desviar-se do seu caminho para agradar a uma esposa exigente se você pode se divorciar?

Essa abordagem "no melhor, não no pior" das relações nunca gera intimidade ou uma ligação profunda. O outro problema é que, sem um compromisso sólido, há menos razão para se ser cortês no meio de um conflito. Isso cria o potencial para a verdadeira ameaça: você sabe onde é o calo do seu parceiro e não tem medo de pisá-lo. Quando vale tudo no amor (como na guerra), alguém pode ser ferido gravemente.

Portanto, salve a *détente*. A troca para uma paz relativa pode ser a ausência da nossa total liberdade em relação à autoridade, mas o retorno faz valer a pena o investimento. Hobbes concordaria que a atitude sensata é abrir mão de parte do seu poder em troca de uma certa segurança obtida na cooperação com outros. Como animais sociais, somos mais fortes em grupo e quando trabalhamos juntos para alcançar metas comuns. Tudo que você precisava saber, já foi ensinado no jardim-de-infância: revezar-se e partilhar.

SEAN

Meu colega Richard Dance deu aconselhamento a Sean, que namorava Patrícia há quase oito anos. Haviam rompido e reatado mais de uma vez e, recentemente, haviam ficado noivos. Sean achava que, finalmente, tinha encontrado "a pessoa certa" em Patrícia, mas que havia algumas questões a serem acertadas antes de se casarem, e por isso procurou o aconselhamento filosófico.

A sua maior queixa de Patrícia — que ele descrevia como atraente, espirituosa, franca e confiante — era o fato de ela não acatar seus conselhos. Por exemplo, ela se formara recentemente em Direito e estava concentrando todos os seus esforços em conseguir uma determinada posição. Ele achava que era um erro manter um foco tão restrito e queria que ela abrisse mais o leque de oportunidades de trabalho. Quando se tratava de manter a relação, ele achava que ela também não aceitava a sua crítica.

Quando Sean e seu conselheiro delinearam as suas preocupações, ficou claro que os temas subjacentes estavam sendo alvo de opiniões intransigentes, que Sean estava vendo o mundo em preto-e-branco, e tentando controlá-lo. Ele também tendia a analisar demais, embora não confiasse totalmente em suas próprias decisões (apenas como um dos exemplos, o período de oito anos de experiência que achou necessário antes de decidir que Patrícia era a mulher certa para ele).

No aconselhamento filosófico, Sean aprendeu uma técnica de meditação, da tradição hindu, em que o objetivo é repassar mentalmente um acontecimento recente no qual sentimentos fortes vêm à tona, mas fazer isso objetivamente, sem emoção, análise ou julgamento. Durante as semanas seguintes, Sean praticou a técnica de rever — mas não reviver — conflitos com a sua noiva, colocando-se na posição de uma terceira parte desinteressada, observando o seu próprio comportamento e o de Patrícia. Logo percebeu que quando surgia uma nova situação, em que normalmente daria a sua opinião de modo impulsivo, ele se continha antes de falar. Então, podia calmamente decidir não criticá-la e perceber que ela tomaria as suas próprias decisões.

Quando os *insights* de Sean mudaram a maneira como interagia com Patrícia, o seu conselheiro acrescentou uma segunda tarefa: avaliar se as suas experiências confirmavam a sabedoria de Lao Tsé e Heráclito sobre a coincidência dos opostos. Heráclito escreveu: "A doença torna a saúde agradável e boa." O que poderia muito bem ter sido escrito por Lao Tsé: "A dificuldade e a facilidade definem uma a outra." Pensadores antigos, chineses e gregos, tinham um conceito básico de que os opostos estão interligados, contando um com o outro para complementar as suas existências. Isso lançou uma nova luz sobre as opiniões conflitantes. Ao identificar exemplos desse fenômeno em sua própria vida, Sean viu que algumas de suas opiniões haviam sido importantes para ele só porque eram diferentes da opinião do outro — muitas vezes a de Patrícia! Como Sean observou, o contraste da cor é uma das coisas que tornam a arte visível. Mas opiniões conflitantes não tornam uma relação duradoura.

A reestruturação das suas divergências com a sua noiva e o fato de refrear julgamentos precipitados (e o desejo de impô-los aos outros) provocaram uma diferença imediata na relação. Em primeiro lugar, ele e Patrícia passaram a não discutir tanto e, quando o faziam, a discussão tendia a ser substantiva, o que, em última instância, fortaleceu os alicerces da relação e deixou de ser uma chama que ameaçava pegar fogo, completamente fora de controle. Estavam muito bem, planejando o casamento, e os dois viam com prazer que o compromisso do casamento era a melhor coisa para eles.

Sean fez a coisa sensata ao procurar resolver questões pendentes antes de assumir um compromisso de uma relação. As disposições que formou no aconselhamento lhe serão muito úteis, porém a mais importante — a disposição de investir energia para fazer a relação dar certo, se quer que dure — já estava dentro dele.

*"Eles não saberiam o nome do
certo se o seu oposto não existisse."*

HERÁCLITO

NORA E TOM

Nora e Tom mantinham o tipo de relação que teria sido mais bem-sucedida em outra época, quando seria mais provável que tivessem a mesma idéia de como deveria ser a convivência. Mas depois de vários anos em um arranjo tradicional — o marido como o arrimo da família e a mulher como dona-de-casa —, Nora e Tom manifestavam agora opiniões conflitantes do que poderiam esperar do seu casamento.

Nora abandonara a faculdade quando tivera o primeiro filho,

Nicky. Agora que Nicky começara a escola, ela quis completar o seu curso e trabalhar em horário integral. Ela tinha gostado de ficar em casa para criar Nicky, mas não queria permanecer completamente dependente do seu marido no aspecto financeiro. Tom opôs-se à idéia de Nora trabalhar fora; na verdade, ele queria que ela tivesse mais filhos e ficasse em casa com eles. Ele ganhava bem como contador, por isso não precisavam complementar a renda.

Nora sentia-se dominada por Tom e me disse que ele parecia sentir-se ameaçado por sua vontade de se formar e trabalhar em horário integral. Além disso, por mais que ela trabalhasse em casa, Tom nunca estava satisfeito com o que ela fazia. E embora tivessem recursos para isso, não deixava que ela contratasse uma empregada, insistindo para que ela fizesse a limpeza da casa. A análise de Nora foi de que ele queria mais que ela limpasse a casa do que ter a casa limpa. Tom não era um pai muito dedicado, apesar de querer mais filhos. Quando Nora pediu que ele supervisionasse os deveres de casa de Nicky, para que ela tivesse tempo de estudar para voltar à faculdade, Tom, em vez disso, deixava Nicky ver televisão.

Apesar de não ter o reconhecimento de Tom, Nora queria manter a relação. Tinham passado tempos maravilhosos juntos como casal e família, inclusive férias deliciosas. E para Nora, a alternativa para a preservação do casamento — criar sozinha o filho e viver com a sua mãe — não era nada atraente. O preço para manter a relação parecia alto, mas ela achava que estava escolhendo o menor dos dois males na "servidão conjugal". Sua meta era ficarem juntos tempo suficiente para ela melhorar a sua situação financeira, para que, então, continuasse — ou abandonasse — a relação em seus próprios termos.

"Como segundo colocado deve-se... assumir o menor dos males."

ARISTÓTELES

Luta de poder

Nora e Tom estavam envolvidos em uma clássica luta de poder. O conselho de Hobbes seria trabalhar para encontrar um equilíbrio de poder, mas Tom estava, no momento, refratário a mudanças. Já que a escolha de Nora era viver com Tom como o parceiro dominante, a sua tarefa passou a ser a de adotar a melhor disposição filosófica em relação à situação: a maneira mais benéfica de examiná-la e refletir sobre ela. Em um nível bastante básico, isso pode significar que ela deveria avaliar se continuaria a arcar com o trabalho doméstico se os seus esforços não conquistassem a aprovação de Tom ou seu apoio para outras iniciativas. Durante o tempo que precisaria para terminar o curso e encontrar um emprego decente, Nora teria de enfrentar a oposição do marido. Desse modo, ela deveria, através do campo minado, descobrir o caminho que a faria se sentir menos estressada, ameaçada ou infeliz.

Para isso, aconselhei Nora a analisar o seu papel na relação. Para tornar a sua caminhada a mais suave possível, precisava indicar com exatidão o que fizera para provocar Tom, quer a reação dele fosse justificada ou não. O pensamento crítico demonstra que você pode ser responsável por algo em termos causais sem sê-lo moralmente. Pode provocar alguém sem saber e sem ter a intenção de fazer isso. Perceber as causas de seus confrontos com Tom poderia ajudar Nora a mantê-las em um nível mínimo. Se bem que não estivesse necessariamente errada, a consciência da relação de causa e efeito talvez minimizasse o ciclo. Quando Nora entendesse os efeitos do que estava fazendo, poderia decidir se estava disposta ou não a mudar. Como Leibniz escreveu, tudo acontece por uma razão. Se você quer exercer um certo controle sobre o que está acontecendo, tem de entender a razão que está por trás.

"Não existe nenhum fato verdadeiro... sem que haja uma razão suficiente para que ele seja como é e não de outra maneira..."

GOTTFRIED LEIBNIZ

Senhor e escravo

O *insight* de Nora também foi extraído da teoria de Hegel a respeito da relação senhor-escravo. Segundo as aparências, é o senhor que oprime o escravo. Mas Hegel percebeu que o senhor também era dependente do escravo, não só economicamente, mas também, emocionalmente. Essa dinâmica, na verdade, dá ao escravo bastante poder na relação. Hegel vê a existência do poder em dois aspectos: para alguém ser poderoso, é preciso outro sem poder. Hegel via toda e qualquer relação como uma variação da relação senhor-escravo, e por isso não é um filósofo totalmente atraente quando se trata de interação humana. Mas a sua percepção do que acontece quando há um desequilíbrio de poder é instrutiva.

Os senhores extraem o senso do próprio valor da opressão de alguém; a única maneira de conservarem o seu medo de ser escravizado sob controle é escravizando outra pessoa. Esta é a explicação de Hegel para o fato de os senhores relutarem tanto em libertar seus escravos. No caso que estamos abordando, a segurança de Tom dependia da insegurança de Nora; ele era dependente da dependência dela. Nora podia se fortalecer simplesmente reconhecendo o seu próprio poder na relação. Entretanto, tinha de exercer esse poder de maneira sensata, porque ele corrompe. Se ela invertesse a situação e se tornasse o senhor (por exemplo, ameaçando divorciar-se de Tom se ele não lhe desse mais liberdade), podia tornar-se aquele que detém o precário poder do senhor.

Se Tom estivesse disposto a se submeter ao aconselhamento filosófico, também poderia aprender com Hegel. Qualquer pessoa preocupada com o medo de ser derrubado e perder o poder está numa posição instável. Partilhando o poder, pode-se extrair força de uma relação, em vez de gastar toda a energia mantendo o domínio. Os físicos definem o poder como a quantidade de energia gasta em um determinado tempo. A energia vem de várias formas: nuclear, química, biológica, emocional e intelectual, entre outras. Se bem conservada, uma relação também é um gerador de energia — uma fonte de energia limpa, segura e abundante.

SÓ VOCÊ E EU

O filósofo e teólogo judeu Martin Buber divide a relação a dois em dois tipos: Eu-Você e Eu-Isso. O primeiro representa o toma-lá-dá-cá entre iguais, enquanto o segundo é possessivo e manipulador, como entre uma pessoa e um objeto. Uma relação saudável precisa principalmente de interações Eu-Você, mas freqüentemente cometemos o erro de tratar as outras pessoas como coisas, criando uma dinâmica Eu-Isso. Essa é outra maneira de corrigir um desequilíbrio de poder que resultaria em rivalidade.

Kant abrangia um território semelhante ao nos pedir para tratarmos as outras pessoas como fins em si mesmos, não meios para os nossos fins. Em vez de controlar os outros para os nossos propósitos, deveríamos apreciá-los como pessoas com seu próprio conjunto de metas. Para conhecer algo pelo seu oposto, considere a falta de compaixão de *O Príncipe*, de Maquiavel, que Bertrand Russell chamou de "manual dos gângsteres". As técnicas de Maquiavel ilustram perfeitamente a relação Eu-Isso quando diz como governar as pessoas fazendo com que o temam, como enriquecer à custa dos outros e como se aferrar ao poder que obtiver. Se o que você está procurando é conquistar o título de Ditador, Maquiavel realmente pode lhe servir muito bem. Mas se os seus interesses interpessoais estão mais na esfera felizes-para-sempre, você se dará melhor com Buber e Kant. Ambos concordariam com Hobbes que um equilíbrio de poder é a chave para uma relação bem-sucedida e pacífica.

GUERRA CIVIL

Hobbes diz que se conhecêssemos antecipadamente o pior que a guerra pode nos causar, o conhecimento seria um freio eficiente. Ele estava escrevendo especificamente sobre a guerra civil, em contraste com a guerra internacional, porque achava que a proximidade aumenta o potencial do ferimento. Pense nas relações construtivas que os Estados Unidos desenvolveram com a Alemanha e o Japão, iniciadas imediatamente após os terríveis acontecimentos da Segunda Guerra Mundial. Depois, compare com a reação emocional inflamada que você ainda é capaz de provocar se mencionar a guerra civil em qualquer lugar do sul dos Estados Unidos. A guerra entre os estados ainda está sendo travada em casa em vários níveis, quase um século e meio depois, enquanto os nossos inimigos estrangeiros de cinqüenta anos atrás são agora nossos amigos. Do mesmo modo, rixas familiares são mais rancorosas e prolongadas do que as disputas entre vizinhos.

Você pode ser o seu pior inimigo, mas o seguinte na lista é a pessoa com quem mantém uma relação íntima. Viver com alguém lhe dá muita informação sobre como fazer essa pessoa infeliz. O seu parceiro sabe direitinho onde é o seu ponto fraco. Se as pessoas conhecessem de antemão a devastação emocional, legal e financeira do divórcio, provariam a teoria de Hobbes sobre o impedimento ficando juntas. A penosa convulsão que acompanha o fim da maioria das relações amorosas é talvez a melhor razão para se trabalhar com empenho a fim de mantê-la saudável e feliz. Às vezes, esses esforços falham ou são inúteis, por mais sinceros e firmes que tenham sido. Analisaremos o fim das relações no próximo capítulo.

Sócrates pode ter levado em conta a capacidade que têm as pessoas mais próximas de nós de nos ferir mais, como de nos amar também mais, quando formulou a sua ética simétrica: você tem a capacidade de fazer uma certa quantidade de bem, que é sempre acompanhada da capacidade de fazer a mesma quantidade de mal. Quanto mais paixão, mais as pessoas podem atrair ou repelir umas às outras. Pense em Elizabeth Taylor e Richard Burton. Casados duas vezes e divorciados três vezes um do outro, eles alternavam entre extremos de atração e repulsão. Quando viajavam juntos, tinham de reservar quartos extras de hotel em torno do quarto em que estavam e deixá-los desocupados, porque suas brigas eram ouvidas através das paredes. Não conseguiam se desembaraçar da relação, nem mesmo quando tentavam. Devem ter sido feitos "um para o outro", mas a sua atração vinha entrelaçada com a repulsão. O oposto do amor apaixonado não é o ódio; é a indiferença. Mesmo que você esteja realmente apaixonado, e mesmo que o sentimento seja mútuo, ainda assim a felicidade não está garantida. Se quiser evitar finais dolorosos, terá de usar sensatamente o seu poder na relação e não interromper a manutenção necessária.

"Eu só queria que fosse assim, Cristo, que muitos pudessem fazer o mal maior; porque então também seriam capazes de fazer o bem maior — e que coisa linda seria!"

SÓCRATES

7

Terminando uma relação

————◆————

"Seja egoísta sabiamente."

— DALAI LAMA

"Cuide do fim como você cuida do começo, e não fracassará."

— LAO TSÉ

————◆————

Nenhuma relação é perfeita porque as pessoas são imperfeitas. A manutenção diligente é a chave de qualquer relação duradoura, como vimos no capítulo anterior. A ruína do fim de um casamento ou de qualquer relação estabelecida deveria proporcionar incentivo para o máximo de empenho a fim de fazê-la dar certo antes de perder as esperanças. No entanto, em muitas relações, a manutenção fracassa ou é unilateral demais, e os laços que as unem, se desatam. Definir os limites da manutenção é uma das tarefas numa relação, mas quando você está no limite ou além dele, os filósofos têm muito a dizer sobre como proceder.

JANET

Quando Janet me procurou, estava em crise — pessoal, emocional e filosófica. Ela e seu marido, Bob, estavam "caminhando de modo infeliz em direção ao divórcio", disse ela, e estava tentando decidir se voltaria para casa naquela noite ou passaria o fim de semana em um hotel para resolver se o deixaria definitivamente. Ambos eram profissionais bem-sucedidos, e, de comum acordo, não tinham filhos. Viviam em uma bela casa perto da praia e com o salário dos dois desfrutavam um nível de vida confortável.

Janet me disse que Bob era uma pessoa difícil de se agradar. Mas ela tinha a intenção de dar-lhe tudo que ele exigia dela. Ela assumiu a responsabilidade de cuidar da casa, além do tempo que o seu trabalho consumia. Cuidava exageradamente da aparência, fazendo ginástica quase diariamente e escolhendo meticulosamente roupas que valorizassem a sua figura esguia. Costumava ceder em suas preferências sempre que havia um conflito, não importava se grande ou pequeno. Quando teve vontade de passar as férias viajando pela Itália, ele preferiu duas semanas na praia em Barbados — e ela tomou todas as providências para a viagem. Quando ela teve uma oportunidade de promoção que implicaria mudar-se para outra cidade, abriu mão porque Bob relutou em se mudar. Se estava a fim de comida japonesa para o jantar, ele tinha um enorme desejo de comida italiana — e acabavam optando pela italiana.

Quanto mais ela dava, mais Bob a criticava. Quanto mais ela fazia por ele, menos valorizada se sentia, e achava que o casamento estava se desintegrando. Ele queixou-se de que não havia nada para fazer em Barbados, criticava a falta de ambição profissional dela; não gostava do novo corte de cabelo dela, e achava que a empregada que ela contratara não dobrava as suas camisas direito. Parecia que Janet não fazia nada certo.

Ainda assim, Janet estava insegura quanto ao que fazer. Deveria deixar Bob? Ao aproximar-se do fim de seu relato, ela me contou que o seu primeiro casamento não dera certo, e preocupava-se por achar que não se esforçara o bastante para salvar a relação. Agora se encontrava em outra relação infeliz, temendo o estigma de fracassar novamente no casamento. Não queria ser duas vezes perdedora e jurou não cometer o mesmo erro duas vezes.

Janet submetera-se a terapia na época do primeiro divórcio, e

MAIS PLATÃO, MENOS PROZAC

também quando as coisas começaram a não dar certo com Bob. E apesar de agora compreender o papel que sua relação com o pai desempenhara em seu primeiro casamento, continuava sem saber o que fazer a respeito de Bob. O psiquiatra mais recente com quem conversara havia lhe receitado um antidepressivo, mas como ela notou alteração em seu estado de espírito, deixou de tomar o remédio.

Ela e Bob já haviam até mesmo se submetido ao aconselhamento de casais por um curto período. O conselheiro sugerira algumas técnicas novas de comunicação e negociação, mas Bob havia debochado da idéia assim que saíram do consultório. Janet achava que não tinham problemas em dizer as coisas um ao outro, e estava disposta a tentar tudo. Bob recusou-se a voltar depois de algumas sessões, dizendo que era jogar fora tempo e dinheiro.

Janet achava que os métodos psicológicos tradicionais não a tinham ajudado na fase do divórcio. Nem estava encontrando ajuda na sua situação atual. Portanto, quando me ouviu no rádio discutindo o aconselhamento filosófico, ligou imediatamente para mim de seu carro e marcou uma hora. Tivemos a nossa primeira conversa na mesma tarde — dia em que decidia se deixaria Bob ou não. Ela sabia que estava atravessando uma crise, mas não sabia como lidar com isso.

Antes de aceitar trabalhar com o cliente, eu avalio se é um bom candidato para a terapia. O caso de Janet era bastante apropriado ao aconselhamento filosófico. Ela estava aflita, mas ainda sob controle. Estava rendendo bem no trabalho, dormindo bem à noite e realizando todas as pequenas tarefas que faziam parte de sua vida normal. As pessoas que estão sofrendo de angústia ou disfunção grave na rotina de suas vidas podem estar precisando consultar um médico ou um psiquiatra e obter a ajuda temporária de algum medicamento antes de procurarem um conselheiro filosófico.

O egoísmo como virtude

As primeiras coisas que discuti com Janet foram as idéias de Ayn Rand sobre as virtudes do egoísmo. Apesar de Janet nunca ter lido *The Fountainhead* ou *Atlas Shrugged,* concordou que agora estava sendo abnegada a ponto de se prejudicar. E embora se orgulhasse de sua natureza altruísta, reagiu à idéia de Rand de que só é possível ajudar os outros quando você se sente seguro. Se Janet concluiu que tinha dado tudo que podia ao seu casamento, mas que Bob não havia sido sensível a isso e provavelmente não seria nunca, Rand diria que ela tem a obrigação de preservar e proteger a si mesma abandonando a relação. Quando um investimento emocional não é retribuído — e, na verdade, exige contribuições cada vez maiores —, Rand acharia melhor diminuir os prejuízos enquanto resta algo para ser reinvestido em outra parte.

> *"Juro — por minha vida e meu amor a ela — que nunca viverei em função de outro homem, nem pedirei a outro homem que faça isso por mim."*
>
> Ayn Rand

Rand é comumente associada a livre-arbítrio e é conhecida por valorizar a racionalidade e o intelecto. Mas não está sozinha ao afirmar o valor e a moralidade do egoísmo. Como diz o Dalai Lama: "Seja egoísta sabiamente." A tradição mahayana do budismo sustenta que todo mundo deveria atingir a iluminação e que, quando é alcançada, a pessoa deve retornar para ajudar outros a alcançarem a mesma meta. Mas você tem de estar em uma posição iluminada antes de ajudar outros a se tornarem iluminados. Quando o egoísmo deriva de um interesse pessoal iluminado, é uma força construtiva. Quando se origina da vaidade, egotismo ou narcisismo, é destrutivo.

Esses pensamentos, também, tocaram no ponto vulnerável de

Janet. Como empresária, conhecia bem o valor do raciocínio lógico e direto — mas também o poder da intuição. Percebeu que podia reagir aos problemas de seu casamento tanto intelectual como intuitivamente, talvez chegando à mesma conclusão com os dois métodos. Embora eu não imponha minhas opiniões a meus clientes, é o meu trabalho defender o seu interesse pessoal. Para Janet, esse era um componente que faltava em todas as terapias a que havia se submetido. Ela não queria que lhe dissessem o que fazer, mas queria uma orientação para adotar ações específicas — não uma tábula rasa, ou um muro de respostas "Interessante... continue".

Como seu defensor, recomendei mais trabalho filosófico para resolver as suas questões com o pai e o seu primeiro casamento. Senti que corria o risco de repetir o mesmo padrão em uma relação futura se não se livrasse da bagagem psicológica que estava carregando. Ao se viver uma vida examinada (ou trabalhar com um conselheiro filosófico), deve-se verificar o que está faltando, assim como o que está lá. Para Janet, isso significou perceber que carecia de resolução interpessoal em algumas áreas de sua vida e que precisava esclarecer em sua mente relações passadas infrutíferas. Então, estaria liberada para descobrir quem era, e essa pessoa autêntica poderia fazer valer seus direitos em uma futura relação bem-sucedida. Precisava representar um presente bem-sucedido em sua busca de realização em vez de repetir um passado malsucedido.

Assim como ocorreu com vários de meus clientes, Janet sentiu-se aliviada ao saber que não estava sozinha em sua linha de pensamento. Havia ficado cada vez mais aflita investindo tanto em seu casamento e só recebendo críticas e infelicidade em troca. Apesar de ainda não ter certeza de que chegara ao limite, concordava que havia uma linha que separava o egoísmo construtivo do destrutivo — e gostou do fato de alguns dos grandes pensadores do nosso tempo terem chegado a conclusões semelhantes.

Aconselhei Janet somente nessa única sessão. Embora não seja um caso inédito, os conselheiros filosóficos costumam ver as pessoas pelo menos algumas vezes. A maioria dos meus clientes me procura para uma terapia de curto prazo — geralmente de três a seis meses. Algumas pessoas, como Janet, precisam de ajuda para atravessar uma crise específica, além de precisarem tratar de problemas que existem há muito mais tempo.

O processo PEACE

A seguir, vejamos como o caso de Janet se desenvolve em termos do processo PEACE.

Primeiro, o problema: Diante de um casamento fracassado, Janet precisava decidir se voltava para casa naquela noite e tentava ajeitar as coisas com seu marido superexigente ou se deveria hospedar-se em um hotel para passar o fim de semana refletindo sobre si mesma.

Segundo, emoções: Janet sentia frustração, desesperança e raiva diante da perspectiva de ir para casa. Sabia que não conseguiria agradar a Bob mesmo que tentasse sinceramente, e achava difícil conciliar o seu sucesso profissional com o fracasso conjugal. Mas também sentia medo e impotência diante da perspectiva de se hospedar em um hotel. Isso poderia assinalar o começo do fim do seu segundo casamento, tendo o primeiro fracassado por razões semelhantes. Não queria carregar o estigma de ser incapaz de manter um casamento.

Terceiro, análise: Em sua conversa comigo, Janet explicou que havia sido subestimada por seus pais e, em especial, nunca recebera aprovação ou reconhecimento de seu pai. Conseqüentemente, não se sentia merecedora do amor do pai, e, quando menina, entendeu que essa falta de amor era devida a alguma deficiência evidente de sua parte. Meu colega Pierre Grimes chama essa espécie de falsa crença sobre si mesmo de "patologos": subjuga a capacidade de se ter sucesso e, em vez disso, torna o fracasso inevitável. O patologos de Janet, "não mereço o amor do meu pai", traduziu-se nos casamentos subseqüentes como "não mereço o amor do meu marido". O seu patologos garantiu que ela se casaria justamente com o homem errado e, pior ainda, se culparia quando o casamento fracassasse. Caiu numa armadilha que ela própria preparou. As duas alternativas para o dilema de Janet — ir para casa ou se hospedar em um hotel — serviram, potencialmente, para reforçar o patologos: de qualquer jeito, ela não receberia o amor do seu marido e, portanto, poderia se proclamar indigna dele.

O papel de Sócrates, como foi retratado por Platão no diálogo *Thaetetus*, é o de uma parteira filosófica. Estamos todos grávidos de idéias e precisamos de uma parteira para ajudar a pari-las. Mas a parteira filosófica também nos ajuda a distinguir entre as idéias que concebemos e as que — como o patologos — simulam ser nossas idéias, mas que, na verdade, são impostoras prejudiciais.

> *"A melhor coisa em relação à minha arte é que ela pode testar de todas as maneiras se a mente... está produzindo uma mera imagem, uma impostura, ou um fruto verdadeiro e genuíno."*

> PLATÃO

Quarto, contemplação: Reconhecer que você tem uma crença falsa e destrutiva em relação a si mesmo é uma coisa; substituí-la por um convicção verdadeira e construtiva é outra. Em geral, não alteramos convicções profundamente arraigadas simplesmente reconceitualizando-as. O patologos é reforçado pela experiência. A única maneira de alterá-lo é acumular uma qualidade diferente de experiência — orientada por convicções construtivas sobre si mesmo — e substituir o edifício da autodestruição, tijolo por tijolo, pela auto-afirmação. Isso é realizado, literalmente, um dia — mesmo uma hora ou um minuto — de cada vez. O patologos de Janet precisava ser substituído por uma convicção como "eu merecia o amor do meu pai, mas ele foi incapaz de me amar por causa de seus próprios problemas", o que a levaria a acreditar que "mereço o amor de um marido, portanto, devo encontrar um marido que me ame".

Pondo em prática essa nova idéia, Janet seria capaz de atrair um marido que a amasse. Mas o primeiro passo é sempre o mais difícil e exige coragem. O patologos se disfarça de velho amigo, e deixá-lo para trás talvez pareça abandono. Na verdade, é o pior inimigo e deve ser abandonado por quem quiser levar uma vida satisfatória.

Quinto, equilíbrio: Janet, então, compreendeu não apenas que o seu impulso de se hospedar num hotel era autopreservador, como também que tinha um ego que merecia ser preservado. Passando algum tempo sozinha, sem ninguém por perto para alimentar o seu ego, mas também ninguém para degradá-lo, poderia desfrutar o equilíbrio de uma solidão deliciosa, necessária para reconhecer o seu mérito — e, definitivamente, atrair outros que também o reconheceriam.

No fim da nossa sessão, Janet disse-me que eu tinha lhe dado muito em que pensar e que agora se sentia segura de sua capacidade de tomar a decisão certa. Eu sabia que agora, pelo menos, seria possível para ela parar de "caminhar infeliz em direção ao divórcio". Poderia até mesmo começar a caminhar feliz em direção a ele! Um casamento duradouro geralmente é melhor para os envolvidos nele, mas, às vezes, é preferível se divorciar pelos motivos certos do que permanecer casado pelos motivos errados. Se você começar a se descobrir filosoficamente, o resultado pode ser uma mudança na sua vida. Às vezes essa mudança é inquietante e você precisará de coragem e determinação para perceber isto. Mas esse crescimento filosó-

MAIS PLATÃO, MENOS PROZAC

151

fico também resulta em auto-suficiência filosófica, o que permite que você seja verdadeiro consigo mesmo. É o que Janet queria, e acho que ela chegará lá.

A história de Janet mostra um contraste interessante com a de Nora, a mulher que queria completar o curso apesar das objeções do marido, no Capítulo 6. As duas mulheres estavam lutando com homens críticos e exigentes, sempre insatisfeitos, por mais que suas esposas se esforçassem. Mas os resultados diferentes mostram como soluções filosóficas diferentes podem ser aplicadas a problemas semelhantes, dependendo das pessoas envolvidas. Todos temos a nossa própria perspectiva filosófica, e nunca duas pessoas reagem da mesma maneira pelas mesmas razões, mesmo em condições semelhantes.

LARRY

Larry também estava lutando com o possível fim de uma relação. Casado com Carol por quase vinte e cinco anos, tinha dois filhos adultos. Havia sido fiel à esposa por todos esses anos, e se orgulhava da parceria que haviam formado quando chegou a hora de criar e sustentar os filhos. Os dois tinham carreiras promissoras, embora Carol trabalhasse em casa e, durante muitos anos, trabalhou meio expediente para que pudesse passar mais tempo com os filhos. Larry respeitava sua mulher, mas agora que a casa estava vazia, descobriram que não tinham mais muita coisa em comum.

De maneira significativa, quando Larry procurou Carol para conversarem seriamente sobre a relação, ela respondeu que não queria mais ouvi-lo ruminar esse assunto e sugeriu que ele pagasse alguém para fazer isso. Parte do motivo para se ter uma relação amorosa é participar de um diálogo contínuo, de modo que a resposta de Carol demonstrou que esse elemento fundamental da relação havia se rompido. O lar não é somente o lugar onde está o coração, e onde as pessoas têm de acolhê-lo, mas também o lugar onde as pessoas estão interessadas no que você tem a dizer — interessadas em você como ser humano sem segundas intenções, valorizando-o pelo que é.

Larry nunca estivera com um psiquiatra ou psicólogo e teria se aborrecido até mesmo com a sugestão de uma terapia demorada. Procurou-me, por sugestão de sua mulher, simplesmente para ter alguém com quem conversar enquanto refletia sobre a possibilidade de deixá-la. Definitivamente, não queria discutir os seus sentimentos — muito menos a sua infância ou seus padrões de comportamento. Como a maioria dos meus pacientes, procurava alguém que pudesse ajudá-lo a articular a sua visão de mundo (isto é, a sua filosofia pessoal) e examinar suas escolhas para se certificar de que suas ações eram coerentes com suas convicções e valores. Essa tarefa nem sempre é simples como parece.

Larry e Carol eram pessoas de princípios, leais, e se viam agindo em uma estrutura ética séria. Não eram religiosos, mas haviam formulado seus próprios preceitos morais e se mantinham fiéis a eles. Agora que Larry analisava a opção do fim (divórcio) não necessariamente de acordo com seus princípios (casamento como um compromisso para toda a vida), se perguntava se havia tempo para mudar as regras que ele acreditava absolutas. Quando a obediência cega a uma regra começa a prejudicar, talvez esteja na hora de modificá-la.

Os votos de um casamento geralmente são assumidos "até que a morte nos separe" — isto é, por toda a vida. Mas suponha que você descubra algum tempo depois da lua-de-mel que se casou com um psicopata ou um sádico que habilmente a enganou e que pode feri-la ou arruinar a sua vida. Nesse caso perigoso, manter os votos do casamento provavelmente lhe causará mais danos do que quebrá-los. Agora, pense em um caso mais trivial, em que você discuta com um irmão ou um amigo e jure que "não vou falar com você nunca mais!" Pouco tempo depois, realmente sente saudades dessa pessoa, que também sente a sua falta. Cumprir a promessa de nunca mais falar com ele provavelmente lhe fará muito mais mal do que quebrá-la, portanto você liga para ele.

O caso de Larry situa-se entre esses dois extremos. Duas pessoas podem ter um casamento maravilhoso durante anos, sem deixarem de se desenvolver como pessoas e sem abandonarem a intenção de cumprir os votos. Mas pode chegar o dia em que os dois amadurecem e, então, manter o casamento pode causar mais mal do que dissolvê-lo. Se somente um dos dois sente dessa maneira, ambos terão de enfrentar um período difícil. Mas se os dois sentem assim, o que é menos comum, poderão preservar o amor ao se desobrigarem do casamento. Isso, creio eu, é o que Larry e sua mulher conseguiram realizar.

Dever

Kant achava que o dever moral precisava ser cumprido por si só e que a moralidade tinha origem na razão. Como Kant, Larry era um moralista, de modo que a abordagem kantiana ajustou-se perfeitamente à sua. Kant escreveu sobre vários "deveres perfeitos" que os seres humanos têm de cumprir, e a sua lista do que não se deve fazer (por exemplo, mentir, matar) assemelha-se aos Dez Mandamentos. Ele também fala dos "deveres imperfeitos", um dos quais é melhorar a nós mesmos. Ao contrário dos deveres perfeitos, que são universais, os imperfeitos são conjunturais. Aplicados ao caso de Larry, podem significar que, embora o casamento (uma obrigação mútua) seja um compromisso sério que não deve ser violado, se esse senso de obrigação mútua cessou, então permanecer no casamento talvez não seja benéfico para nenhum dos dois — assim, violando o "dever imperfeito", os dois têm de melhorar a si mesmos.

> *"Garantir a própria felicidade é um dever, pelo menos indiretamente; pois estar descontente com a própria condição, sob a pressão de várias ansiedades e em meio a necessidades insatisfeitas, pode facilmente tornar-se uma grande tentação à transgressão do dever."*

> IMMANUEL KANT

A teoria de William Ross dos deveres *prima facie* levaria Larry a conclusões semelhantes. Ross escreveu que todos nós temos uma lista de compromissos que "à primeira vista" (*prima facie*) são igualmente intimidadores, mas que, na prática, às vezes entram em conflito. Ele afirma que situações diferentes pedem prioridades diferentes e que cada caso deve ser decidido por seus méritos. Portanto, quando seus filhos eram pequenos, o compromisso primordial de Larry era com eles, e ele pode ter mantido o casamento para dar a eles suporte emocional. Mas agora que a situação tinha mudado (os filhos estavam crescidos), sua primeira obrigação deveria ser a de sustentar o seu próprio crescimento emocional abandonando o casamento.

> *"Quando estou em uma situação, como talvez sempre esteja, em que mais de um desses deveres* prima facie *é minha obrigação, devo examiná-la tão completamente quanto possível até formar a opinião ponderada (nunca é mais) de que, nas circunstâncias, um deles é mais obrigatório do que qualquer outro..."*

> WILLIAM ROSS

Mudança

Se Larry fosse de um tipo mais intuitivo, eu teria discutido o *Tao Te Ching* com ele. Como o *I Ching*, esse texto chinês antigo adota

MAIS PLATÃO, MENOS PROZAC

como premissa que tudo muda e que, para entender a mudança, você tem de entender a natureza das leis — o Caminho — que levam a essa mudança. Outro de seus princípios subjacentes é que sempre há uma escolha entre um caminho melhor e outro pior de fazer as coisas. De maneira ideal, a melhor escolha o deixará sem culpa. A culpabilidade é um conceito fundamental na filosofia chinesa, desempenhando um papel semelhante ao da culpa na psicologia e o pecado na teologia. Se você age inocentemente, não faz inimigos e não tem de perder tempo se repreendendo.

Se Larry tivesse procurado orientação no *Tao Te Ching*, poderia ter decidido que ele e sua mulher concordariam em se separar, mudando o compromisso que mantiveram com o casamento, mas permanecendo sem culpa. As forças que mantêm o casamento, que unem primeiramente as responsabilidades como pais e partilham as obrigações de um com o outro, mudaram. Enquanto o bem maior de educar os filhos os uniu, eles suportaram os aspectos menos satisfatórios de sua relação. Compreender o mecanismo dessas mudanças ajuda a revelar a entrada para o melhor caminho.

> *"Quando as coisas chegam ao auge do seu vigor, começam a declinar. Isso é contrário ao Tao. O que é contrário ao Tao em breve terá um fim."*
>
> LAO TSÉ

Eu sabia que Larry era versado demais em métodos estritamente lógicos para que Tao repercutisse nele. Mas se tivesse levado em conta Kant ou Lao Tsé, teria chegado à mesma conclusão. Segundo o seu forte senso de dever, Larry sentia que continuava a ter obrigações com sua mulher e seu casamento. Mas, com os filhos já crescidos, sentia que também tinha uma obrigação consigo mesmo, e decidiu abandonar esse casamento estagnado para ir em busca do crescimento pessoal. As éticas de Kant e Ross justificavam essa escolha. Larry sentiu-se bem com a sua opção depois que ficou claro que estava agindo de acordo com seus princípios.

CARMEN

Carmen nunca chegou a fazer a escolha de continuar ou não casada. Seu marido, depois de vinte e cinco anos com ela, criando quatro filhos, simplesmente a deixara por outra mulher. Carmen procurou um grupo de aconselhamento filosófico feminista conduzido por uma de minhas colegas, Vaughana Feary. Com o tema abrangente de ajudar uma paciente "a eliminar o intolerável, a reduzir a dor, a satisfazer a necessidade, a realizar o sonho" (nas palavras do filósofo Nel Noddings), Feary divide o trabalho filosófico em quatro fases, das quais a primeira é para a paciente contar a sua história com as próprias palavras e para o conselheiro avaliar se seria apropriado o encaminhamento a outro tipo de tratamento.

Carmen, então, expôs a sua história. Quando seu marido foi embora, ela descobriu que o seu caso com outra mulher já durava muito tempo. Pouco antes, ela havia tomado a difícil decisão de encaminhar o seu filho inválido para um atendimento em grupo. Essas duas mudanças radicais fizeram-na sentir-se fracassada como esposa e como mãe, funções às quais ela dedicara a vida. Chorou durante uma semana, disse ela, e nem mesmo foi à igreja. Não tinha consultado um advogado, embora o seu marido tivesse, mas acreditava que ele proveria a sua subsistência.

Antes de ingressar no grupo, Carmen consultou um psiquiatra, que diagnosticou depressão química e receitou Prozac. Diante da insistência de seu conselheiro filosófico, ela procurou um advogado. Estava, então, preparada para se juntar ao grupo e iniciar o estágio dois, definindo suas convicções fundamentais a respeito de uma vida boa, feminilidade e virtude feminina. Na filosofia pessoal de Carmen, as mulheres boas sacrificavam tudo por suas famílias. Po-

MAIS PLATÃO, MENOS PROZAC

dendo pensar mais claramente, já que o Prozac havia aliviado a sua depressão, e inspirada pela primeira tarefa com o advogado — calcular o valor econômico de seu trabalho como enfermeira, babá, cozinheira e governanta (isto é, dona-de-casa) durante os últimos vinte e cinco anos —, Carmen passou facilmente para a terceira fase de Feary, o que implicava examinar a sua filosofia básica em busca de contradições e crenças irracionais. Carmen percebeu que o seu trabalho de educadora — com o qual se comprometera excluindo todo o resto — era subestimado por seu marido. Ela percebeu com tristeza que a sua confiança em que seu marido não a deixaria em dificuldades econômicas não tinha lógica, principalmente por tê-la enganado por tanto tempo. Ela decidiu lutar por seus direitos no divórcio, já que o fim da relação parecia inevitável. Também percebeu que, embora a abnegação seja realmente uma virtude, só ela não era suficiente para lhe dar uma vida boa. Partiu para descobrir quais seriam os outros componentes..

O quarto estágio de Feary envolve a articulação de sua filosofia aperfeiçoada. Além da abnegação, Carmen agora incluía a autonomia como uma virtude necessária. Descobriu mais evidências disso na auto-suficiência cada vez maior de seu filho no tratamento em grupo, o que tinha sido impossível em casa. Também passou a ver que cada pessoa tem as suas próprias idéias sobre a vida boa e sobre o amor e a felicidade. Admitiu, então, que apesar de achar moralmente errada a atitude de seu marido de romper o casamento, ele podia acreditar, genuinamente, que era justo buscar a sua própria felicidade em outra relação. Esse *insight* acabou permitindo que ela voltasse a se ligar aos seus outros filhos, que não conseguia encarar desde que seu marido partira, e que evitasse pedir que eles "escolhessem um dos lados". O mais importante é que o fato de reconhecer a validade de diversas perspectivas permitiu que Carmen deixasse de pensar que sua vida era um fracasso.

"O princípio requer liberdade de gostos e buscas, de estruturar o plano de vida que se ajuste à sua personalidade, de fazer o que se quer, de se sujeitar às conseqüências, sem impedimento por parte das criaturas iguais a mim, contanto que o que fizermos não as prejudique, mesmo que achem a nossa conduta insensata, perversa ou errada."

JOHN STUART MILL

Assim armada, Carmen assegurou um acordo favorável e uma pensão alimentícia que correspondia ao valor monetário de seu trabalho doméstico. Embora ela tivesse um nível de segurança financeira, exerceu a sua autonomia com um emprego em uma companhia de seguros de saúde que lhe permitiu usar o que havia aprendido ao cuidar de seu filho inválido para ajudar famílias em situação semelhante. Por fim, retornou aos estudos para se formar em assistência social, o que a qualificaria ainda mais para ajudar essas famílias. Ainda conservava como convicções básicas as virtudes tradicionalmente femininas de empatia, de educar e cuidar dos outros, mas agora tinha uma perspectiva mais ampla para aplicá-las sem se perder nem descuidar de si mesma no processo. Sentiu, com razão, decepção e raiva no fim de seu casamento, que considerava sagrado. Mas percebeu que, embora terminar a relação não fosse uma escolha sua, o rumo de sua vida a partir de então seria. Recusou-se a alimentar as emoções despertadas por uma situação que ela não podia mudar, e, em vez disso, concentrou-se no momento presente e em como tirar o melhor proveito dele.

JOAN

Joan procurou minha colega Harriet Chamberlain dizendo que o seu casamento tinha acabado, mas que se sentia presa a ele porque era financeiramente dependente do marido. Disse que estava deci-

MAIS PLATÃO, MENOS PROZAC

dida a voltar a trabalhar — abandonara uma bem-sucedida carreira de vários anos para ficar em casa com os filhos — e, desse modo, encontrar uma saída realista da relação.

Mas, ao trabalhar com a sua conselheira para esboçar as possíveis opções (voltar a trabalhar meio expediente ou horário integral, voltar a estudar, preparar-se para uma área diferente daquela em que atuava antes), Joan destruiu todas. Não tinha autoconfiança para aceitar um trabalho agora; não tinha tempo para freqüentar aulas; a sua governanta talvez pedisse demissão; não tinha experiência de trabalho recente que pudesse incluir em seu currículo e nunca encontrava um trabalho que quisesse realmente fazer. Não era de admirar que se sentisse presa numa armadilha! Sempre achava motivos para explicar por que cada caminho era intransponível, independentemente do que estava sendo analisado. Sua conselheira filosófica insinuou que ela estava realmente presa ao casamento — mas não pelo marido ou pela dependência econômica. Estava presa por vontade própria.

"Ficar liberto da crença de que não existe liberdade é, na verdade, ser livre."

MARTIN BUBER

Sua conselheira escolheu o existencialismo para o caso de Joan porque enfatiza o reconhecimento e a realização da liberdade pessoal e a responsabilidade de criar uma vida que seja significativa e plena. Segundo Jean-Paul Sartre, confrontar a sua liberdade existencial pode gerar ansiedade, e pô-la em prática requer consciência dos obstáculos em seu caminho — além da compreensão de que foi você mesmo que os pôs ali. As restrições à nossa liberdade, estabelecidas por nós mesmos, são chamadas de "má-fé" por Sartre.

> *"O homem nada pode querer, a menos que antes compreenda que só deve contar consigo mesmo; que está só, abandonado na terra em meio a suas responsabilidades infinitas, sem ajuda, sem outra meta que não a que estabeleceu para si, sem outro destino que não aquele que forja para si mesmo neste mundo."*

> JEAN-PAUL SARTRE

Joan podia ter sido a garota-propaganda da má-fé. Mas depois que a conivência com a sua própria situação difícil foi mostrada, ela rapidamente juntou coragem para aceitar a responsabilidade e a liberdade. Com o pensamento crítico, começou a derrubar os muros que construíra para manter uma vida que não a satisfazia. Enquanto a demolição prosseguia, ela se deu conta de que se dispor a voltar a trabalhar, mas depois negar todas as alternativas possíveis para realizar seu plano, servia para deixá-la pensar que continuar em seu casamento era um mal necessário e não uma escolha. Isto, por sua vez, deixava-a negar a sua responsabilidade por estar infeliz.

Joan acabou admitindo que realmente não queria voltar a trabalhar e que, por causa disso, queria continuar casada. Ao perceber que continuar casada era uma opção sua, passou a ter um novo senso de controle sobre a sua vida. Isso permitiu que percebesse que a sua auto-estima e sua confiança — de cuja falta ela se queixara à conselheira — não lhe haviam sido tiradas. Ela havia renunciado a elas e agora podia recuperá-las.

Joan começou a participar mais intensamente da relação, reconhecendo responsabilidades assim como obrigações. Assumir a sua parte na relação removeu uma parcela da carga que atribuíra ao marido, e agora sentia que podia obter muito mais disso. Não só fizera as pazes com a sua atitude de continuar em um casamento imperfeito porque assim decidira por vontade própria, mas o casamento melhorou a ponto de valorizá-lo novamente.

Incluí este caso num capítulo sobre o fim de relações — embora o casamento não tenha sido desfeito no final — para mostrar que uma relação aparentemente agonizante pode ser ressuscitada. Com certeza a situação pode ficar tão ruim que não haja volta (ou desejo de voltar), mas muitas vezes estamos excessivamente dispostos a dizer que atravessamos essa linha.

Carl von Clausewitz — o mais celebrado filósofo de guerra ocidental, uma espécie de correspondente europeu de Sun Tzu — escreveu que "a guerra é uma mera continuação da política por outros meios". Ao se contemplar o fim de uma relação, seria sensato lembrar que o divórcio é uma mera continuação do casamento por outros meios. Raramente há uma pausa imediata, completa. Analise cuidadosamente se o fim da relação vai resolver, ou pelo menos melhorar, o problema do momento. E se terminar é a única maneira — ou se está terminando apesar de você não querer —, encontre a melhor forma de enfrentar isso. Depois de estar certo de que a encontrou, prossiga da maneira mais isenta de culpa que for possível.

8

Vida familiar e rivalidade

———◆———

"Quando a família está em ordem, todas as relações sociais humanas estarão em ordem."

I CHING

"Uma grande parcela da infelicidade que vaga em formas medonhas pelo mundo é causada pela negligência dos pais..."

MARY WOLLSTONECRAFT

———◆———

A única coisa mais complicada do que a relação amorosa de um casal é a complexa rede de interações em uma família. Cada indivíduo manifesta a sua própria personalidade, preferências, padrões, atitudes, valores — e perspectiva filosófica. Natureza e educação conspiram para criar um efeito de superposição entre os membros da família em várias dessas áreas, mas nunca é um ajuste perfeito. É aí que entra a rivalidade. As relações familiares precisam de reflexão e manutenção cuidadosas, exatamente como as relações amorosas. Talvez sua necessidade seja ainda maior, porque várias relações familiares são inerentemente desequilibradas e relações familiares são, em sua maioria, impostas, e não escolhidas. Geralmente você escolhe o seu parceiro; e não escolhe seus parentes.

As crianças são moldadas durante muitos anos pelos adultos de quem dependem. Isso confere aos pais a obrigação de fazer o máximo para estimular e incutir as características que resultarão numa vida virtuosa. Há milhares de anos os filósofos têm discutido sobre os componentes específicos de uma vida virtuosa, de modo que você não encontrará aqui nenhum plano exclusivo. Os detalhes variam de pessoa para pessoa, de família para família e de cultura para cultura. As duas coisas em comum que encontrará em qualquer lugar são uma reverência por aqueles que lutam para levar uma vida boa e um mandato para os pais a incutirem, qualquer que seja a sua definição. (Também não há nenhuma lição impressa que ensine como viver bem, portanto, não procure isso aqui tampouco.)

Da perspectiva do conselheiro filosófico, o importante para os pais é identificar os seus deveres e obrigações e verificar como é possível cumpri-los de uma maneira coerente com a sua filosofia pessoal. Embora o papel dos pais seja primário, todos os participantes da estrutura familiar, inclusive os filhos, têm as suas próprias obrigações em relação a si mesmos e aos outros membros da família. Como o mundo seria maravilhoso se todos analisassem essas responsabilidades e as cumprissem sempre que possível.

MARGARET

Durante uma entrevista no rádio, conversei com uma visitante chamada Margaret, que estava trabalhando esse tipo de análise. Perguntou-me sobre sua decisão de pedir aos filhos adolescentes que fizessem tarefas domésticas básicas para merecerem a mesada. Queria dar aos filhos um senso de responsabilidade — tanto em lidar com dinheiro como em participar da vida familiar. Explicou que sua família tinha recursos para contratar alguém para cortar a grama ou varrer as folhas, e que seus filhos se queixavam de que nenhum de seus amigos precisava trabalhar para receber a mesada. Ela não estava questionando a sua decisão, mas queria ter certeza de que havia uma justificativa filosófica para a sua norma. Não queria explorar os filhos, e não queria que achassem que nunca lhes faltaria dinhei-

MAIS PLATÃO, MENOS PROZAC

ro. Quando Margaret estava se tornando adulta, teve de trabalhar para obter cada tostão de que precisava (além de fazer as tarefas domésticas), e embora seus filhos não precisassem fazer isso do ponto de vista financeiro, queria incutir neles a mesma ética de trabalho que aprendera em sua educação.

Para responder às reclamações dos filhos sobre o trabalho, Margaret parafraseava Nietzsche: uma pequena quantidade de veneno pode ser benéfica. Apesar de Nietzsche desprezar costumes convencionais como a ética de trabalho protestante, achei que essa era uma aplicação construtiva de suas idéias. Fazer o trabalho certamente não prejudicaria as crianças, muito menos as mataria, apesar das suas histórias dramáticas a respeito. Era mais provável que fortalecesse a sua fibra moral ensinado-lhes uma importante lição socioeconômica: não se obtém nada de graça. Na verdade, isso é a extensão de uma das leis físicas de Newton para o campo da economia. Essa lei diz que para toda ação há uma reação oposta e de igual intensidade. A versão econômica é: para toda refeição há um cheque. As perguntas fundamentais são: "Quem come?" e "Quem paga?" Na economia, assim como na física, não se obtém algo do nada. Pela mesma razão, não se pode obter o nada de alguma coisa — é uma rua de mão dupla.

"O que não me mata imediatamente me fortalece."

FRIEDRICH NIETZSCHE

Margaret tinha chegado sozinha ao suporte filosófico de suas ações, mas eu ofereci uma confirmação adicional. Como veremos no Capítulo 11 (sobre a ética), tanto Aristóteles quanto Confúcio viam a virtude como uma questão de bons hábitos. Portanto, no caso de Margaret, criar o hábito de pagar o almoço, ou cantar por uma ceia, estava ajudando seus filhos a praticarem uma virtude: apreciar o valor do trabalho. Aristóteles e Confúcio concordariam que, como a virtude é uma questão de hábito, não pode ser aprendida apenas se falando sobre ela — tem de ser praticada. Aqui, mais uma vez, Margaret estava no caminho certo.

RITA

Minha colega Alicia Juarrero trabalhou com uma paciente que também estava lutando com as suas responsabilidades em relação aos membros de sua família, mas de maneira bem diferente. Rita estava arrasada quando procurou Alicia porque sua irmã adolescente havia sido estuprada por um rapaz que ela conhecia da loja em que trabalhava nos fins de semana. Esse ato de violência alvoroçou toda a família, que se preocupou com as conseqüências emocionais e com questões mais práticas, como encaminhar a menina para uma terapia, processar o rapaz etc. A própria Rita faltara às aulas, deixando de dar atenção ao seu curso e sentindo-se, de modo geral, paralisada pela monstruosidade da situação. Estava confusa, sem saber como ajudar a sua irmã ou os outros parentes.

Rita estava seguindo os seus melhores instintos de amor e apoio às pessoas mais próximas. Mas corria o risco de se perder nesse processo. Esse equilíbrio é freqüentemente questionado em uma relação a dois, mas também é importante na relação familiar. O sentimento familiar e a individualidade são igualmente fundamentais para a formação de uma vida adulta sadia. Sua conselheira indicou a Rita o filósofo estóico Epictetus para esclarecer a sua situação. Ele escreveu: "Quando vir alguém chorando de pesar... tome cuidado para não ser levado... No entanto, não hesite em ser solidário." Rita não estava ajudando ninguém ao descarrilhar a sua própria vida. Com a vida em desordem, ficava sem recursos para oferecer à irmã. Resolveu não acrescentar sua tensão à da irmã. Dar-se um tempo para se recompor seria o primeiro passo para ajudar a irmã e o resto da família a fazer o mesmo.

"Se sempre acontece de você se voltar para o exterior querendo agradar a outra pessoa, certamente você perdeu o seu plano de vida."

EPICTETUS

Rita apoiou-se em mais um *insight* de Epictetus: "Não tente fazer com que os fatos aconteçam como você quer, mas deseje que aconteçam como eles acontecem e você se sairá bem." O que já aconteceu não pode ser desfeito, portanto é inútil perder tempo desejando que tivesse sido de outra maneira. É melhor avançar aos pouquinhos com as circunstâncias do jeito que elas são — por mais aflitivas que sejam — do que debater-se no passado. Avançar é a única possibilidade de melhorar.

Lembremos que o tema central dos estóicos é que as únicas coisas de valor são aquelas que ninguém pode tirar de você. Poucas coisas têm mais valor do que o amor da família, que não pode ser tirado por ninguém. Nem mesmo um estuprador tem esse poder — a menos que você mesma ceda. Rita estava certa ao achar uma maneira de preservar a estrutura afetiva da família em meio a toda essa comoção. As coisas não continuariam tão sombrias; o sol voltaria a iluminar o céu quando a tempestade passasse.

SONIA

Margaret estava procurando uma justificativa filosófica em parte por causa das sementes da dúvida plantadas pela resistência dos filhos. Embora eu tenha certeza de que os filhos iam perder essa batalha específica, estavam envolvidos numa guerra maior que tantas famílias enfrentam quando os filhos lutam para afirmar suas identidades independentemente da família. O caso de Sonia me pareceu muito mais grave.

Sonia tinha vinte e poucos anos quando procurou o aconselhamento filosófico. Durante toda a sua adolescência e início da juventude, sua mãe, Isabelle, a havia levado a um número aparentemente infinito de psicólogos, psiquiatras e outros terapeutas, inclusive um conselheiro pastoral. Era a primeira vez que Sonia começava algum tipo de aconselhamento por iniciativa própria, comparecendo de bom grado. Disse-me claramente que nunca haviam diagnosticado nada. Na verdade, o que ela me descreveu era um conflito típico entre mãe e filha que assumiu enormes proporções. Isabelle, que era conservadora e religiosa, achava que a natureza independente e criativa de Sonia era anormal — e podia ser modificada se ela encontrasse o conselheiro certo. Sonia estava convencida de que nenhum dos profissionais que a atenderam havia ajudado em alguma coisa, e achava que sua mãe também não ficara satisfeita com o resultado.

Sonia havia sido uma adolescente rebelde e mesmo quando criança não se sentia ajustada nem na escola nem em casa. Há muito tempo Isabelle via cada demonstração de vontade própria de Sonia como mau comportamento deliberado e como um sinal de que havia algo gravemente errado com ela. Por fim, a própria Sonia passou a temer que, de alguma forma, fosse realmente anormal.

Sonia trabalhava como modelo, freqüentava a faculdade e morava com os pais (sua opção mais conveniente no momento). Isabelle fazia restrições ao trabalho e ao curso de Sonia. Ser modelo era pecaminoso, segundo suas convicções religiosas, e achava que o investimento no curso de história da arte era perda de tempo e de dinheiro. O pai de Sonia omitia-se, eclipsado pelas mulheres da casa, e nem apoiava nem se opunha às ações de Sonia ou de Isabelle entre elas.

Sonia me procurou porque queria decidir sozinha se havia algo errado com ela, se suas opções de vida eram imorais, como Isabelle dizia. No fundo, Sonia não acreditava nessas coisas, mas o conflito com a mãe durava há tanto tempo que as dúvidas a atormentavam. Ela estava realmente em busca de sua identidade. Que tipo de pessoa era? Quais eram os seus padrões? Seus padrões eram tão bons quanto os de qualquer outra pessoa?

Sonia e Isabelle estavam envolvidas em uma das batalhas tradicionais da filosofia: relativismo *versus* absolutismo. Os relativistas afirmam que princípios e ações não são intrinsecamente certos ou errados, mas que as culturas e os indivíduos lhes atribuem valores (por exemplo, a beleza está no olho de quem vê). Segundo essa maneira de pensar, nada é intrinsecamente melhor ou pior do que qualquer outra coisa. Nós somos os responsáveis por nossos preceitos estéticos e morais; não existe uma maneira objetiva de julgá-los. Para Sonia, essa era a maneira de ver o mundo que mais fazia sentido. Respeitava as opiniões religiosas de sua mãe e, embora tivesse optado por não segui-las, não pedira que sua mãe as abandonasse. Isabelle, por outro lado, era absolutista, com uma visão de mundo mais precisa, mais preto no branco. Para ela, algumas coisas eram certas e outras eram erradas — não existiam "se", "e" ou "mas".

"O fogo arde tanto na Hélade quanto na Pérsia, mas as idéias humanas sobre certo e errado variam de lugar para lugar."

ARISTÓTELES

"O homem é a medida de todas as coisas."

PROTÁGORAS

Teoricamente, um relativista deveria ser capaz de se dar bem com um absolutista reconhecendo que o absolutismo é uma maneira tão válida como qualquer outra de ver o mundo. Um absolutista teria mais problemas com um relativista, e parecia que essa era a situação em que Sonia e Isabelle se encontravam. Sonia era tolerante com a mãe e só queria que ela aceitasse do mesmo modo as suas opções.

Durante os últimos trinta anos, o relativismo dominou o pensamento ocidental. Como qualquer outra coisa aplicada de modo absoluto, o relativismo tem seus problemas, tanto lógicos quanto práticos. Afirmar que o relativismo é, definitivamente, a melhor maneira de encarar as coisas não deixa de ser uma atitude absolutista — ou, no mínimo, um relativismo absoluto. Tente perguntar a relativistas se assassinato, estupro, escravidão ou genocídio são moralmente permissíveis. A maioria responderá que não — e, então, você os pegará atribuindo um valor moral objetivo a alguma coisa. (Você pode restaurar a ordem do universo deles discutindo legítima defesa, aborto ou pena de morte e a moralidade relativa de tipos diferentes de imoralidade em diferentes circunstâncias.)

O relativismo não leva muito tempo para se mostrar contraditório. Há uma história famosa nos círculos filosóficos sobre um professor em uma turma repleta de pretensos relativistas. No fim do curso, depois de várias aulas com discussões exaltadas em que os alunos denunciaram todos os tipos de absolutismo, foram todos reprovados. Quando os protestos irromperam, ele explicou que os alunos o tinham convencido de que tudo era relativo e, portanto, subjetivo, e em sua opinião subjetiva, nenhum dos trabalhos apresentados tinha qualquer valor. Logo suas horas de consulta estavam tomadas pelos ex-relativistas, agora argumentando que os trabalhos apresentados eram objetivamente bons — melhores do que os dos outros — e exigindo notas melhores. O relativismo é bom até lhe custar mais do que você está absolutamente disposto a pagar.

Na vida real, o relativismo de manual não funciona. Para impedir a anarquia, a sociedade deve regular um determinado nível de conduta aceitável. A maioria das pessoas em sociedades decentes concorda com uma lista de coisas proibidas, entre elas assassinato, estupro, incesto e roubo. No entanto, se levarmos em conta um conjunto restrito de valores objetivos, uma perspectiva subjetiva pode atuar em várias outras questões. Na minha opinião, que se aproxima da de Mill, algumas coisas deviam ser relativas — contanto que não façam mal a outras pessoas ou interfiram na liberdade das pessoas. Certamente, no caso que estamos abordando, concordo que Sonia tinha o direito de esperar que sua mãe respeitasse a sua integridade individual como um adulto e permitisse que fizesse suas escolhas. Cada uma tinha a liberdade de pensar o que quisesse, mas não de impor suas idéias à outra.

Para manterem uma agradável relação mãe-filha — ou, pelo me-

MAIS PLATÃO, MENOS PROZAC

nos, torná-la tranqüila enquanto estivessem vivendo na mesma casa —, Sonia e Isabelle precisavam chegar a um acordo. Como Isabelle não estava procurando aconselhamento e parecia improvável que mudasse de atitude, Sonia concentrou-se no que poderia fazer sozinha. Ao aceitar sua propensão a ser ela mesma, sabendo que era normal, parou de se sentir agredida por quem lhe dizia que era diferente e lhe pedia para mudar. Quando passou a se sentir bem consigo mesma e percebeu que seus próprios padrões e valores eram legítimos, parou de se rebelar — sem a incitação de sua mãe, de seu conselheiro, de ninguém. Houve menos explosões em casa e seu desempenho na faculdade melhorou. Quando o comportamento de Sonia mudou naturalmente, sua mãe parou de lhe causar problemas. Isabelle se deu conta de que ter valores diferentes não era sinônimo de "doença mental".

Com a atmosfera mais leve, Sonia pôde dizer a Isabelle: "Eu sou eu. Se quer me conhecer, tem de gostar do que sou, ou, pelo menos, de partes do que sou." O aconselhamento filosófico permitiu que ela acreditasse em si mesma segundo seus próprios termos, e estimulou sua mãe a fazer o mesmo. Sonia estava até mesmo preparada para uma recusa da mãe. Durante o período aproximado de um ano em que a aconselhei, ela e a mãe acabaram concordando de que uma delas podia passar a noite de sábado na igreja e a outra numa boate sem deixarem de se respeitar na manhã seguinte.

Embora tenha sido Sonia quem procurou o aconselhamento filosófico, essa questão, assim como a maioria dos problemas em qualquer relação, foi o produto da ação de mais de uma pessoa. Se minha cliente fosse Isabelle, eu teria discutido um conjunto superposto de idéias filosóficas. A importância de viver segundo a sua visão pessoal e as questões que cercam o relativismo continuariam a ser convenientes. Mas para uma mãe ou um pai há responsabilidades adicionais em relação ao filho. Quanto mais jovem o filho, mais a carga pesa sobre o adulto. Quando se tornam adultos, essa carga é dividida mais uniformemente. (Depois, os papéis podem se inverter, como veremos no caso de John, mais adiante, e o filho adulto assume grande parte da responsabilidade pelos pais idosos.)

Os seres humanos precisam do amor da família, biológica ou não, para crescerem sentindo-se seguros, valorizados e merecedores de admiração. Os pais, e outros adultos que cuidam das crianças, têm a responsabilidade, por elas e pela sociedade, de proporcionar esse amor. Parte da tarefa dos pais é incutir as virtudes (bons hábitos, segundo Aristóteles). Mas todo mundo chega a um ponto em que precisa reforçar o seu valor, viver segundo seus próprios méritos, e assumir seu lugar independente e adulto na sociedade. Os pais têm o dever de preparar os filhos, ajudando-os a viver com integridade. Mas, uma vez cumprido o dever, você não precisa mais fazê-lo. Parte do seu dever é parar antes que a autoridade dos pais se transforme em intromissão. A realização vem de dentro da pessoa, uma idéia aristotélica apresentada no Capítulo 5. Ninguém mais, nem mesmo o pai ou a mãe, pode dar-lhe isso. O que os pais podem fazer para estimular a realização de seus filhos é permitir que tenham espaço para se tornarem confiantes quando crescerem.

Os filhos são extensões dos pais biologicamente, mas nem sempre culturalmente. Os pais fazem um investimento genético e têm a custódia legal de seus filhos, mas não a propriedade. Kant estrutura a questão tratando todas as pessoas, inclusive as crianças, como fins em si mesmos, e não um meio para os seus fins, como analisamos em capítulos anteriores. O poeta e filósofo libanês Khalil Gibran dedica uma bela passagem à educação dos filhos, que enfoca a idéia da responsabilidade temporária, e não propriedade, dos pais:

> *"Os seus filhos não são seus filhos. São filhos e filhas do anseio da Vida por si mesma. Eles vêm através de você, mas não de você, e ficam com você embora não lhe pertençam. Você pode dar-lhes amor, mas não pensamentos, pois eles têm os seus próprios pensamentos. Pode abrigar seus corpos, mas não suas almas, pois suas almas habitam a casa do amanhã, que você não pode visitar, nem mesmo em seus sonhos. Pode esforçar-se para ser igual a eles, mas não tente fazê-los iguais a você."*

KHALIL GIBRAN

As crianças começam a forjar suas identidades no seio da família. Quanto mais divergentes dos pais, ou da família como um todo, essas identidades se revelam, maior o potencial para um conflito, como aconteceu com Sonia e Isabelle. Nós, humanos, dependemos dos nossos pais por um período muito maior do que qualquer outro mamífero, porque amadurecemos devagar, levando muitos anos para aprender tudo que precisamos saber para assumir o papel adulto na sociedade. Amadurecemos por etapas, e isso as nossas leis refletem, escalonando as idades em que é legal a maioridade, votar, dirigir, ingerir bebidas alcoólicas, casar, servir as forças armadas etc. Quanto mais o filho assume, mais se reduz o controle dos pais. O maior potencial de conflito ocorre no momento em que a opinião do filho conta tanto quanto a do pai. A total autonomia chega com a idade adulta, e a estrada longa e sinuosa que leva a isso é a responsável por grande parte do caos da adolescência: o filho ansiando pela autonomia, os pais resistindo a concedê-la, e a realidade ainda não (ou não mais) partilhando igualmente os desejos das duas partes.

Sonia e Isabelle estavam chegando a um acordo em um momento importante para elas: logo após Isabelle saber que estava com câncer. Tanto mãe como filha encararam, então, um novo tipo de luta filosófica, que analisaremos melhor no Capítulo 13. Depois do diagnóstico (e nunca poderia ter ocorrido quando as duas estavam em conflito), Sonia passou a ser a pessoa que mais cuidava de sua mãe, assistindo-a com carinho. Esse tipo de inversão de papéis entre pais e filhos está se tornando cada vez mais comum, e apresenta um conjunto inteiramente novo de questões filosóficas, como veremos no caso de John.

JOHN

A mãe de John, Celeste, sofria de um distúrbio neurológico degenerativo e estava confinada a uma cadeira de rodas. John morava com ela, em parte por causa de seu baixo salário, ainda cursando o doutorado, e em parte por causa dos cuidados de que ela precisava para viver em sua própria casa. Mas durante o ano anterior, as crises de desorientação e angústia de Celeste haviam se tornado mais freqüentes, de modo que John se preocupava sempre que a deixava sozinha para ir às aulas ou trabalhar. Como nem sempre estava lúcida, Celeste assinou uma procuração legal e médica para John.

Então, o que John temia aconteceu. Ao voltar para casa, encontrou a mãe caída ao pé da escada, inconsciente e sangrando, depois de ter tentado transpor os degraus com a cadeira de rodas. No hospital, os médicos não encontraram nenhum ferimento grave, mas a internaram para que ficasse em observação e insistirem com John para que a instalasse numa clínica para idosos. Achavam que, apesar do cuidado atento de John, Celeste chegara a um ponto em que precisava de vigilância permanente. A equipe médica que cuidava dela, juntamente com a assistente social do hospital, propôs que, apesar da ausência de ferimentos, ela permanecesse no hospital até que houvesse vaga em um desses estabelecimentos — o que poderia levar meses.

John aceitou o fato de que Celeste acabaria precisando de mais atenção do que seria possível receber em casa, mas temia que tanto o seu estado mental como o físico se deteriorassem no hospital, já que não precisava de tratamento clínico e teria muito pouco estímulo em uma enfermaria. Celeste, quando ficou lúcida, disse que queria ir para casa. John estava disposto a fazer o possível para que sua mãe pudesse morar em casa, pelo menos até surgir uma vaga em uma boa clínica para idosos, mas continuaria a precisar ficar fora de casa durante muito tempo, e não tinha recursos para pagar uma acompanhante. Ele pretendia passar um último verão em casa com a mãe antes de ela se mudar. Queria realizar o desejo de Celeste de ir para casa, mas também achava que seria mais fácil conversar com ela sobre a clínica — a que, sem dúvida, ela resistiria — na hora certa, em sua própria casa.

John me trouxe esse dilema — se deveria deixar ou não sua mãe no hospital enquanto esperava uma vaga em uma clínica para idosos

— porque se sentia insatisfeito com as duas alternativas e queria esclarecer as implicações éticas de ambas. Ele realmente precisava lidar com dois aspectos diferentes da filosofia, a ética e a tomada de decisão. Enfrentava a questão ética do que significa ser responsável pelo bem-estar de outra pessoa e no interesse de quem deveria agir — no dela ou no seu —, e quando. John enfrentava essa questão como um filho cuidando de uma mãe, mas a questão se aplica mais freqüentemente aos pais em relação aos filhos pequenos. Em segundo lugar, John precisava analisar maneiras de tomar uma decisão e como escolher entre duas opções difíceis de modo que se sentisse eticamente justificado.

Como vários outros clientes, John havia transposto os três primeiros estágios do processo PEACE. Obviamente, compreendeu o problema, estava levando em conta as suas emoções e as de sua mãe, e havia feito uma análise útil, identificando as duas opções e suas possíveis conseqüências. Mas não era suficiente. Precisava da contemplação para cultivar uma disposição que lhe permitisse fazer a difícil escolha entre um caminho e outro.

Usei a teoria da decisão para ajudar John a atravessar a fase contemplativa. Teoria da decisão é o nome filosófico para a teoria matemática dos jogos criada por John von Neumann e Oskar Morgenstern. Essa teoria usa os jogos metaforicamente para abranger várias atividades humanas em que os participantes decidem qual o melhor movimento a fazer obedecendo a um conjunto de regras, mas geralmente sem todos os fatos na mesa. A teoria da decisão, como utilizada pelos filósofos, capta as idéias principais da teoria dos jogos, mas costuma evitar as excessivas complexidades matemáticas.

Somente em um pequeno subgrupo de jogos há realmente um movimento melhor em cada estágio. Nesses jogos, é racional fazer o melhor movimento, se puder descobri-lo. Mas na maioria dos jogos não existe nenhum movimento melhor; estratégias diferentes apontam escolhas diferentes. Portanto, não se trata simplesmente de "Que movimento é racional fazer?", mas sim de "Que estratégia prefiro adotar?"

176 LOU MARINOFF, PH.D.

*"A importância dos fenômenos sociais, a riqueza e a
multiplicidade de suas manifestações, e a complexidade de sua
estrutura, são iguais às da física... Mas pode-se afirmar com
segurança que não existe, no momento, nenhum tratamento
satisfatório para a questão do comportamento racional."*

JOHN VON NEUMANN E OSKAR MORGENSTERN

Se estivesse jogando xadrez ou jogo-da-velha, John iria sempre procurar o melhor movimento em cada jogada. Esses jogos se encaixam na categoria limitada de jogos estritamente determinados, definidos por serem para dois jogadores, jogos do tipo toma-lá-dá-cá (o dinheiro ganho compensa os prejuízos), e de informação direta (nada é oculto, todos os movimentos são feitos no tabuleiro, diante do parceiro). Em um jogo estritamente determinado, há sempre um melhor movimento, e tudo o que você tem a fazer é descobri-lo. Se realmente descobri-lo em cada lance, não perderá — o pior que pode acontecer é um empate. É mais fácil descobrir o melhor movimento no jogo-da-velha do que no xadrez, é claro, mas o princípio é exatamente o mesmo. As crianças deixam de achar graça no jogo-da-velha quando descobrem que, no mínimo, podem empatar sempre, e os mestres do xadrez freqüentemente, após alguns poucos movimentos, dão a partida como empate. Embora em alguns jogos estritamente determinados possa ser muito difícil distinguir o seu melhor movimento, pelo menos você sabe que existe um para ser descoberto.

A vida, no entanto, não é um jogo estritamente determinado. Infelizmente para John, o seu dilema em relação a Celeste era um tipo de jogo mais comum e menos prescritivo. Envolvia mais de dois jogadores, se levarmos em conta os médicos, enfermeiras, assistente social e outros. Não era um jogo do toma-lá-dá-cá, uma vez que o prejuízo potencial (ferimento ou morte) não era equivalente ao potencial do que se ganha (o tempo juntos). Não é tão bem definido quanto o pôquer, no qual, se você perde cinco dólares, um ou mais jogadores ganham cinco dólares. E com certeza não é um jogo de

MAIS PLATÃO, MENOS PROZAC

177

informação direta — ninguém sabia exatamente como ou quando a doença de Celeste se manifestaria novamente. Ainda assim, a teoria da decisão pode ser útil ao representar esse tipo de jogo em termos das escolhas e suas possíveis conseqüências, para oferecer um quadro mais claro da situação. A matriz da decisão de John era mais ou menos assim:

TABELA 8.1

Escolhas de John	Conseqüências Possíveis	
	Melhor Resultado	Pior resultado
levar a mãe para casa:	um verão maravilhoso juntos	um acidente grave ou fatal
deixar a mãe no hospital:	supervisão médica	deterioração psicológica

A matriz da decisão mostra que não há melhor escolha de acordo com as duas conseqüências possíveis. Embora passar um verão maravilhoso juntos em casa fosse muito melhor do que simplesmente uma supervisão médica em uma enfermaria, um acidente grave ou fatal seria muito pior do que ficar acamada e se deteriorar psicologicamente em uma enfermaria.

A teoria da decisão não diz como jogar, mas pode ajudar a estabelecer o tipo de critério que você deveria estar usando para decidir os movimentos a fazer. É preciso entender a natureza do jogo para se fazer uma escolha. Se você sabe que existe um melhor movimento, deve tentar descobri-lo. Em outros casos, como o de John, você deve se perguntar: o que quero ganhar? O que quero evitar? O que estou disposto a arriscar? O que os outros jogadores pretendem ganhar e evitar, e o que arriscarão? Sem se assegurar da existência de um melhor movimento, seguir a teoria da decisão pode significar o cálculo das probabilidades de cada conseqüência possível, pesando as vantagens e desvantagens prováveis, e escolhendo o caminho mais propício a produzir mais benefícios.

Portanto, se John escolhesse levar sua mãe para casa, estaria, essencialmente, jogando um jogo de azar sem conhecer as vantagens. Quando se joga carteado, é possível calcular as probabilidades. Se tentar estabelecer as vantagens, evite as duas versões da "falácia do jogador". A primeira versão diz que o jogo que paga mais é o melhor. Isso deixa de lado todas as outras probabilidades, de modo que quase nunca é uma aposta segura. No caso de John, essa versão da falácia do jogador recomendaria levar a mãe para casa, já que a escolha envolveria a possibilidade do pagamento maior. Mas também envolveria a possibilidade do menor!

A segunda versão da falácia do jogador diz que qualquer coisa que tenha acabado de acontecer dificilmente acontecerá de novo. Se você lançar uma moeda cinco vezes seguidas e o resultado for cinco caras, a falácia afirma que a coroa se torna cada vez mais provável no lançamento subseqüente. Isso é falso porque a moeda não tem memória; cada lance é um acontecimento independente. Não existe essa coisa de o vermelho ser quente na roleta — a roleta não tem memória, e (a menos que esteja em um cassino desonesto) cada volta começa com a mesma probabilidade para todos os resultados. Sair o mesmo número duas vezes seguidas não torna mais ou menos provável que o próximo seja — ou não seja — o mesmo.

A mãe de John estava sofrendo de uma doença que a deixava desorientada de modo intermitente. Não podíamos calcular as probabilidades de ela se desorientar de novo dali a uma hora, um dia ou uma semana, e não podíamos saber exatamente em que posição ela estaria (por exemplo, preparada para descer a escada) na próxima vez em que ficasse desorientada. Desse modo, John não podia presumir que, como ela já caíra, acabaria se machucando de novo em casa, nem que, como tinha se machucado, já teria tido o seu quinhão de infortúnio e ficaria segura em casa.

Concordo com John quanto ao fato de ele estar em uma posição muito difícil, já que as duas opções acarretavam vantagens e

MAIS PLATÃO, MENOS PROZAC

desvantagens, tanto para ele quanto para sua mãe. John e eu traçamos os cenários do melhor e do pior caso. Ele imaginou a sua maior dor e culpa, e mais o sofrimento de Celeste, se ela tivesse um ferimento grave ou mesmo fatal quando deixada sozinha em casa. No hospital, John imaginava-a enfrentando uma degeneração física e psicológica que tornaria a transferência para a clínica ainda mais difícil. A partir da análise dessa pior hipótese, John concluiu que seria melhor, tanto para ele quanto para sua mãe, que ela permanecesse no hospital. Mas a análise da melhor hipótese levou-o à outra conclusão. Em casa, mãe e filho poderiam desfrutar o verão juntos e se preparar para o estágio seguinte. No melhor dos casos, John e Celeste estariam muito bem com ela em casa.

Não cabia a mim recomendar uma escolha entre levá-la para casa e deixá-la no hospital. Eu delineei a natureza da responsabilidade moral quando se toma uma decisão em nome de outra pessoa. O caminho responsável é decidir o que é melhor, de uma maneira geral, para a outra pessoa, não o que é melhor somente para si mesmo. Temos esse tipo de responsabilidade por nossos filhos, e também por nossos pais doentes.

Também temos de deixar que os outros escolham dentro dos limites de sua autonomia. Se você decidir que seu filho pode tomar sorvete, certamente ele poderá escolher o sabor. Até mesmo alguém que está para ser executado pode escolher a sua última refeição. Como John já tinha decidido mandar sua mãe para uma clínica destinada a idosos, talvez ela pudesse escolher como passar seus últimos meses antes de ir para lá — apesar do risco.

O que é melhor pode significar qualquer coisa que ajude essa pessoa a evitar o pior; também pode significar qualquer coisa que a ajude a alcançar o máximo. A chave para tomarmos uma decisão por outra pessoa está em deixarmos de lado os nossos ganhos e prejuízos.

Depois de duas sessões, John disse-me que percebia a teoria da decisão e os limites éticos em que estava agindo. Disse que seria capaz de chegar a uma decisão que fosse justificável para ele. John tinha se aproximado do final do estágio da contemplação e tomaria a sua decisão de modo equilibrado. Não sei — nem preciso saber — o que John decidiu fazer. Como conselheiro filosófico, minha responsabilidade é ajudar os meus clientes a atingirem a auto-suficiência filosófica, não a dependência. Em vez de ficar agoniado com uma decisão difícil, ou ficar se revolvendo inutilmente em um atoleiro emocional, ou receber um diagnóstico de um suposto distúrbio de personalidade, John pôde ocupar um terreno filosófico elevado. Pôde sentir a tristeza da situação, mas superar a indecisão. Às vezes nos sentimos tristes — e há até mesmo um tipo de alegria solene oculta aí — , mas não devemos nunca nos sentir incapacitados indefinidamente pela tristeza.

"A melhor coisa em estar triste é aprender algo... Aprender por que o mundo sacode e o que o sacode."

T. H. WHITE

9

Quando o trabalho não funciona

"A recompensa do seu trabalho deve ser a satisfação que o trabalho lhe proporciona e a necessidade que o mundo tem desse trabalho. Com isso, a vida é o paraíso, ou o mais próximo do paraíso que você consegue chegar. Sem isso — com um trabalho que você despreza, que o entedia e de que o mundo não precisa — a vida é um inferno."

W.E.B. Du Bois

"O trabalho nos mantém longe de três grandes males: o tédio, o vício e a pobreza."

Voltaire

O trabalho é uma fatia grande da vida em geral, por isso tantas questões relativas ao local de trabalho se sobrepõem a outros tópicos deste livro. Muitas das questões apresentadas por meus clientes são, no fundo, interpessoais, e algumas analisadas no Capítulo 6, sobre como manter as relações, também. A propósito, o mesmo ocorre com algumas considerações nos capítulos sobre a busca e o fim de relações e sobre a vida familiar. Alguns clientes estão tentando resolver conflitos éticos que surgem no trabalho ou investigar as implicações morais de controlar outras pessoas. Examinaremos ética e moral no Capítulo 11. Alguns estão lutando com questões relativas ao significado ou objetivo de seu trabalho (ver também Capítulo 12), fazendo um trabalho que dá satisfação, e estabelecendo um equilíbrio entre o trabalho e o resto de sua vida. Porém, como quase todos nós passamos mais tempo trabalhando do que fazendo qualquer outra coisa, é importante considerar as questões específicas do trabalho. Realizar uma tarefa, seja ela qual for, também nos proporciona uma sensação de satisfação. A maioria das pessoas quer fazer um bom trabalho e ser elogiada por isso. Se você é o chefe, anote: o reconhecimento das realizações de seus subordinados é um verdadeiro incentivador. Mas se você esperou muito por um elogio merecido, tente tirar satisfação do simples fato de saber que fez um bom trabalho. O desejo de ser elogiado é natural, mas se não estiver para acontecer, não se ganha nada insistindo nele, a não ser infelicidade. O *Bhagavad Gita* enfatiza a importância de se fazer um bom trabalho pelo próprio trabalho.

"Que o fruto de sua ação não seja o seu motivo; nem se deixe prender à inatividade."

BHAGAVAD GITA

O *Bhagavad Gita* é um poema traduzido do sânscrito e que conta o diálogo entre um príncipe guerreiro (Arjuna) e a encarnação humana (Krishna) do deus Vishnu. Na véspera da batalha, discutem a ética de lutar e de matar (ou ser morto) e a natureza do dever. O conselho militar parece dar uma relevância óbvia ao campo de batalha corporativo de hoje, e a mensagem final de dedicação altruísta a um poder superior pode agradar a generais, civis e militares. Mas este livro não foi amplamente lido por quase três mil anos porque insiste na lealdade corporativa. A força motriz é o valor do cumprimento de um dever por si mesmo e a serviço de um princípio superior, em vez do trabalho feito simplesmente por causa de pagamentos e adicionais.

Todos nós já esbarramos com trabalhadores — seja no serviço público ou no setor privado — que parecem estar principalmente interessados em olhar o relógio, ansiando pela sexta-feira, ou esperando o dia do pagamento. Não estão interessados no trabalho, somente em seus frutos. Por estarem ligados primordialmente ao fruto, empobrecem o trabalho. Empobrecendo o trabalho, desagradam àqueles a que servem — ao empregador e ao cliente —, o que empobrece mais o seu trabalho. Nesse círculo vicioso, eles diminuem o próprio fruto. Em compensação, todos já nos deparamos com trabalhadores que desempenham suas tarefas primeiramente com o sentido real do serviço e que parecem, além disso, gostar do que fazem. Essa dedicação enriquece o seu trabalho, e isto agrada às pessoas a quem servem — empregador e cliente —, o que enriquece mais o trabalho. Nesse círculo virtuoso, eles aumentam os frutos de seu trabalho. Fazem isso não pensando exclusivamente nos frutos.

Quase todos nós apreciamos trabalhos artísticos, como poesia, pintura e música, e as sociedades cultas reservam parte de seus maiores elogios aos grandes artistas. No ato da criação, poetas, pintores e compositores são completamente absorvidos pelo trabalho de produzir a sua arte, não pelos frutos. Se você faz bem o seu trabalho, os frutos amadurecem por si mesmos. Se você fantasia a respeito de provar os frutos em vez de trabalhar bem, eles não amadurecerão. Você também tem o poder de fazer do seu trabalho uma obra de arte. Prometa ser como um grande artista em tudo que fizer.

"Se você trabalhar no que está diante de você, seguindo a razão seriamente, vigorosamente, calmamente, sem deixar que nada o distraia, mas conservando a sua parte divina pura, como se estivesse fadado a devolvê-la imediatamente; se você se mantiver fiel a isso, não esperando nada, mas satisfeito de viver segundo a natureza, expressando a verdade heróica em cada palavra que proferir, você será feliz. E não existe nenhum homem capaz de impedir isso."

MARCO AURÉLIO

COMPETIÇÃO

Fazer bem um trabalho, de uma perspectiva filosófica, não significa necessariamente fazê-lo com perfeição ou melhor do que qualquer outra pessoa. Não há nenhum significado moral em vencer ou perder uma corrida. O vencedor pode ser o corredor mais rápido, mas isso não tem nada a ver com o fato de ele ser uma boa pessoa. O valor está em trabalhar com afinco e fazer o melhor possível. Talvez o seu melhor não o faça atravessar a linha de chegada em primeiro lugar — ou conseguir a direção da repartição ou um grande aumento de salário —, mas se você se esforçou para fazer o melhor possível, ganhou satisfação pessoal. Os estóicos enfatizaram que a satisfação é a parte valiosa do trabalho: o resultado que ninguém pode tirar de você, a parte sobre a qual ninguém tem poder, só você.

A chave está em como avaliar o seu máximo. A nossa cultura é competitiva, e somos competitivos por natureza. Usar a atuação dos outros como único ponto de referência é um erro. Não usá-la também seria um erro. A competição revela o melhor assim como o pior nas pessoas. Corra com o seu vizinho mais rápido e veja se o seu tempo ou sua resistência não melhoram. No outro extremo da escala, soube-se de alunos de doutorado que arrancavam páginas dos jornais científicos semanais a fim de criar dificuldades para seus colegas ficarem a par das últimas descobertas. A competição não é ruim por definição, mas pode ser uma força destrutiva.

Na mesma proporção que a sociedade recompensa o comportamento competitivo particularmente agressivo (como no esporte profissional), alguns setores ficam aterrorizados até mesmo com as mais brandas de suas formas. Se a escola do seu filho promove dias de atividades ao ar livre, aposto que são organizados de modo que cada criança ganhe um distintivo. Talvez até mesmo toda criança que participar de um evento ganhe um prêmio. Se a idéia é construir a auto-estima, a estratégia de gestos vazios surtirá o efeito inverso. Se todos ganham um distintivo, por que correr?

É natural que haja corredores mais velozes e outros mais vagarosos. Reconheceremos os mais velozes se valorizarmos a rapidez. Mas não devemos confundir ligeireza dos pés com excelência de caráter. John pode ser melhor corredor que Jack, mas não necessariamente uma pessoa melhor. A competição criativa, construtiva, permite que você descubra e manifeste as suas aptidões. No trabalho, o truque é descobrir um equilíbrio entre a competição e a cooperação.

TRABALHO SIGNIFICATIVO

O trabalho é uma jornada para a maioria das pessoas. Poucos de nós nasceram para fazer uma coisa em particular. A maneira como você atinge a grandeza em sua vida é específica sua; não existe nenhuma receita perfeita. A maioria das pessoas não se sente destinada ao seu trabalho, mas encontrar o trabalho certo para você é uma das maneiras mais seguras de se realizar. Todos nós temos talentos particulares, mas a maioria tem de cavar um pouco para descobri-los. Descobri-los — e determinar como usá-los — contribui para a sensação de significado e objetivo na vida cotidiana. Não importa o quanto suas aspirações sejam elevadas ou não. O princípio permanece o mesmo, seja você um diretor-executivo da lista da *Fortune 500*, um pai ou mãe sossegados, um voluntário da organização de Madre Teresa em Calcutá, um porteiro, um escultor ou um burocrata. O trabalho significativo é parte integrante da vida significativa. Ser despedido é tão doloroso por causa do vínculo com a posição, *status*, privilégio e segurança, não apenas por causa da questão financeira. Aposentar-se é, freqüentemente, tão difícil pelas mesmas razões.

"Todo trabalho, até mesmo tecer algodão, é nobre; o trabalho em si é nobre... Uma vida ociosa não é para o homem, nem para os deuses."

THOMAS CARLYLE

Os dilemas que envolvem a realização pessoal são uma outra história. Por exemplo, a realização pode vir da condição de pai ou mãe, ou da carreira profissional. É tentador, mas difícil, equilibrar as duas coisas. Muitos pais se dividem entre trabalhar fora e cuidar de seus filhos. Alguns se realizam cuidando dos filhos em tempo integral, enquanto outros querem progredir na carreira. Muitos encontram a realização nos dois lados, mas têm dúvidas a respeito de como cumprir bem as duas tarefas.

Como saber sem experimentar?

A maioria das pessoas realizará trabalhos variados durante a sua vida ativa, e é cada vez mais comum que eles não pertençam sequer a uma mesma área. Estamos longe do tempo em que você era contratado por uma empresa assim que se formava e só saía quarenta anos depois, com um relógio de ouro e um aperto de mãos atestando o seu serviço leal. Algumas pessoas mudam de rumo obrigadas pelas empresas em que trabalham. Outras se afastam porque se sentiram atraídas por coisa melhor e não têm mais o entendimento de lealdade em relação à firma, assim como sabem que a firma não sente lealdade em relação a eles. Outras se exaurem ou simplesmente querem uma mudança de ritmo. Muitas estão apenas procurando um caminho que propicie a sua realização pessoal. Experimentam atividades e campos diferentes em busca daquele que seja o ideal.

Ter um trabalho de que não se gosta não é necessariamente ruim. Às vezes é preciso fazer um trabalho para descobrir que você não se adapta a ele. Não pode saber tudo somente usando a razão, como os racionalistas afirmam. Há coisas que precisamos aprender com a experiência. Entretanto, a experiência não é o único professor. Precisamos também raciocinar sobre as nossas experiências. Ali, no meio-termo entre o racionalismo estrito e o empirismo estrito, está o caminho sensato para viver e aprender. Pode-se aprender muito até mesmo com as desagradáveis experiências. Se você está refletindo seriamente sobre uma oportunidade de trabalho, há somente uma maneira de saber com certeza se é boa para você: experimentando-a.

> *"A única maneira de aprender a reconhecer e evitar as ciladas da reflexão é familiarizar-se com elas na prática, mesmo correndo o risco de adquirir sabedoria com uma experiência triste. É inútil ensinar a filosofar de modo correto com um curso introdutório de lógica, na esperança de assim poupar ao neófito o risco de tomar o caminho errado."*

> LEONARD NELSON

O grande filósofo infantil Dr. Seuss expõe esse tema em seu famoso tratado *Green Eggs and Ham*. A questão empírica inicial, "Você gosta de ovos verdes e presunto?" (*Do you like green eggs and ham?*), fica sem resposta até as páginas finais porque o nosso herói recusa-se a experimentá-los. Quando, finalmente, aceita prová-los, inverte a intransigência anterior e declara: "Gosto mesmo de ovos verdes e presunto!" Isso pode ter dois efeitos contrários, é claro. Depois de uma noite fora com os garotos — um grupo bastante experiente —, Voltaire foi convidado a juntar-se a eles de novo na noite seguinte. Recusou o convite, explicando: "Uma vez, filósofo; duas vezes, pervertido."

Você pode nunca vir a saber, a não ser que experimente. Porém, a menos que reflita sobre as suas experiências, não será capaz de incluí-las em seu progresso. Você pode poupar tempo e problemas usando a razão e a experiência para escolher um caminho promissor para si mesmo. Mas se os seus melhores esforços continuam a levá-lo a uma mudança para uma carreira decepcionante, frustrante, sem desafios, extremamente difícil ou infeliz, saiba que não estava necessariamente perdendo tempo — contanto que arquive o que aprendeu e o use na próxima vez.

Conflito

Sempre que houver pessoas reunidas, haverá diferenças pessoais e conflito. Isto vale para equipes de atletismo, partidos políticos, comitês acadêmicos, ordens religiosas e funcionários de um mesmo escritório. De fato, como não se escolhe as pessoas com quem se irá trabalhar, pode ser necessário um esforço extra para que as coisas funcionem, exatamente como em família. Do lado positivo, o objetivo gerado por metas comuns ajuda a manter a roda girando. Como aprendemos com Hobbes no Capítulo 6 (sobre como manter as relações), uma autoridade externa que todos concordam em respeitar é um componente-chave para a manutenção da paz. Isso pode significar apenas reportar-se através da mesma cadeia de comando, mas, para se obter os melhores resultados, é preciso um senso de dever superior. Todos que têm "cc: Sr. Smith" nos memorandos estão, de certa forma, ligados, mas a conexão mais sólida vem do fato de estarem juntos em uma missão para construir uma casa ou educar um filho ou salvar terras alagadiças ou cumprir a cota de vendas. Com o tipo de poder externo que inspira respeito, sobre o qual Hobbes escreveu, pode-se evitar a guerra. Mas não conte com a harmonia. Ter expectativas realistas, e não idealistas, ajuda a manter uma perspectiva filosófica quando surgem os problemas.

Jean-Jacques Rousseau afirmava que as pessoas são basicamente boas, mas corrompidas (em seres políticos, entre outras coisas) pela civilização. No estado natural, diz ele, não seríamos tão

MAIS PLATÃO, MENOS PROZAC

189

propensos: é a sua idéia do "bom selvagem". Rousseau e seus companheiros românticos se rebelaram contra a sociedade autoritária, e é tentador acreditar que seríamos pessoas melhores se não tivéssemos de viver em um mundo civilizado. Os americanos estão atualmente conduzindo o experimento de Rousseau de forma indiscriminada: há um excesso de incivilidade. Isso torna as pessoas melhores? Se os descendentes pós-modernos de Rousseau conseguirem transformar americanos em bárbaros analfabetos, aculturados — e já fizeram grande progresso —, veremos como Rousseau estava enganado. Seu caminho não leva ao Éden, e sim à anarquia.

Aristóteles afirmou que os humanos são animais políticos inatos, e se ele tiver razão, como eu acredito que sim, a política sempre existirá, inclusive a politicagem — o que, provavelmente, costumava ser dissidência. O debate que interessa não é sobre sermos ou não animais políticos; mas sobre o tipo de civilização que oferece vida melhor aos seus cidadãos. Nenhuma civilização teve o voto de Rousseau, mas há outros candidatos.

"O homem nasceu livre, mas está sempre acorrentado."

JEAN-JACQUES ROUSSEAU

"O homem é por natureza um animal político."

ARISTÓTELES

VERONICA

Veronica tinha o tipo de emprego pelo qual os especialistas no novo tipo de jornalismo se matariam. Ela pesquisava, produzia e escrevia matérias que eram transmitidas em âmbito nacional. Problema: suas matérias eram lidas e divulgadas pelo principal astro do jornalismo, para quem ela trabalhava. O grande astro tinha um nome famoso, um grande número de admiradores, um salário considerável e, provavelmente, todas as outras coisas que em geral acompanham uma carreira desse tipo — inclusive dores de cabeça. Também tinha uma excelente assistente que tornava tudo isso possível.

Mas Veronica se sentia invisível. Ninguém sabia o seu nome, sequer tinha namorado, muito menos um fã-clube, e o seu salário, embora fosse uma soma generosa, sem a menor dúvida, era irrisório se comparado ao valor, divulgado pela *Variety*, da recente renovação de contrato que o seu chefe assinara. Veronica achava que merecia muito mais pelo que havia feito.

Vamos examinar o caso de Veronica pela perspectiva do processo PEACE. O problema, disse ela, era que quanto mais trabalhava, mais se sentia insatisfeita. Suas emoções estavam claras para ela: frustração, raiva, insatisfação, inveja, solidão. Até o ponto em que chegara com a análise, via poucas opções. Tinha freqüentes fantasias de dizer toda a verdade ao grande astro enquanto lhe entregava a carta de demissão — antes de bater a porta na cara dele —, mas tinha o tipo de cargo cobiçado, do qual ninguém que levasse a sério uma carreira no jornalismo se afastaria.

No estágio da contemplação, pedi a Veronica que analisasse sobre se a sua infelicidade não teria se originado do seu apego — mais do que de sua insatisfação — não ao produto do seu trabalho, mas ao resultado do trabalho do outro. Tinha orgulho do trabalho que fazia, razão pela qual queria ser mais reconhecida, e gostava do processo. Achava o seu trabalho gratificante de várias maneiras — não exatamente o sinal de insatisfação. Mas a sua ligação às condições do trabalho do seu patrão obstruía o seu senso de realização, que deveria vir de dentro, não de fora. Se ela pudesse se livrar dessa ligação, se livraria de sua infelicidade. Ao afirmar que "morreria" por algo que estava fora do seu alcance, já estava morta. Isto é, não via o esplendor do que tinha agora, de quem ela era, e de tudo por que viver.

MAIS PLATÃO, MENOS PROZAC

"Renuncie à ânsia pelo passado, renuncie à ânsia pelo futuro, renuncie à ânsia pelo que está no intervalo, e cruze para o litoral oposto."

BUDA

"É melhor cumprir o seu dever, por mais imperfeito que seja, do que o dever do outro, por melhor que possa cumpri-lo."

BHAGAVAD GITA

Os pensamentos hindu e budista fizeram sentido para Veronica, e quando ela os inseriu em sua própria filosofia, reviu a análise da sua situação. Talvez fosse verdade que o grande astro não valorizasse Veronica como ela gostaria. Mas isso não deveria torná-la incapaz de se valorizar. Se ele não lhe agradecia pessoalmente de vez em quando ou achava alguma maneira de demonstrar o seu apreço, então ele tinha um problema: ou cegueira ou ingratidão. Mas isto era problema dele e não de Veronica. Ainda assim, ela precisava perceber que era essencial para o sucesso do grande astro — mas não insubstituível. Não se esquecia dos milhares de recém-formados que babavam por seu trabalho.

Como Veronica já sabia ser uma felizarda por ter esse trabalho, queria desejar mantê-lo. A sua nova disposição — desapego às "coisas" oferecidas por um trabalho em que se fica em evidência e a busca do valor pessoal no trabalho bem-feito — ajudou-a a encontrar o equilíbrio. A filosofia budista afirma que conflitos externos (entre pessoas) quase sempre são um produto de conflitos internos (dentro da pessoa). Como Veronica resolveu os seus problemas internos em relação a prestígio e reconhecimento, o conflito entre ela e seu chefe dissipou-se, e ela recuperou o entusiasmo original com a importância e a emoção de seu trabalho.

TRABALHO DE EQUIPE

Veronica fazia parte de uma equipe. Mas não era como a garota que dá o bastão para o batedor (isso não é essencial: ele pode pegar os seus próprios bastões). Parecia-se mais com o apanhador (isso é essencial: o julgamento isolado do lançador não é tão forte). Uma equipe é sempre mais importante do que os seus jogadores individuais. Jogadores vêm e vão; o time permanece. Se você realmente gosta do jogo e se dedica a ele com sinceridade, ficará feliz em jogar na sua posição, seja ela qual for. Se gosta do jogo, mas acha que está na posição errada, fale com o técnico ou tente jogar em outra equipe.

Muito pouco é realizado sem um trabalho de equipe, e em qualquer equipe há, naturalmente, líderes e admiradores. Imagine uma orquestra sem regente ou um time de futebol sem técnico e sem zagueiro. Ou, pior ainda, uma equipe composta somente de zagueiros, ou uma orquestra em que cada cadeira tem uma batuta e um instrumento. Hobbes era fã da autoridade reconhecida, na medida em que servisse tanto para manter a paz como para realizar coisas.

De uma perspectiva evolucionista, os seres humanos são geneticamente programados para a caça e a coleta. Para coletar, basta ir procurar num local promissor, sem um plano importante ou muita coordenação. A coleta não é muito cooperativa nem muito competitiva. Mas a caça é outra história. Para caçar bem, um plano unificador é fundamental. A caça foi originalmente um esforço de colaboração, algo feito em grupo para aumentar a probabilidade de sucesso numa época em que uma boa caça era essencial para a sobrevivência. Os resultados eram divididos entre os participantes. Mesmo nessa organização comunal, entretanto, um indivíduo, ou um pequeno subgrupo, ficaria encarregado de organizar o grupo, mapeando o percurso, indicando observadores, e o que mais tivesse de ser feito para aumentar as probabilidades de reabastecer a despensa. Mesmo que aqueles com menos talento ocupassem, por alguma razão, posições de autoridade, o sucesso da caça dependeria da obediência à liderança daquele que todos escolheram para conduzi-la. Do contrário, todos se moveriam ruidosamente e em todas as direções pela floresta, afugentando a caça e temendo atingir um dos companheiros dispersos, em vez de mirar com segurança. Talvez você prefira partir sozinho, mas se não conseguir nada, nem sempre espere uma parte do jantar dos outros.

PATRÕES DIFÍCEIS

Uma da queixas de trabalho que escuto com mais freqüência refere-se a patrões difíceis. Tenho certeza de que o padrão se inverte, e há muitas queixas a respeito de ter de ficar ouvindo um sujeito que não conseguia encontrar um cervo se ele aparece de súbito, ou vocifera sempre que perde um tiro e, de novo, quando atinge o alvo, mas não em cheio. Se trabalha para alguém que você não suporta, uma das opções é mudar de emprego. Evidentemente não há nenhuma garantia de que o seu novo patrão vá ser melhor, e nenhuma garantia de que você seria capaz de continuar trabalhando para o mesmo patrão se conhecesse outro de quem gostasse.

Se o único problema em sua situação atual é a pessoa a quem tem de se reportar, pense bem sobre todos os aspectos do seu trabalho antes de decidir mudar de emprego. Uma opção mais conveniente seria assumir uma atitude filosófica em relação a trabalhar com essa pessoa que lhe permita ficar acima do transtorno. Talvez tenha de absorver a injustiça, e desenvolver os seus próprios recursos internos o ajudará a ficar mais resistente. Procure alguém em sua empresa ou na sua área de trabalho para ser seu mentor, para garantir *input* positivo e assim compensar o fato de ter de trabalhar para uma pessoa difícil. Não se esqueça de perguntar a si mesmo: "O que posso aprender com isso?" A resposta pode fazer a experiência valer a pena.

Por mais difícil que seja, este é, provavelmente o "melhor caminho" que o Tao recomendaria. Se o encontrar, diz o Tao, ninguém conseguirá fazer-lhe mal. Não se trata apenas de ser gentil para que ninguém queira apunhalá-lo pelas costas. No caminho superior, as suas costas simplesmente não estão acessíveis.

> *"Pois ouvi dizer que os que sabem viver, quando viajam por terra, não encontram rinocerontes nem tigres; quando vão para a batalha, não são atacados por armas e braços. Neles o rinoceronte não encontra lugar para enfiar o chifre nem o tigre para cravar suas garras; neles não há lugar onde as armas possam mergulhar suas lâminas."*

LAO TSÉ

Como vimos no Capítulo 6 a propósito de manter relações, a teoria de Hegel sobre a relação senhor-escravo explica que os escravos, de fato, têm um certo poder sobre os seus amos. Os senhores dependem dos escravos emocionalmente tanto quanto economicamente. No capítulo anterior, usei as idéias de Hegel para defender o equilíbrio de poder em um relacionamento romântico, para evitar a dinâmica deturpada da relação senhor-escravo. O patrão e o subordinado estão, por definição, em uma relação hierárquica, de modo que um equilíbrio de poder não deveria ser a sua meta em um ambiente de trabalho. Nesse contexto, as idéias de Hegel deveriam ajudá-lo a perceber o seu próprio poder na situação. Talvez não resolva completamente, mas o fará sentir-se melhor.

O fato de o seu patrão dizer que você não está fazendo um bom trabalho não significa que não esteja mesmo, e, provavelmente, não deve temer perder o cargo. Seu patrão precisa de você. No mínimo, a hierarquia requer alguém a ser hierarquizado. Talvez o seu chefe esteja gritando com você só porque o chefe dele gritou com ele. Por isso, não grite de volta, não leve para o lado pessoal, e nem vá para casa descontar no cachorro. Faça o seu trabalho o melhor possível, e escolha o caminho mais fácil: deixe que o círculo vicioso se interrompa em você.

Se você é um chefe e quer saber se os seus subordinados farão o melhor e não o queimarão pelas costas, a filosofia também tem o que lhe ensinar. (Se simplesmente não quer ter de fazer o que lhe pedem, também há uma filosofia que pode orientá-lo. Veja Maquiavel: "Como o amor e o ódio quase não existem juntos, se tiver de escolher entre os dois, é muito mais seguro ser temido do que amado.") Kant formulou a idéia básica: trate os outros como fins em si mesmos, não como meios para os seus fins. Você pode ter alguém para datilografar um relatório, mas não pode deixar de reconhecê-lo como um ser humano e não uma máquina de escrever relatórios. Essa é a distinção que Buber faz entre as relações eu-isso e eu-você. Temos relações diferentes com uma máquina que cospe um relatório (um isso) e com a pessoa que o faz (um você).

Lao Tsé aconselhava os líderes a demonstrarem humanidade, compaixão e misericórdia como sinais de força e "Governe um grande estado como cozinharia um peixe pequeno." Para quem não sabe cozinhar, isso significa governar com delicadeza. No Ocidente, somos treinados para ser duros e determinados, para considerar a delicadeza um ponto fraco — onde você é vulnerável. O Tao, por outro lado, ensina que o verdadeiro sinal de força é você poder dar-se ao luxo de ser gentil. A Regra de Ouro (da qual quase toda religião tem uma versão) também se aplica: não faça aos outros... Para ser respeitado como chefe, você tem de respeitar seus subordinados.

"O melhor empregador de homens se mantém abaixo deles."

LAO TSÉ

UM BOM CHEFE DE ESTRADA DE FERRO SABE CONDUZIR UM TREM

Como olha o mundo através de lentes capitalistas, Ayn Rand talvez tenha escrito mais sobre todos os aspectos do trabalho do que qualquer outro filósofo. Sua imagem do chefe ideal reflete-se em seus personagens. Seus heróis e heroínas esforçam-se para progredir e trazem consigo os cargos mais elevados que ocuparam. Em um romance de Rand, até mesmo o filho do proprietário trabalha na siderúrgica, aprendendo todas as tarefas e preparando-se para o dia em que assumirá o seu controle. Outra personagem, uma mulher que é dona de uma estrada de ferro, sabe conduzir um trem. Tem o domínio de todas as partes do negócio e sabe como agrupá-las. Rand admite que nem todo mundo que pode aprender a conduzir um trem é capaz de dirigir a ferrovia. Mas para dirigir a ferrovia ela acredita que é preciso saber conduzir um trem. Para Rand, o patrão não está acima da tarefa de varrer o chão. Nenhum trabalho é degradante; nenhum trabalho que precisa ser feito está aquém da dignidade de uma pessoa.

A opinião de Rand é que a liderança mais eficaz é aquela que serve de exemplo. Os senadores que ficam tempo demais fora perdem o domínio em seus estados. Não se inspira respeito somente pelo título, mas por saber o que é preciso ser feito e pela disposição de pôr mãos à obra. A crítica mais veemente feita àqueles que progrediram é que eles esquecem de onde vieram. Esquecer é o passo em falso mais grave: você não somente poderia usar o seu conhecimento para fazer melhor o seu trabalho, como também para conquistar o respeito genuíno daqueles que trabalham sob as suas ordens. E o mais importante, esse conhecimento nunca o deixará esquecer que estamos todos juntos nisso como seres humanos, independentemente do título que conste em nossos cartões de visita.

A maioria de nós perdeu contato com todos os outros tipos de trabalho, exceto a nossa pequena parcela no campo que escolhemos.

Não conhecemos as atividades e os trabalhos dos outros. No entanto, dependemos do trabalho dos outros para todas as nossas necessidades. Já parou para pensar de onde vêm os tomates que você vê no supermercado? Essa desconexão é esperada em uma sociedade global altamente tecnológica, a começar do ponto mais básico de que aquilo que consumimos tem cada vez menos relação com o que produzimos.

O Zen-Budismo oferece outra perspectiva sobre o trabalho básico. O Zen ensina que o trabalho de rotina é valioso por si só. Na tradição budista, a humildade é um caminho para o auto-aperfeiçoamento. Qualquer tarefa assumida com consciência pode ser uma forma poderosa de meditação. Por isso os retiros Zen incluem o trabalho, além da meditação. Nenhum trabalho é vil. O que fazemos não é o que somos.

> *"... Baso ficou na mesma montanha, não fazendo nada além de meditar na posição de lótus, dia e noite. Um dia, o mestre Nangaku perguntou-lhe: "Senhor, o que está fazendo aqui?" "Estou meditando", respondeu Baso. "O que espera realizar fazendo a meditação?", perguntou Nangaku. "Estou apenas tentando ser um Buda", replicou Baso. Ao ouvir isso, Nangaku pegou um tijolo e começou a poli-lo. Baso ficou surpreso e perguntou a Nangaku: "Por que está polindo este tijolo?" Nangaku respondeu: "Estou tentando polir este tijolo até ele se tornar um espelho." Baso perguntou: "Como pode fazer um tijolo virar um espelho?" Nangaku rebateu: "Como você pode ser um Buda?"*

> SHIBAYAMA

Gandhi é um bom exemplo disso. Veste somente o algodão tecido em casa. Ele tece o seu próprio fio de algodão e ensina os outros a fazerem o mesmo. Fiar o algodão era uma maneira de quebrar o monopólio britânico (os ingleses colhiam o algodão plantado na

Índia e o despachavam para a Grã-Bretanha para ser fiado e tecido e mandado de volta à Índia, onde seria vendido com um bom lucro). Mas também era o testemunho de sua compreensão das coisas fundamentais, exercendo a majestade por meio da simplicidade e encontrando a nobreza por meio do trabalho. Imagine o líder mais poderoso de uma grande nação fiando no tempo livre. Isso parece insensato ou humilhante? Pergunte a si mesmo: é escandaloso? Precisa ser negado publicamente? Provavelmente, os líderes podem fazer coisas piores em seu tempo livre.

Nem todo mundo pode ser Gandhi, mas se você é chefe, pode estar certo de que tem pelo menos uma coisa em comum com ele: pagará um preço por ser uma autoridade. A "solidão do comando" vem no pacote. Para manter o peso da autoridade, precisa manter uma pequena distância daqueles que trabalham sob suas ordens. Não pode mais relacionar-se da mesma maneira. Um time de futebol formado pelo pessoal do escritório ou um drinque depois do expediente ajudam a criar laços sociais, recuperando parte da humanidade que os escritórios tendem a destruir, mas quando você é o chefe, tem de se manter um pouco a distância — sem ultrapassar o limite para o esnobismo. Ao mesmo tempo, tem de evitar o isolamento para não perder o contato. Ainda mais importante é que você não tem em quem se apoiar quando está comandando o navio. As pressões são maiores quando não se tem com quem partilhá-las. O peso da liderança não é para todo mundo.

ÉTICA

Outra questão comum no trabalho é quando se enfrenta um dilema ético. Vocês lerão sobre ética e moralidade com mais detalhes no Capítulo 11, mas aqui examinaremos alguns fatores específicos do trabalho. No nível mais básico, para viver eticamente é preciso certificar-se de que o seu trabalho também é ético. Uma de

MAIS PLATÃO, MENOS PROZAC

minhas clientes deixou o emprego de jornalista porque, como ela me disse, estava farta de inventar matérias. Sheila havia entrado para o jornalismo atraída pelos ideais da reportagem objetiva. Mas, no trabalho, os seus editores não especificavam apenas a matéria; diziam-lhe como devia ser o seu conteúdo. A sua reportagem era apenas uma maneira de corroborar uma idéia preconcebida, e isso ia de encontro a todos os seus ideais. Achava que a força que orientava a sua empresa (e não estamos falando do *National Inquirer*) era o marketing, e relatar fatos ou descobrir a verdade não estavam na tela do radar.

O alerta ético de todo mundo pisca em níveis diferentes, e Sheila sentia que estava sendo solicitada a fazer concessões demais. Embora trabalhar sempre envolva fazer concessões, é importante saber quando esses arranjos o forçam a atravessar uma linha que não quer atravessar e tomar providências para permanecer no lado certo.

No mundo das corporações, a ética passou a ser, com excessiva freqüência, a extensão do departamento jurídico. Mas ser legal não faz uma coisa tornar-se moral, e, a propósito, ser moral não a torna legal. A legalidade inclui tudo que a lei permite ou não proíbe expressamente. A moralidade é uma idéia ainda mais antiga, antecedendo — e, supostamente, servindo como base — as leis decretadas. Nossas leis são reflexo da nossa moral, que quase sempre aproxima-se da codificação anterior da moral nas leis espirituais: as religiões organizadas.

Mas legalizar algo não o torna correto. Certamente você deve pôr os pingos nos "ii" da maneira como o pessoal do departamento jurídico manda fazer. Mas se alguma coisa o está deixando moralmente constrangido, não permita que a legalidade por si só o tranqüilize. Os advogados ficarão satisfeitos com qualquer coisa que não exponha a firma ao risco. Os seus padrões pessoais devem ser diferentes. Avalie a ética da situação, examinando a sua obrigação com o seu empregador, as suas responsabilidades pessoais, seu código de conduta profissional e o seu compromisso de fazer um bom trabalho. (Falaremos mais de como fazer isso no Capítulo 11.) Em seguida, tome as providências necessárias, se for o caso, tendo os grandes filósofos como guias.

O argumento do agente leal ("Eu só estava obedecendo às ordens") não o absolverá no caso de um mau passo, de modo que você tem uma linha nítida entre avaliar o que acha certo e cumprir a obrigação com o seu empregador se esse empregador está lhe pedindo para desconsiderar as implicações éticas de uma situação. Não é fácil matar ou subornar a sua consciência. Mas todo mundo tem um preço. E depois de vender a alma — a sua virtude —, não poderá comprá-la de volta.

A filosofia chinesa ensina que a marca da coisa certa é que, ao fazê-la, você permanece inocente. Se você satisfizer esse critério, estará na esfera moral. Outro princípio filosófico essencial deriva do pensamento hindu e jainista, em que é chamado de *ahimsa*. A tradução seria essencialmente: "nenhum mal aos seres sensíveis". Esta é a base de todo código de ética profissional. Se as suas ações causam danos a outros, não são éticas. Os sistemas de moral são mais complexos, mas se você satisfizer este requisito básico, terá mais de meio caminho andado.

ABRA

Abra ficou satisfeito com seu sucesso profissional prematuro e rápido antes de se desencantar com o sistema. Começou a suspeitar que o mais importante em todos os negócios era o lucro a qualquer custo, e ficar na frente, na competição, de qualquer maneira. Para muitos trabalhadores, isso significava uma concordância insensata com as ordens daqueles que estavam nos escalões mais altos da organização e ausência total de significado e valor básicos no trabalho que faziam diariamente. Os gerentes dos níveis mais altos talvez encontrem a realização pessoal, mas essa realização vem primeiro na forma de uma excelente remuneração. No que dizia respeito a Abra,

MAIS PLATÃO, MENOS PROZAC

201

o que tinha de fazer para ganhar o salário não poderia ser considerado saudável nem humano.

No período de licença-maternidade, Abra começou a ver que a riqueza crescente estava armando uma cilada asfixiante para ela. Embora, aparentemente, estivesse progredindo no trabalho, um estilo de vida dispendioso e a infindável busca do *status* ilusório construíram uma gaiola (se bem que de grades de ouro) que a trancafiava num emprego que pagou o carro, o *personal trainer*, a hipoteca e a reforma completa da casa — apesar de ela passar cada vez menos tempo em casa. Ganhava bem, mas isso lhe custava caro também: o preço era a sua satisfação. A breve pausa na competição interminável dera-lhe uma nova perspectiva, e ela rapidamente decidiu que não retornaria depois das seis semanas planejadas. Na verdade, não queria voltar nunca mais.

Seu chefe e seus colegas não conseguiam acreditar que ela realmente se afastaria, mas, para Abra, a sua escolha de repente ficou clara. Não tinha nenhuma dúvida de que havia feito a coisa certa para si mesma e para sua família, mas procurou o aconselhamento filosófico com meu colega Stephen Hare porque se sentia sem rumo, carente de metas de vida que substituíssem a sua ambição anterior — ser presidente da companhia em que trabalhava. Achava que havia algo a motivá-la além da responsabilidade familiar, mas não sabia o que era, e sem conhecer as suas metas, não sabia como buscá-las. De maneira geral, sentia-se desorientada no presente e perplexa em relação ao longo prazo.

A primeira tarefa de Abra foi examinar suas suposições sobre o mundo dos negócios e sobre a sua necessidade de uma carreira além de ser mãe. Já havia pesquisado alguns textos filosóficos em busca de respostas (um retorno ao tempo do seu curso de artes, antes de ser trocado pelo curso de administração), de modo que ela era uma boa candidata à biblioterapia — lendo os filósofos e, depois, discutindo suas idéias com seu conselheiro. (Isso não é para todo mundo, e, certamente, não é necessário para tirar proveito dos *insights* filosóficos em sua própria vida.)

Ela começou com *Walden*, de Henry David Thoreau, e *Small Is Beautiful: Economics as if People Mattered*, de E. F. Schumacher, que analisa de modo crítico as suposições econômicas que estão por trás de nossa sociedade. Esses livros sustentaram suas convicções sobre os aspectos mais desumanos do capitalismo contemporâneo, ajudaram-na a aperfeiçoar as próprias críticas e proporcionaram imagens otimistas das alternativas. É claro que se ela tivesse se interessado por, digamos, Ayn Rand, teria lido críticas à sua própria crítica, e por isso é importante procurar filósofos que se ajustam à sua perspectiva. Thoreau escreveu sobre o poder que os livros têm de mudar a vida ("Quantos homens não iniciaram uma nova etapa em suas vidas a partir da leitura de um livro") e sobre caminhar de acordo com o seu próprio ritmo, de modo que, antes mesmo de fazer economia e ciências sociais, ele era um bom par para Abra.

> *"A massa de homens leva uma vida de desespero silencioso. O que chamam de resignação é desespero crônico... É típico da sabedoria não fazer coisas desesperadas."*
>
> Henry David Thoreau

Com a confirmação das suas idéias a respeito da expectativa de prejuízo nos negócios e inspirada pelas utopias esboçadas nos livros que leu, Abra começou a refletir sobre como a sociedade funcionaria em um estado ideal. Quanto mais precisa a sua idéia sobre isso, mais preparada ela estaria para vivê-la. Ao fazer isso, precisou usar o seu próprio sistema ético e moral (processo detalhado no Capítulo 11). Ao mesmo tempo, Abra reavaliou se estaria realmente precisando descobrir uma vocação, ou se isso era uma bagagem desnecessária fora do mundo das corporações.

Lembre-se de que Aristóteles recomendava a contemplação como a maior felicidade, o que fazia sentido para Abra. Muitos outros filósofos também fizeram isso. Abra decidiu se inscrever nas aulas de filosofia na universidade local — mas principalmente para uso pessoal, não de olho em metas profissionais. Também se ofereceu como voluntária em organizações que trabalhavam para transformar o mundo em um lugar melhor — um lugar mais parecido com aquele em que ela sonhara viver. Embora sua meta primordial no momento fosse ser mãe, usou a experiência de trabalho voluntário para decidir que quando estivesse pronta para retomar o trabalho em horário integral, escolheria uma companhia semelhante — isto é, uma companhia mais claramente motivada por algo que não fosse o lucro puro e simples.

Apesar de suas reservas em relação ao sistema capitalista em que vivemos, Abra percebeu que também havia oportunidades de se envolver completamente num nível profissional sem sentir que estava vendendo a alma ao diabo. Também percebeu que o sistema mudaria somente na direção em que as pessoas trabalhavam para mudá-lo. O apoio de outros filósofos lhe deu confiança para aceitar esse desafio. O primeiro passo foi estabelecer seu rumo segundo suas próprias estrelas.

> *"... para mim, nenhuma sorte parecia favorável, a menos que deixasse tempo ocioso que pudesse ser dedicado à filosofia, que nenhuma vida era feliz, a não ser que fosse vivida na filosofia."*
>
> AGOSTINHO

10

Meia-idade sem crise

---

*"Para tudo há uma estação, e um tempo para
todo propósito sob os céus."*

ECLESIÁSTICO

"O tempo nada mais é que o regato onde vou pescar."

HENRY DAVID THOREAU

STELLA

Ao completar cinqüenta anos, Stella fez um inventário da sua
vida. Viu a sua longa carreira de secretária, com uma posição de
confiança e valiosa para a firma. Viu um longo casamento e, então,
um longo período solitário depois da morte de seu marido. Viu os
filhos crescidos progredindo na vida. De modo geral, gostou do que
viu. Decidiu também fazer algumas mudanças.

Stella percebeu que sempre havia sido muito controladora e agres-
siva em suas relações e, desde que ficou viúva, ela as havia usado para
sexo. Sabia que a maioria das pessoas, exceto seus filhos, achava que
ela era emocionalmente fria. Sabia como eram importantes para ela
as suas amizades de longa data e que poderia criar laços íntimos se
tivesse tempo para conhecer alguém. Sentia-se preparada para es-

tabelecer uma relação afetiva duradoura com um homem. Sabia que ficaria bem sozinha — estava bem assim há quase dez anos —, mas resolveu estender a mão para um dos homens com quem saía ocasionalmente para ver se poderiam construir algo mais estável e satisfatório.

Ao mesmo tempo, Stella decidiu que, depois de quase trinta anos trabalhando para uma companhia, queria trabalhar para si mesma. Tinha estudado arteterapia como uma forma de expressão criativa e redução de estresse, e agora concluíra o treinamento para ser arteterapeuta. Deixou o cargo administrativo e começou a dirigir seminários de arteterapia em centros comunitários, centros de aconselhamento e centros sociais para idosos. Passou várias semanas ansiosa, antecipando essa mudança, mas confiou em si mesma e em sua capacidade. Logo a sua agenda ficou cheia de compromissos para três meses. Embora não estivesse ganhando tanto quanto ganhava na firma de advocacia e trabalhasse quase o mesmo número de horas, estava gostando muito e sentia que estava ajudando seus alunos e a comunidade.

Isso não é crise de meia-idade! Uma introspecção séria, uma mudança profunda —, mas não uma reação de pânico. A expressão *crise da meia-idade* geralmente lembra um homem de cabelo ralo comprando um carro esporte vermelho e trocando a esposa por uma mulher muito mais nova, e permanecendo infeliz na carreira bem paga, mas estressante ou maçante, que seguiu durante a vida inteira. Apesar de a maioria das pessoas experimentar uma revolta durante a meia-idade — inclusive a variação que o faz trocar o que você tem por um modelo supostamente mais sexy —, *crise* é uma palavra imprópria. A mudança é uma parte natural do ciclo da vida, mas não há nada na definição de mudança que necessite de crise.

Quando abordada com uma disposição filosófica adequada, a meia-idade deveria representar uma oportunidade de crescimento pessoal e de aspectos bem afinados de sua vida que talvez você tenha negligenciado em prejuízo próprio. A história de Stella mostra que até mesmo as mudanças mais radicais podem ser enfrentadas com serenidade. Stella realmente me procurou não apenas para me consultar sobre as mudanças que vinha fazendo em sua vida, já que, aparentemente, estavam sob controle, mas sobre uma maneira de enfrentar a sua própria mortalidade. (Este tópico é examinado no Capítulo 13.)

MUDANÇA SIM, CRISE NÃO

É por isso que defendo a substituição de *crise da meia-idade* por *mudança da meia-idade* no nosso vocabulário. Gail Sheehy tirou o tema do armário com *Passages*, na década de 70. Embora esse livro faça uma abordagem mais psicológica do que filosófica, o título tem a conotação positiva que me parece apropriada. Aonde quer que a jornada o leve, não é preciso pensar nisso como uma emergência ou calamidade. Não se pode entrar no mesmo rio duas vezes, como aprendemos com Heráclito. (Diz-se que um de seus alunos mais atentos comentou que não se pode entrar nem uma vez! Ele muda mesmo quando nele entramos.) Mas você não prefere se refrescar em um regato de águas sempre em movimento do que num lago de água parada? Com certeza seria mais saudável, além de, provavelmente, ser muito mais agradável. Para permanecer clara e fresca, a água tem de estar em movimento. O mesmo vale para você.

No Ocidente, pensamos relativamente pouco sobre os estágios da vida. Ficamos muito satisfeitos com as categorias de infância e idade adulta, sendo a idade adulta uma vasta extensão de território não diferenciado, talvez com uma subdivisão para "cidadãos idosos". As mulheres têm a bênção de estágios de vida biológicos mais identificáveis: menarca, gravidez, maternidade e menopausa. A aceitação de períodos de vida em que a energia é enfocada de maneira diferente ajuda a evitar o tipo de mentalidade da crise que pode surgir se a mudança chegar inesperadamente. Mais uma vez, o laço unidimensional ao ciclo reprodutivo não leva em conta as várias facetas da vida de cada pessoa. E muitos dos estágios têm uma forte conotação negativa, como o desconforto da menstruação, a dor do parto e a velhice não desejada.

Pensadores orientais têm uma tradição de ver a vida em fases para todas as pessoas e uma visão mais holística e positiva de cada estágio. Confúcio, por exemplo, reconheceu que diferentes períodos da vida enfocam de maneira diferente a energia da pessoa.

> *"Aos quinze anos, eu queria muito aprender. Aos trinta, eu havia firmado os pés no chão. Aos quarenta, deixei de ficar perplexo. Aos cinqüenta, soube quais eram as ordens do Céu. Aos sessenta, escutei-as com os ouvidos dóceis. Aos setenta, pude obedecer ao que o meu coração ditava; pois o que eu desejava não mais ultrapassava os limites do certo."*

CONFÚCIO

O pensamento hindu tradicional traça quatro estágios de vida: o estágio do estudante, do chefe de família, do afastamento dos assuntos mundanos e do total desligamento da rivalidade mundana.

Sem uma estrutura familiar para planejar os estágios da vida, entramos num estado de crise quando encaramos a mudança da meia-idade. Reconhecer que todos nós atravessamos fases nos permite colocar marcadores ao longo da comprida estrada da idade adulta, evitando choques a cada extensão do novo terreno. Já definimos minuciosamente os estágios na primeira parte de nossa vida. Um dos livros mais populares sobre os cuidados com o bebê decompõe a vida da criança mês a mês, especificando o que os pais devem esperar quase a cada semana. Quando a criança cresce, nossa sociedade reconhece uma transição anual — uma gradação — e usamos até mesmo rótulos tão específicos como *calouro*. A nossa cultura procura alguns outros marcos — casamento, nascimento dos filhos —, mas, depois, só existe a estrada. Não existe um rótulo para alguém de quarenta e dois anos, vinte e um de profissão e dezessete em uma relação, com filhos adolescentes e uma sensação de mal-estar geral.

MAIS PLATÃO, MENOS PROZAC

Não há definição para *meia-idade* e, certamente, nenhum tipo específico de mudança-padrão quando atravessamos a idade adulta. O momento importante pode ser aos trinta e cinco ou quarenta e um ou cinqüenta e sete anos — ou nunca. Para muita gente, não existe somente uma transição importante. Há muitas grandes transições ou uma série de pequenos ajustes. Mas com a expectativa de vida mais longa do que em qualquer outro período anterior na história humana e as pessoas permanecendo saudáveis e ativas cada vez até mais tarde em suas vidas, mudanças importantes estão reservadas para a maioria. Preparar-se para elas ou lidar com elas, esclarecendo a sua própria filosofia, é a chave para aproveitar ao máximo o que vier pela frente.

GARY

A estrada de Gary era mais pedregosa do que a de Stella. Após uma carreira longa e bem-sucedida como psicoterapeuta, sentiu-se estafado. Estava cansado da tensão, cansado dos hospitais, cansado da intensidade do seu trabalho. Sabia que queria e precisava de uma mudança. Ele me procurou porque não sabia o que mudar. Se parasse de trabalhar como psicoterapeuta, o que mais poderia fazer? Não ter nenhuma perspectiva não o amedrontava, ao contrário do que acontecia com várias pessoas, mas o deixava perplexo. Não conseguia evitar a sensação de que *deveria* saber o que o aguardava. Procurou o aconselhamento filosófico não tanto para ter uma idéia do que fazer em seguida, mas para saber por que não tinha uma idéia do que faria.

Isso pode parecer complicado, mas, para Gary, o caminho para a compreensão era fácil. Há um momento em que peço ao cliente que reavalie a história que está contando. Ajudei Gary a verificar as suas suposições. Por que ele deveria saber o que a fase seguinte continha? Ninguém sabe isso com exatidão, exceto Deus ou as Parcas, se acredita neles. Quem era Gary para bancar Deus?

Enquanto Gary pensou como um rigoroso racionalista, sentiu-se incomodado com a sua situação. Racionalistas rigorosos acreditam que podemos compreender tudo usando a razão. Para um racionalista, o mundo é cosmo (palavra grega que significa "ordem"), não caos. O mundo tem sentido. Como Gary supôs que deveria ser capaz de saber exatamente o que faria depois, mas não era, achou que havia algo errado com ele. No entanto, o tipo de racionalismo de Leibniz parecia o mais adequado a Gary. Leibniz afirmava que, apesar de toda situação ser causada por alguma "razão suficiente" (isto é, não acontece por acaso), nem sempre sabemos exatamente qual é a razão. Os seres humanos nem sempre podem compreender tudo. O cosmo é complexo demais para nós.

> *"... nenhum fato pode ser verdadeiro ou existir, e nenhuma afirmação pode ser verídica sem uma razão suficiente para que seja dessa maneira e não de outra; embora essas razões quase sempre permaneçam desconhecidas para nós."*
>
> GOTTFRIED LEIBNIZ

Não acho que uma visão estritamente racionalista possa ajudá-lo mais. Os seres humanos são fantásticos em propor questões que não podem ser respondidas, mesmo quando descobrimos cada vez mais sobre o universo e como ele funciona. Pedi a Gary que avaliasse as limitações dessa maneira de pensar, começando por perguntar: "É racional permanecer indefinidamente em um trabalho que odeio?" Provavelmente não. Mas isso não significa que haja uma resposta imediata à pergunta seguinte: "Então, o que eu devo fazer?" — pelo menos uma resposta que não seja acessível somente ao intelecto. Talvez o que esteja supostamente fazendo neste exato momento é não saber o que supostamente está fazendo.

Tudo isso atraiu Gary, e ele parafraseou a famosa passagem do Eclesiástico, "um tempo para todo propósito sobre a terra": há um tempo para saber o que se está fazendo e um tempo para não se sa-

MAIS PLATÃO, MENOS PROZAC

ber. Lembrei a Gary outra passagem do Eclesiástico, repetida sempre pelo próprio Eclesiástico: "Tudo é vaidade, e uma luta pelo vento". Pensar que você sabe exatamente o que está fazendo é uma forma de vaidade; saber que não sabe, mas achar que deveria saber, é outra.

Gary sentiu-se mais à vontade com um racionalismo reformulado: as coisas têm uma explicação, mesmo que não a percebemos no momento. Se você está passando por uma mudança ou incerteza ou infelicidade e não sabe por quê, a sua tarefa é descobrir o seu propósito, evitando o egotismo de supor que já sabe, ou deveria saber.

> *"Para cada coisa há uma estação, e um tempo para cada propósito sobre a terra: um tempo para nascer e um tempo para morrer; um tempo para plantar e um tempo para colher o que foi plantado; um tempo para matar e um tempo para curar; um tempo para destruir e um tempo para construir; um tempo para chorar e um tempo para rir; um tempo para lamentar e um tempo para dançar; um tempo para se desfazer das pedras e um tempo para recolhê-las; um tempo para abraçar e um tempo para abster-se do abraço; um tempo para ganhar e um tempo para perder; um tempo para guardar e um tempo de jogar fora; um tempo para rasgar e um tempo para costurar; um tempo para se calar e um tempo para falar; um tempo para amar e um tempo para odiar; um tempo de guerra e um tempo de paz."*

> ECLESIÁSTICO

Havia até mesmo um tempo para The Byrds fazerem um disco de sucesso ("Turn, Turn, Turn") com essa letra. A partir dessa perspectiva, Gary começou a ver que atravessar um período sem — pelo menos uma vez — uma direção clara poderia ser valioso. Até esse momento, uma coisa tinha levado diretamente a outra durante a maior parte da vida de Gary — faculdade, pós-graduação, o primeiro emprego, treinamento especializado, promoções, e assim por diante.

Falei com Gary a respeito da história de ficção científica de Norman Spinrad "The Weed of Time", na qual um homem come uma erva que lhe dá o poder de ver tudo que aconteceu e tudo que vai acontecer. Sua vida se torna uma tortura. Se o seu professor de literatura lhe pedisse um ensaio sobre essa história, a sua frase central (se quisesse receber a nota máxima) deveria ser algo como: A descoberta faz parte da alegria de viver.

Gary descobriu que descer uma estrada sem um mapa preciso gerava ansiedade mas também era estimulante. Seus passos eram menos seguros, mas a vista era admiravelmente ampla. Gary optou por ver a sua incerteza como uma grande dádiva e estava resolvido a usá-la bem. Por fim, deixou o emprego no hospital sem ter um plano específico. O que ele realmente teve foi a bênção de sua mulher, Mary, que tinha um bom emprego e estava satisfeita com ele. A felicidade de Gary era tão importante para Mary quanto para ele próprio. Ela não queria que ele aceitasse um trabalho simplesmente para ter um trabalho. Mary ganhava o suficiente para cobrir as despesas, de modo que Gary teve a oportunidade de encontrar o seu caminho relativamente livre de pressões financeiras.

Analisando a situação por meio do processo PEACE, Gary já havia trabalhado os três primeiros estágios na época em que procurou o aconselhamento filosófico. Havia identificado claramente o seu problema: necessidade de mudar de carreira. Ele estava experimentando as emoções associadas a isso — ansiedade em primeiro lugar, entre várias outras — sem se deixar debilitar por elas. Ele analisara as opções mais evidentes, mas não conseguia responder a duas perguntas fundamentais: "O que farei a seguir?" "Por que não consigo imaginar o que farei a seguir?"

A sua ruptura ocorreu no estágio contemplativo, encarando o seu futuro indefinido mais como uma oportunidade do que como uma barreira. Sua disposição filosófica mudou de "Deve haver algo errado comigo porque não consigo encontrar respostas" para "Tenho sorte por estar iniciando uma fase da minha vida na qual não preciso de respostas." Com tempo para refletir, ele seria capaz de aperfeiçoar a sua própria filosofia e considerar opções coerentes com ela. Mas faria isso com serenidade e não com ansiedade. Mais Leibniz, menos Librium.

Começando com a idéia de que sabedoria não é o mesmo que conhecimento e que não saber o que estamos fazendo não significa que não estamos fazendo a coisa certa, Gary estava a caminho de encontrar respostas sem procurá-las. Às vezes, os seus propósitos são mais bem servidos pelo não conhecimento. Se pudéssemos explicar o cosmo somente com a razão, não haveria necessidade de experimentos científicos. Mas quando a nossa razão pura falha, precisamos fazer experiências, sem o que algumas das maiores descobertas de todos os tempos — da eletricidade à vacina contra a pólio — nunca teriam acontecido. Às vezes, as respostas não são imediatamente acessíveis em sua vida, o que significa que você também pode se beneficiar com a experimentação.

GAUGUIN E VOCÊ

Para algumas pessoas, como Gary, a crise surge quando não sabem o que vai acontecer. Para outras, saber o que vai acontecer pode provocar a crise. Para os que se queixam de que o mundo é previsível demais, ter a vida programada parece inautêntico e insuportável. Se você fosse um deles, trocaria a segurança e a prosperidade por um caminho de descoberta e de riscos. Você não ia querer levar a vida de acordo com uma extensa lista de regras preestabelecidas. Se você é um deles, tem de ficar de olho aberto para o "problema Gauguin".

Paul Gauguin abandonou sua bem-sucedida carreira num banco, uma esposa adorável e filhos grandes quando fugiu para Paris para estudar pintura, e depois mudou-se para o Taiti para desenvolver sua vocação. Os que amam as obras de Gauguin são gratos à grande dádiva de arte que ele deixou para o mundo. Mas Gauguin comportou-se moralmente em relação à sua família e aos seus negócios? Quando a ética e as obrigações passam a se submeter às grandes metas criativas? Você terá de traçar essa linha sozinho, mas deverá estar ciente de onde ela ficará quando equilibrar estabilidade e exploração.

Uma das pessoas que eu mais admiro é uma espécie de inverso de Gauguin. Depois de uma carreira como filósofo e lógico, Stephan Mengleberg foi regente-assistente de Leonard Bernstein na Filarmônica de Nova York durante alguns anos. Sem contar que se trata de Leonard Bernstein, essa era uma das funções mais prazerosas na música clássica. Mas quando estava na faixa dos cinqüenta, escutou aquela vozinha dentro de si — e ela o chamava para o Direito. Tornou-se advogado e exerceu a profissão com sucesso e satisfação pelo resto de sua vida. Continuou a dar aulas particulares de música, mas teve a coragem de ser autêntico, independentemente da sua idade, mesmo que isso significasse uma mudança drástica de rumo em sua vida. Stephan foi, até onde sei, a pessoa mais velha a se formar em Direito no estado de Nova York, com a idade de cinqüenta e nove anos.

Conheci uma mulher chamada Judy que, há muito tempo aposentada do serviço público, retomou os estudos e ganhou o B.A. (o primeiro grau da faculdade) em história — matéria que sempre a atraíra —, formando-se aos oitenta e cinco anos! Não há nenhuma razão para deixar barreiras arbitrárias de idade ou etapa de vida impedirem que você faça o que realmente tiver vontade.

ANN

Ann enfrentou a escolha, do tipo de Gauguin, de uma vida mais livre e criativa, mas temia a perda de segurança que poderia acarretar. Como Gary, era excelente em uma profissão que não suportava mais. Estava extremamente entediada como assistente administrativa em um centro de saúde e tinha constantes conflitos com um de seus chefes. Então, a proposta sedutora de um novo emprego caiu dos céus, mas ficou indecisa quanto a aceitá-la. Procurou o aconselhamento filosófico para ajudá-la a decidir se aceitaria ou não o novo trabalho — e compreender o que a fazia recuar. Embora fosse mais jovem do que a maioria das pessoas que enfrentam a mudança na meia-idade, as questões abrangentes relacionadas ao seu dilema imediato aproximaram-na daqueles que, alguns anos mais velhos que ela, estavam lutando com as mesmas dúvidas. O seu conflito derivava de sua carreira, mas tinha conseqüências em todas as áreas de sua vida.

Durante o ano anterior, Ann passara uma noite por semana dando aulas em um programa extracurricular em seu bairro. Havia criado um vínculo forte com uma das suas alunas, e os pais da garota queriam contratá-la para lhe dar aulas particulares em horário integral. Isso significaria trabalhar seis horas diárias apenas durante o ano letivo, ganhando o mesmo salário pago pelo centro de aconselhamento. Além da perspectiva de ter muito mais tempo livre do que jamais tivera com seu trabalho estafante de nove da manhã às cinco da tarde mais as horas extras, e sem precisar atravessar diariamente aquele trânsito intenso, Ann sentiu-se atraída a ensinar como uma maneira de usar todas as suas habilidades e, ao mesmo tempo, ajudar outra pessoa.

Mas estava assustada. Os pais da menina tinham feito a oferta por um ano, e ela estava preocupada com o que aconteceria no fim desse período. Seria contratada de novo? A menina ainda precisaria dela? Os pais ficariam satisfeitos com o seu progresso? Mesmo com o melhor resultado, a menina iria para a faculdade dali a alguns anos. Ann tinha uma relação feliz e de apoio mútuo com o seu companheiro, mas não queria depender dele financeiramente. Criada com uma ética rígida de trabalho, achava que o pecado estava associado ao fato de uma pessoa não se ocupar com o trabalho o tempo todo. Sentia-se segura, se bem que frustrada, em seu emprego, e não tinha certeza se deveria arriscá-lo por essa aventura.

Os seres humanos, como a maioria dos organismos que simplesmente tentam sobreviver, têm medo do desconhecido. Esse medo pode ser útil: se não reconhece algo, não sabe se é seguro, portanto, será melhor ficar onde sabe que está seguro. É claro que também não sabe se aquilo que é desconhecido é o mais seguro. E se você não estiver seguro onde está? O instinto de sobrevivência só o leva até aí. Ser guiado por uma abordagem tão conservadora serve para mantê-lo vivo, mas não oferece nenhuma garantia de satisfação ou realização pessoal com a vida que você preserva.

Talvez seja por isso que os seres humanos também pareçam desejar o desconhecido. A promessa da descoberta faz com que nos sintamos vivos. Procuramos segurança, mas assim que a temos, nós a arriscamos. Observe uma criancinha que começa a andar olhando em volta em busca de sua mãe assim que se aventura a se afastar alguns passos — depois, ela prosseguirá ao ver que a mãe continua lá — e entenderá o que quero dizer. Vivemos em uma tensão constante entre o conforto da segurança e a excitação das novas experiências.

Ann era conservadora por natureza, mas, ainda assim, sentiu a forte influência da expansão do horizonte. Sentiu que estava perdendo um desafio em sua vida e que a rotina estava asfixiando a sua capacidade de ser ela mesma de modo completo. Menos expressão individual é o preço da segurança oferecida pelas instituições. Ann começava a achar que o preço estava ficando caro demais, mas se esforçava para determinar o valor tanto da segurança quanto da expressão de si mesma. Um lado da balança sustentava a oportunidade e a liberdade; o outro, a previsibilidade e a permanência. Queria que eu a ajudasse a pesá-los.

As filosofias hindu e budista sustentam que a permanência e a segurança são ilusões. Essas ilusões provocam atração na mente gananciosa; a atração fomenta desejos; desejos dão margem a ligações; e ligações, a sofrimento. Os estóicos, como vimos, concordariam que o prazer pode se transformar em dor rapidamente se o prazer se originar na ligação. Criamos apego às coisas, até mesmo a coisas negativas, exatamente como Ann estava apegada ao seu emprego asfixiante. Preferimos o demônio que conhecemos ao que não conhecemos. É um conforto que nos envenena lentamente, mas ficamos tão habituados a ele que nem mesmo sentimos o gosto da peçonha.

MAIS PLATÃO, MENOS PROZAC

Após um longo período sem conhecer outra coisa, os prisioneiros passam a temer o mundo fora de suas celas. Se um dia os portões se abrissem, muitos continuariam exatamente onde estavam.

"Essas relações externas que provocam frio e calor, dor e felicidade, vêm e vão; não são permanentes. Suporte-as com bravura..."

BHAGAVAD GITA

"Aqueles que temem quando não há motivo para medo, e não sentem medo quando deveriam, essas pessoas, adotando visões errôneas, começam um caminho lamentável."

BUDA

A porta estava aberta, mas Ann hesitava na soleira. As doutrinas hindu e budista faziam sentido, e ela achava que se aplicavam ainda com mais urgência ao nosso mundo acelerado. Hoje, tudo se desenvolve tão rapidamente que a mudança em si é vista como uma virtude. Somos chamados a enfrentar os nossos medos inatos corajosamente e a aprender a absorver as mudanças. Se Aristóteles dirigisse a GM (General Motors), como um livro recente sugeriu, teria visto uma mudança positiva como o Meio-Termo. Ele incentivaria Ann a aceitar a nova oportunidade, já que esse seria o meio-termo entre os extremos da escravidão no seu trabalho atual e a partida sem plano para o futuro.

Filosoficamente, Ann estava caminhando na linha tênue entre o livre-arbítrio e o determinismo. Ela não havia dado nenhum passo concreto para encontrar novo trabalho ou qualquer outra alternativa para sair da profissão em que se sentia infeliz. Mas havia se colocado no caminho da oportunidade que encarava agora. O trabalho voluntário foi uma maneira que ela encontrou de ser verdadeira consigo mesma e de obedecer à sua vocação interior. Ela parecia ter seguido, na ausência de coisa melhor, uma perspectiva fatalista — não agiu para melhorar a sua situação, como se qualquer ação fosse em vão. Mas obteve bons resultados produzidos pelo livre-arbítrio (o voluntariado), embora não previsse nem pretendesse esses resultados. Resolver o debate interior sobre sua capacidade de influir nos acontecimentos de sua vida ajudaria Ann a seguir adiante.

Como vimos, Maquiavel tratou a questão do livre-arbítrio versus determinismo afirmando que as duas idéias eram parceiras iguais na realização das coisas em nossa vida. Aconselha, então, que não se perca tempo tentando mudar o que não se pode mudar (o que está predeterminado), mas a trabalhar a parte que se pode influenciar. Se não estivesse tão preocupado em firmar a sua reputação de príncipe de um sujeito mau, Maquiavel poderia ter apoiado a famosa Oração da Serenidade: "Deus, dê-me a serenidade para aceitar as coisas que não posso mudar, a coragem para mudar o que posso e a sabedoria para reconhecer a diferença."

Nós, seres humanos, somos criaturas manipuladoras. Mas não podemos, e não precisamos, manipular o mundo inteiro. Os artistas freqüentemente têm um tipo de fé em si mesmos da qual todos poderíamos nos beneficiar, a coragem de navegar orientados por suas próprias estrelas. A resposta para "O que eu deveria estar fazendo?" geralmente surge de dentro da própria pessoa, não de fora. Responder ao chamado, seja ele qual for, acabará atraindo a oportunidade, como aconteceu com Ann. A oportunidade não bate à sua porta apenas uma vez: bate constantemente. Mas, quase sempre, somos surdos à sua batida, ou fingimos não ouvi-la, ou temos medo de atender à porta.

Ann sentiu-se confortada com a noção de que sucesso e fracasso são ambos, como escreveu Kipling, "impostores". Com a pior das hipóteses sendo a de conseguir aprender algo que poderia usar mais tarde em sua vida, mesmo que a contratação para ensinar não fosse por um período muito longo, Ann decidiu deixar o emprego e se tornar professora particular em horário integral. Apesar de ficar bastante nervosa diante da mudança, depois de alguns meses estava adorando a nova função e a nova vida.

Tire o melhor proveito da mudança e você tirará o melhor proveito da vida. Esqueça a crise da meia-idade. Pode-se ter uma crise a cada cinco minutos, ou viver cinco vidas antes de atingir a meia-idade. A escolha é sua.

11

Por que ser moral ou ético?

"Por bem eu entendo todo tipo de alegria e tudo que a ela conduz... Por mal entendo todo tipo de tristeza."

BARUCH SPINOZA

"Nada pode ser concebido no mundo, ou mesmo fora dele, que possa ser chamado de bem sem qualificação exceto a boa vontade..."

IMMANUEL KANT

Um oficial da polícia da cidade de Nova York recentemente foi notícia com o seguinte ato assombroso: ao se deparar com 35.000 dólares de lavagem de dinheiro de drogas quando fazia a sua ronda sozinho, pegou-os rapidamente e... entregou-os como prova! A mídia em peso deu destaque a esta história do tipo "Homem Morde Cachorro". Repórteres se atropelaram elogiando a sua honestidade. O prefeito condecorou-o com uma medalha por sua integridade. Também fiquei animado com a história — tendo ouvido o suficiente sobre policiais que recebiam propinas — até ouvir o policial contar por que fizera aquilo, Ele pensou em ficar com o dinheiro, confessou, mas então deu-se conta de que a sua aposentadoria valia muito mais. Disse que não quis arriscar-se a perdê-la se fosse apanhado. "Por que pôr em risco a minha segurança financeira por trinta e cinco mil?", ponderou. Isso me fez pensar duas vezes. Perguntei a mim mesmo o que esse policial teria feito se tivesse encontrado uma grana bem maior que a sua aposentadoria. Seguindo o seu raciocínio, teria ficado com ela sem pensar duas vezes.

Se o prefeito queria distribuir medalhas, deveria ter gravado *franqueza* em vez de *integridade* na que concedeu a esse policial. O oficial, pelo menos, teve a coragem de dizer a verdade. Mas o seu raciocínio moral não é bem o que eu daria como exemplo aos meus filhos. O que ele estava realmente dizendo era: "Obedecerei à lei enquanto eu tiver mais vantagem obedecendo do que desobedecendo."

Para mim, essa não foi a parte mais assustadora da história. O que me alarmou foi que ninguém mais pareceu ter detectado a incorreção do que o homem de farda dissera. Pareço ter sido o único a notar, o único preocupado com o fato de que fazer a coisa certa pelo motivo errado não torna uma pessoa íntegra. Os seus motivos, assim como os seus feitos, devem ser honestos. A integridade envolve uma lealdade irrestrita a princípios, não um cálculo frio das vantagens a serem tiradas. Pegar um dinheiro que pertence a quem quer que seja é errado, independentemente da quantia envolvida. Essa história foi sobre um policial potencialmente desonesto, cujo preço não fora alcançado.

Não quero desmerecê-lo completamente, já que ele devolveu o dinheiro. De uma maneira menos severa, talvez eu dissesse que ele apenas se expressou mal em sua explicação à imprensa. Mas você deveria ficar consternado pelo baixo padrão moral que passamos a aceitar. A regra aqui — não roubar — é uma regra básica que deveria ser mais bem compreendida pela sociedade em geral, inclusive por aqueles que cuidam do cumprimento da lei e pela mídia. No entanto, a mídia foi rápida em tratar como celebridade essa pessoa sem nem mesmo analisar a essência do que ela havia feito e dito.

O objetivo deste capítulo é ajudá-lo a entender e aplicar o seu próprio sistema ético. Quando tiver os seus quinze minutos de fama, quero que seja capaz de responder de maneira convincente à pergunta: "O que passava na sua cabeça quando decidiu fazer isso?" Em vários aspectos, esta é a chave para a maioria das situações descritas na Parte II deste livro. Independentemente da sua questão específica, é preciso lutar para identificar e ocupar o campo da moral superior, fazer a coisa certa e ser capaz de explicar para qualquer um (inclusive para você mesmo) por que fez determinada escolha. Como vimos, existem ângulos filosóficos particulares a considerar quando se pensa em iniciar ou terminar uma relação, mudar de profissão ou lidar com uma vida familiar complicada. Mas, na hora H, a questão subjacente persiste: como posso, nessa situação, agir de acordo com a minha determinação de levar uma vida boa? Este capítulo ajuda-o a chegar lá. Incluí alguns casos, como sempre, para dar uma idéia de determinados problemas éticos ou morais e de como resolvê-los. Porém, tudo que é apresentado neste capítulo pode ser aplicado em vários tópicos abordados neste livro.

MORAL E ÉTICA

Todos nós desperdiçamos os rótulos *moral* e *ético* usando-os, quase sempre, de modo redundante como para reforçar um caso (por exemplo: "Comportou-se moral e eticamente"). Se perguntarmos às pessoas a diferença, a maioria não terá a menor idéia; simplesmente repete a fórmula porque soa bem. Mas acho útil fazer uma distinção entre os dois termos. A ética refere-se à teoria ou sistema que descreve o que é bem e, por extensão, o que é mal. A mitologia e a teologia são as fontes mais antigas da ética, embora os sistemas filosóficos sejam mais discutidos atualmente. A moral refere-se às normas que nos dizem o que fazer ou não fazer. A moralidade divide as ações em certo e errado.

A moral tem a ver com a sua vida pessoal: qual é o comportamento apropriado no primeiro encontro? Levar uma resma de papel da firma em que trabalha para o seu filho é crime? A ética é enfocada mais teoricamente: como julgar o crime de colarinho-branco *versus* um crime violento? Como distribuir órgãos para transplantes quando a demanda supera a oferta? Moral é o conjunto de regras sob as quais vivemos; ética é o sistema que gera essas regras.

A ética diz respeito à teoria, enquanto a moral diz respeito à prática. A sua posição filosófica pessoal é mais sólida quando consegue ligar as duas. Se você sabe o que é bom e o que é mau, é capaz de compreender o que é certo ou errado. Você tem de conhecer as suas opções, pesar os prós e contras, e achar uma maneira de raciocinar moralmente sobre o que tem de enfrentar, de modo que se sinta justificadamente certo ao responder. Se não se sente certo, talvez não devesse fazer o que, seja lá o que for, está pensando em fazer. Se é a coisa certa, sempre haverá uma maneira de justificá-la. Observe que a racionalização é algo completamente diferente. Você pode racionalizar qualquer coisa, dando forma e citando incorretamente qualquer idéia para que se ajuste ao seu plano (ninguém vai descobrir; ninguém é perfeito; o diabo me fez fazer isso; Deus vai me perdoar; eu sou o presidente). *Justificativa,* entretanto, tem a mesma raiz de *justiça* e *justo.* Exige uma deliberação de mais peso e, em troca, proporciona um fundamento mais seguro.

O desafio é ter um sistema ético pessoal em que possa confiar para se orientar moralmente. Terá de começar por avaliar o que é bom e o que é mau. Esse problema tem frustrado os filósofos há séculos; portanto, não espere uma resposta completa e infalível no fim deste capítulo. Em *A República*, Platão relata um diálogo no qual Sócrates lhe pede para definir o Bem: "É o conhecimento, ou o prazer, ou o quê?" Ele já havia definido várias virtudes, inclusive moderação e justiça, mas, diante desse desafio, Sócrates respondeu: "Receio que isso esteja além do meu poder."

Séculos depois, a questão não ficou muito mais clara. "O 'Bem', então... não comporta nenhuma definição, no sentido mais importante do termo", escreveu G. E. Moore. Nietzsche queixou-se da "ilusão antiga chamada de o Bem e o Mal". Como outros que tentaram antes, talvez você não consiga decifrar esse enigma. No entanto, é fundamental experimentar a idéia na prática. É a única maneira de criar uma base sólida.

MAIS PLATÃO, MENOS PROZAC

Platão sustentava que as pessoas têm uma compreensão intuitiva do Bem, embora, no mundo real, tenhamos somente reproduções baratas do ideal. "O objeto de conhecimento mais elevado é a natureza essencial do Bem, do qual deriva o valor de tudo que é bom e certo para nós", escreveu ele. Como vimos, no entanto, Platão não atingiu a sua meta mais elevada e nunca o definiu.

Hobbes assumiu uma opinião diferente: "Qualquer que seja o objeto do apetite ou desejo de um homem; é isso o que ele, por sua vez, chamou de 'Bem': e o objeto de seu ódio, e aversão, de 'Mal'." Em outras palavras, Hobbes se opõe a Platão e diz que não há essência universal do bem; *bem* e *mal* são apenas rótulos que usamos para descrever as coisas de que gostamos e não gostamos.

O Tao ensina que só podemos reconhecer o bem em comparação com o mal, mas não apresenta nenhuma definição.

"... o objeto de conhecimento mais elevado é a natureza essencial do Bem, do qual deriva o valor de tudo que é bom e certo para nós."

PLATÃO

"... essas palavras: Bem, Mal... são usadas em relação à pessoa que as usa: não havendo nada simples e absolutamente assim."

THOMAS HOBBES

Por que ser bom, moral ou ético? Por que se preocupar com o certo e o errado? O que nos espera? Tudo isso fica mais fácil se você adere a uma religião que expõe o que é o bem e o mal, sob a autoridade de Deus. Todas as grandes religiões oferecem uma orientação moral que tem origem em um poder divino. Atribuir as regras a Deus mata dois coelhos com uma cajadada: você obtém uma moral muito específica para guiar as suas ações e um sistema ético absoluto para fundamentá-la. Estar certo é obedecer aos mandamentos de Deus. As regras vêm de Deus, e Deus é bom.

Se isso funcionar para você, estará na dianteira do jogo. Ainda que não acredite em uma religião, poderá usar a sabedoria dos teólogos antigos, sem dever fidelidade a uma divindade. As escrituras das religiões mais importantes contêm *insights* profundos sobre a moralidade que podem beneficiar todo mundo. Mas para obter resoluções filosóficas para as questões da vida, com ou sem fé, você terá de procurar e compreender os preceitos importantes e incorporá-los à sua visão de mundo pessoal. Com certeza você já deve ter ouvido "ande se tiver de andar" e "fale se tiver de falar". Pode ser um bom conselho, mas acho que, se tiver de andar, vá andando devagarinho, e se tiver de falar, fale aos pouquinhos. O pensamento e o raciocínio por trás de suas ações são uma chave para enfrentar e resolver o que quer que lhe aconteça.

CIÊNCIA

A religião é apenas um meio para se descobrir as regras éticas e morais de sua estrada. Muitos preferem o deus Ciência. Um cientista como E. O. Wilson, pedindo que "a ética seja retirada temporariamente das mãos dos filósofos, e biologizada", pode reunir um coro de aleluia substancial, principalmente em um campus universitário. A idéia é buscar explicações evolucionistas para o nosso comportamento — mostrar como o bom comportamento é supostamente favorecido pela seleção natural, enquanto o mau comportamento é supostamente desfavorecido. Seríamos capazes de distinguir quacres de nazistas examinando o seu DNA.

Apesar de achar que podemos aprender muito com a teoria evolucionista, eu não creio que descobriremos algo em nossos genes que por si só nos force a ser bons ou maus, ou melhor, a agir certo ou errado, esclarecendo assim o que é bom ou mau. Normas como "não se case com seu primo" podem ser associadas à biologia — a mistura de genes intimamente relacionados aumenta drasticamente o índice de anormalidades genéticas na prole. Mas enquanto a sociobiologia nos diz que aumentamos a probabilidade de transmitir nossos genes por meio de certas ações altruístas, também podemos transmiti-los simplesmente sendo promíscuos. Herodes teve, supostamente, setecentas esposas e só Deus sabe quantos filhos. Embora lhe confira um alto grau de aptidão no índice da sociobiologia — de uma excelência extraordinária, creio eu —, aposto que isto não faria dele um pilar da comunidade de E. O. Wilson (ou de qualquer outro).

Há uma diferença entre o que é bom para nós e o que é bom em um sentido universal ou ideal. Não creio que a ciência nos leve algum dia até lá. De fato, a origem natural do tabu do incesto é o único exemplo consistente de moralidade derivado da ciência. (E isso ainda suscita a pergunta sobre o motivo da ocorrência de tantos incestos, apesar do tabu.) Nós temos e precisamos claramente de muitos outros princípios para nos moldar e moldar a nossa sociedade. As origens da moralidade estão longe de ser esclarecidas, e longe da teoria evolucionista.

O QUE É O BEM?

A ciência e a religião contêm fragmentos da verdade moral, independentemente de você adotar ou não de modo integral os seus programas. Mas se elas não o satisfazem por si mesmas, há uma outra maneira de abordar a moralidade e a ética: a filosofia secular. "O que é o Bem?" talvez seja a pergunta mais antiga na filosofia. A filosofia ocidental oferece pelo menos três maneiras de pensar sobre a resposta: naturalismo, antinaturalismo e ética da virtude. Cada um apresenta muitas variações.

Platão foi o primeiro naturalista. Fundou a tradição essencialista, que sustenta que existe uma Forma universal que é a Bondade. Para Platão, a Forma é uma idéia, não uma coisa material, porém real. Ele separa o mundo das aparências — coisas concretas como as observamos — do mundo das idéias, ou Formas. Todas as coisas na terra são cópias de Formas, e enquanto as Formas são perfeitas (isto é, ideais), as cópias são necessariamente imperfeitas. Segundo Platão e seus seguidores, há um ideal de Bondade. Para sermos seres morais, devemos copiar o ideal da maneira mais exata possível. À medida que o tempo passa e adquirimos mais compreensão, nós nos tornamos capazes de fazer reproduções cada vez melhores, sempre nos aproximando do ideal de Bondade. No âmbito das idéias, a Bondade desempenha o papel do sol: o seu brilho ilumina todas as outras idéias.

Entretanto, Platão não fornece — e diz que não pode — uma definição específica de Bondade. Ele acredita que a mente pode apreender a essência, embora não possa expressá-la em palavras. Isto vira um círculo — uma pessoa boa é uma pessoa plena dessa essência (indefinível); uma pessoa plena dessa essência (indefinível) é uma pessoa boa —, portanto, para compreendê-la você tem de fazer as pazes com o conhecimento intuitivo, em vez do explícito, da Bondade.

Platão acreditava firmemente que a educação ética era fundamental para um comportamento moral. Insistia que as habilidades do pensamento crítico (na sua época, isso significava geometria euclidiana) eram as precursoras necessárias ao raciocínio moral. Ele ficaria pasmo com a nossa maneira de ensinar ética a crianças pequenas — se é que ensinamos. Se Platão tivesse acesso à educação americana contemporânea como um todo, ele a acharia eticamente pobre e moralmente falida.

Talvez seja bom seguir o conselho de Platão e estabelecer o fundamento do pensamento crítico e da matemática antes de mergulharmos na ética. Resumidamente, deveríamos ensinar como raciocinar sobre causa e efeito. Se você tem filho pequeno, pense em quantas vezes por dia se escuta dizendo: "não se deve fazer isso", ou "seja uma boa menina e...", "isso está errado!" É verdade que não se pode fazer um discurso para uma criança de dois anos sobre todos os motivos. Mas quando os filhos crescem, você precisa fornecer mais porquês e ajudá-los a desenvolver suas próprias habilidades de raciocinar mo-

MAIS PLATÃO, MENOS PROZAC

ralmente sobre suas ações, ou suas normas não passarão de uma lista de regulamentos aparentemente aleatórios. As escolas não mais farão isso por você, e sem isso, os seus filhos não terão capacidade de se conduzirem moralmente, o que a maturidade pessoal e social exige. Também não terá a sua submissão!

Na medida em que os sociobiólogos como Wilson acreditam que a ética surge da natureza, eles são também naturalistas, embora não precisem compartilhar necessariamente a visão essencialista de Platão. E as religiões também são naturalistas, pois atribuem a Bondade a Deus, que, supostamente, a concede a nós.

O antinaturalismo é a segunda principal escola filosófica ocidental, que também apresenta variações. O antinaturalismo afirma, de modo geral, que nada na natureza é ou bom ou mau. Ou seja, o que é natural e o que é moral são distintos. Hobbes, um nominalista, é um importante defensor dessa escola. Como vimos, os nominalistas afirmam que não há nada universal, que o bem e o mal são apenas nomes que damos às coisas. Não há nada bom ou mau, diria ele, mas somente aquilo de que as pessoas gostam ou não gostam. A moralidade, na prática, é restrita, pessoal e subjetiva. Nunca duas pessoas concordarão plenamente sobre as regras básicas, o que explica por que entramos em conflito tão facilmente.

G. E. Moore, outro antinaturalista importante, acreditava que, embora existam muitas coisas que podemos medir com instrumentos, o Bem não é uma delas. O Bem é indefinível, não analisável. Quando tentamos avaliá-lo, cometemos a "falácia naturalista". Moore não reconhece nenhuma essência detectável da Bondade. Ninguém pode dizer o que significa Bem, diz ele, e, certamente, não se trata apenas de uma questão de rotular as coisas (para diferenciar sua posição da de Hobbes). Moore acreditava que há ações certas e erradas, mas que não podem derivar de nenhuma concepção concreta do Bem.

"Então, o 'Bem', se com isso nos referimos à qualidade que atribuímos a uma coisa quando dizemos que a coisa é boa, não é passível de qualquer definição, no sentido mais importante dessa palavra."

G. E. MOORE

Hume antecipou a linha de pensamento de Moore. Defendia que nunca se pode "derivar deve de é" — isto é, não se pode tirar nenhuma conclusão lógica a respeito do que deveria ser feito simplesmente do que foi feito. Por exemplo, só porque X machuca Y, não quer dizer que X está errado. Isso só seria possível a partir da suposição adicional de que machucar o outro é errado. Mas, então, seria assumir um princípio moral, não prová-lo. Hume enfatizou que, embora façamos julgamentos de valor, temos de reconhecer que eles não foram extraídos de fatos.

Uma terceira maneira de pensar sobre o Bem é a chamada ética da virtude de Aristóteles, que já vimos em vários casos até aqui. Estudiosos da ética da virtude acreditam que a bondade é um produto das virtudes. Se incutirmos virtudes nas pessoas, elas serão boas. Essa opinião também foi desenvolvida pelos confucianos e por vários moralistas religiosos.

"Portanto, é possível se exceder, ou não avançar o bastante, no medo, orgulho, desejo, raiva, piedade, e prazer e dor de maneira geral, e tanto o excesso quanto a insuficiência são igualmente errados; mas sentir essas emoções na hora certa, pelos objetos certos e em relação às pessoas certas, pelos motivos certos e da maneira certa, é o melhor nessa situação, o que significa virtude."

ARISTÓTELES

Devido aos limites inerentes a todas as abordagens delineadas acima, dá para perceber que você terá muito trabalho. Mas antes de

MAIS PLATÃO, MENOS PROZAC

começar, quero incluir duas últimas perspectivas oriundas da filosofia oriental. Você chegou até aqui na tentativa de aperfeiçoar a sua maneira de pensar o significado da bondade e, para complicar, viu muitas teorias em pouco tempo. Aqui está uma que você pode pôr em prática imediatamente: a doutrina de *ahimsa*, ou não ferir. Um princípio básico da filosofia hindu, extraído do jainismo, é que praticar o *ahimsa* significa agir para assegurar que não cause nenhum mal a seres sensíveis. É uma medida muito simples do bem. A sua bondade é inversamente proporcional ao mal que você causa a seres sencientes. O que fere outros é mau; o que é mau fere outros. O que ajuda outros é bom; o que é bom ajuda outros.

Se prestou bem atenção você deve ter notado que o *ahimsa* se refere não somente a outras pessoas, mas a todos os seres sensíveis. A orientação judaico-cristã em geral não se estende aos animais — afinal, no Gênese, é dado explicitamente aos humanos o domínio sobre eles, e não perdemos tempo em exercer esse poder. Creio que você pode aplicar de modo proveitoso o princípio estendendo-o aos humanos em primeiro lugar, e, certamente, está certo supondo que quanto mais sensível a forma de vida, mais mal você pode lhe causar. É alimento para as idéias, e um aspecto que não deve ser negligenciado quando moldar o seu próprio sistema. Você precisa saber onde traçar as suas fronteiras — e por quê.

Os hindus reconhecem a ligação entre todas as coisas, e por isso não restringem a aplicação do *ahimsa* aos humanos. De fato, afirmam que essa *avidya* — a ignorância cega, ou fazer o mal sem saber — não poupa uma pessoa das conseqüências de causar o mal (o que conseguimos em um minuto). Perceber o seu potencial para ferir é um *insight* fundamental, e compreender como não ferir deveria ser a sua busca pessoal. Isso significa ter cuidado com o que você pensa, diz e faz.

Ahimsa é uma idéia tão poderosa que ecoa através do tempo e pelo mundo afora. Ouvimos isso no conselho de Hipócrates aos médicos: "Transforme duas coisas em hábito — ajudar ou, pelo menos, não fazer mal." E de novo, implicitamente, na regra de ouro:

"Faça aos outros o que você quer que lhe façam." Aparece em Mateus 7:12: "E assim, tudo o que quereis que vos façam os homens, fazei-o também vós a eles. Porque esta é a lei e os profetas." De modo semelhante, Hillel escreveu: "O que é odioso para você não faça com o seu próximo. Esta é toda a Torá. O resto é comentário." E Aristóteles: "Devemos nos comportar com nossos amigos como gostaríamos que nossos amigos se comportassem conosco." E Confúcio: "O que não quer que lhe façam, não faça aos outros." Se a filosofia ocidental se resume a um comentário do pensamento de Platão, talvez todas as complicações da ética não passem de comentários dessas formulações, e Hillel tenha razão: o resto é comentário.

As tradições hindu e budista explicam as conseqüências de fazer o mal com o *carma*, uma lei moral de causa e efeito. Literalmente, carma significa "os frutos maduros da ação". Como diz o provérbio: "O que vai, vem." Ou como Paulo expressa (na Epístola aos Gálatas 6:7): "Pois o que o homem semear, colherá." Faça o bem e o bem retornará a você; faça o mal e o mal retornará a você. O mistério está na forma em que o efeito voltará e quanto tempo levará. Tendemos a nos esquecer do que fizemos para dar início às coisas (para o melhor ou para o pior), mas isso não significa que não exista uma conexão. Podemos aprender, descobrindo as conexões, onde pôr os pés enquanto prosseguimos. Mas, mesmo que não adivinhemos o padrão, acreditar que ele existe é uma motivação poderosa para fazer a coisa certa. A mensagem essencial é que o que pensamos, dizemos e fazemos tem conseqüências. Na sociedade americana contemporânea, agimos, com excessiva freqüência, como se não estivéssemos familiarizados com esse tipo de responsabilidade.

"Se um homem realiza um feito louvável, que o repita várias vezes; que desenvolva a ânsia de fazer o bem; a felicidade é o resultado do acúmulo de mérito. Mesmo o que age mal encontra alguma felicidade enquanto o [fruto da] sua má ação não amadurece; mas quando amadurece ele vê o seu mau resultado. Mesmo o que faz coisas boas, conhece maus

MAIS PLATÃO, MENOS PROZAC

[dias] enquanto o seu mérito não amadurece; mas quando o
seu mérito amadurece completamente, então ele vê o
resultado feliz de seus feitos louváveis."

BUDA

Se todo esse não-fazer-mal o levou a perguntar se você foi feito
da coisa certa, observe que quando leva o carma em conta, o *ahimsa*
assume uma propriedade de autopreservação — daí o conselho do
Dalai Lama para que seja "egoísta sabiamente".

A filosofia chinesa adota uma abordagem mais prática, ética em
relação à virtude, para definir o Bem. Confúcio faz o mesmo de modo
mais rígido. Suas preocupações primordiais são tradição, estrutura,
dever, família, governo e a manutenção da sociedade. Para ele, o Bem
é simplesmente qualquer coisa que confirme e defenda esses valores.

Na doutrina dos opostos, o Tao ensina que o bem puro não existe.
Lao Tsé acredita que só se pode reconhecer o bem em comparação
com o mal. Kant expõe a mesma idéia de maneira diferente: se houvesse apenas uma mão no universo, como saberíamos se era a es-
querda ou a direita? A famosa espiral do símbolo yin-yang representa
isso, contendo um pequeno círculo da cor oposta dentro dos lados
branco e preto. É um lembrete de que o bem não é o oposto, mas
o complemento do mal, e que tudo contém alguma coisa desse
complemento. Nas horas boas, certifique-se de estar do lado do bem e
evite o mal. Em horas ruins, a sua tarefa é abrir o seu caminho para
a luz através da escuridão.

"Quando todos no mundo compreendem a beleza como o
belo, então a feiúra existe. Quando todos compreendem a
bondade como o bom, então o mal existe."

LAO TSÉ

Provavelmente, você percebeu que ainda não respondemos à
pergunta: "O que é o Bem?" Como pode ver, não existe uma respos-

ta única. E dependendo de quem você escutar, talvez a pergunta não tenha resposta, pelo menos explicitamente. A menos que esteja pronto para assumir completamente um conjunto de linhas mestras existentes, não existe nenhum sistema ético universalmente defensável que você possa usar para dele extrair princípios morais consistentemente viáveis. Não existem argumentos conclusivos onipresentes como fundamento de qualquer teoria ética que exclua todas as outras. Noções do bem foram formuladas de maneiras diferentes por pessoas diferentes. Contudo, isso não nos transforma em relativistas morais: apesar da diversidade dos sistemas éticos, a maioria das pessoas ainda acredita que assassinato, estupro e roubo (entre outros) são errados.

O QUE É CERTO?

Então, sem saber de modo conclusivo o que é bom, como saber o que é certo? Não é nada fácil. Mesmo que você soubesse o que era bom, teria de enfrentar um dilema: a escolha entre duas maneiras principais de compreender o que é certo. Essas duas maneiras são chamadas de deontologia e teleologia.

Os deontologistas acreditam que a condição de certo e de errado de uma ação não tem nada a ver com a bondade e a maldade das suas conseqüências: as ações são certas ou erradas por si mesmas. Por exemplo, se você concorda com os Dez Mandamentos, você tem um conjunto de regras que lhe dizem o que é certo ou errado. Um manual é útil porque ali você pode verificar de antemão se uma ação é certa ou errada. Mas é inútil quando pensamos que quase todas as regras têm exceções. Enquanto a maioria das pessoas concorda quanto às regras básicas (por exemplo. "Não matarás"), a maioria também quer algumas exceções (por exemplo, exceto em legítima defesa, ou guerra, ou aborto ou eutanásia). Por conseguinte, deontologistas, às vezes, acabam se matando por causa das divergências a respeito das exceções à regra "Não matarás". A força da deontologia é ter regras morais; sua fraqueza está na dificuldade de estabelecer exceções viáveis.

Teleologistas acreditam que a condição de certo ou errado de uma ação depende em parte, ou até completamente, da bondade ou maldade de suas conseqüências. Se, por exemplo, você adere ao utilitarismo ("o bem maior para o maior número"), é um teleologista. Enquanto um deontologista condena Robin Hood (porque roubar é errado), um teleologista esperaria para ver o que ele faria com o roubo. Se ele abrisse uma conta na Suíça, o teleologista diria que ele estava errado, pois roubou em proveito próprio; se desse aos pobres, o teleologista diria que ele estava certo, porque estava ajudando outros. Mas, na teleologia, o tiro também pode sair pela culatra. Suponha que um crime foi cometido, e que noventa e nove vizinhos resolvam pegar o primeiro estranho que virem, condená-lo imediatamente e linchá-lo. Eles fazem isso, e todos os noventa e nove dormem bem naquela noite. A maior felicidade para o maior número pode resultar na maior infelicidade para o menor número. A força da teleologia é a sua imparcialidade; a sua fraqueza é a sua desconsideração potencial pelos direitos individuais e o processo apropriado.

Aonde isso o leva, em sua busca de viver da maneira certa? Ao relativismo metaético, para usarmos o termo técnico. Como vimos no Capítulo 8, o relativismo é a crença de que não existe o certo absoluto — de que algumas ações são mais convenientes que outras em determinadas circunstâncias. Metaética é a comparação de sistemas éticos concorrentes: alguns sistemas éticos são mais adequados do que outros em determinadas circunstâncias. Se puder imaginar que, às vezes, a deontologia funciona melhor do que a teleologia, e vice-versa outras vezes, então você é um relativista metaético. Só reze para ninguém lhe pedir para definir *melhor*.

Se neste exato momento você estiver enfrentando um determinado conflito, use-o como teste para desenvolver um sistema pessoal de ética. Apenas certifique-se de que qualquer que seja o resultado específico que obtiver, também funcionará no sentido geral. Ainda que você não tenha um problema moral ou ético imediato, vale a pena preparar a sua teoria, de modo que esteja preparado quando precisar pô-la em prática. Tudo isso é algo que se pode fazer sozinho, ou com um amigo, ou com o parceiro. O aconselhamento profissional sempre é uma opção, se precisar de uma orientação especializada ou se sentir paralisado.

Independentemente de como você faz o trabalho, a chave de uma maneira de pensar duradoura e proveitosa sobre a ética é a coerência. Você precisa formular um sistema com o qual possa viver em harmonia e regras que possa explicar a si mesmo e aos outros.

A ÉTICA EM RISCO

O seu sistema de convicções é composto de vários grupos de crenças e várias categorias: religião, política, estética, crenças dos pais, crenças dos seus pares, e assim por diante. Cada grupo é uma coleção de premissas que você considera verdadeiras e argumentos que considera sólidos, embora a experiência ou a razão possam modificar qualquer um dos elementos a qualquer hora. Esses grupos quase sempre coexistem desconfortavelmente, e conflitos conscientes surgem quando uma premissa considerada verdadeira em um grupo de convicções contradiz uma premissa considerada verdadeira em outro grupo. Por exemplo, você pode esbarrar com a idéia de que "divórcio é pecado". No entanto, diz a si mesmo: "Meus pais são divorciados e são boas pessoas." Você se pergunta se as duas premissas podem ser verdadeiras, mas não tem certeza de que a sua educação religiosa não seja válida, ou a sabedoria recebida da sua família. Sente-se em conflito. Experimenta o que os psicólogos chamam de "dissonância cognitiva". Conselheiros filosóficos chamam de "dissonância existencial". Pessoas comuns diriam "emoções misturadas".

Se nunca elaborou um sistema ético pessoal que o satisfizesse, precisa fazê-lo. Se já o fez, não deixe que um conflito aparente o ponha em pânico ou o force a perder a fé em seu sistema. Deixe que o incite a explorar um pouco mais, aperfeiçoando-o. Talvez você queira

MAIS PLATÃO, MENOS PROZAC

abandonar uma das duas convicções em conflito, mas não é necessário. Pode julgar uma situação problemática baseando-se em caso por caso. Também há maneiras de harmonizar a dissonância por meio da ação em vez da (ou como complemento à) razão. Converse com o seu pastor. Peça aos seus pais a opinião deles a respeito da separação. Escolha o seu parceiro de vida cuidadosamente e trabalhe para manter a relação.

"Ninguém tem uma convicção totalmente independente das outras convicções. As convicções sempre ocorrem em grupos. Sempre ocupam um lugar em sistemas de crenças, nunca isoladas."

THOMAS GREEN

TED

Para lhe dar uma idéia de como pôr seus princípios em ação, contarei o caso de Ted — diretor de uma escola secundária. Embora o seu dilema seja muito específico, começarei por ele porque os problemas e as soluções são razoavelmente fáceis de entender — um luxo se comparado com a maioria das situações da vida real. Como neste caso o processo pode ser isolado, torna-se mais facilmente acessível.

Na escola de Ted, os alunos organizaram uma campanha de arrecadação de fundos para uma associação beneficente local. Como incentivo para os participantes, Ted criou uma loteria com vários prêmios. Os alunos recebiam um tíquete para cada 10 dólares que arrecadassem. Na recepção do escritório de Ted, os alunos colocaram uma série de caixas, cada uma delas com uma etiqueta indicando um dos prêmios da loteria. Os alunos distribuíram seus tíquetes entre as caixas segundo a preferência pessoal por cada prêmio.

No fim da campanha, os alunos se reuniram no auditório para o tão esperado sorteio dos prêmios. Ted fez a introdução de praxe, e tirou um tíquete de cada caixa. Um por um, os alunos se apresentaram para receber seus prêmios — CDs, entradas para o teatro, um vale para uma loja de roupas muito popular, e o grande prêmio: uma *mountain bike* —, acompanhados pelas aclamações dos colegas. No auge da excitação, Ted anunciou a grande soma da contribuição beneficente da escola. Achou que a assembléia foi o ponto alto tanto para o espírito da escola quanto para o espírito de voluntariedade.

Entretanto, no dia seguinte, um aluno foi vê-lo para relatar que a ganhadora da bicicleta não participara da arrecadação de fundos. Tiwana recebera os tíquetes de Clarabel — que havia angariado uma soma considerável — como sinal de amizade. A queixa do aluno criou um dilema ético para Ted. Tiwana deveria receber a bicicleta só porque possuía o tíquete vencedor? O seu direito ao prêmio estaria comprometido por ela não ter participado do levantamento de fundos? A notícia se espalhou rapidamente pela escola e logo os pais começaram a pedir informações sobre o caso.

Mas Ted não sabia como agir. Não conseguia ver uma saída para a situação sem prejudicar os bons sentimentos gerados pelo levantamento de fundos e pela distribuição de prêmios — que, de qualquer maneira, se desgastavam rapidamente sob a tensão dessa revelação. Ficou tão ansioso que começou a perder o sono. Procurou-me em busca de ajuda para encontrar uma solução que o deixasse em paz consigo mesmo. Esboçou as suas opções: Tiwana ficava com a bicicleta; Clarabel ficava com a bicicleta; faria um segundo sorteio da bicicleta, com o tíquete de Tiwana devolvido a Clarabel; Tiwana e Clarabel resolveriam quem ficaria com a bicicleta e uma segunda bicicleta seria comprada e sorteada entre os outros tíquetes que restaram na caixa.

Ted não queria fazer um novo sorteio (a loteria em si havia sido justa) nem comprar outra bicicleta (reduzindo, assim, o dinheiro destinado à doação). Disse-me que havia conversado com as duas meninas e seus pais, e todos, menos um, estavam abertos às diversas maneiras de resolver a situação. O pai de Clarabel, no entanto,

MAIS PLATÃO, MENOS PROZAC

mostrou-se inflexível, afirmando que a bicicleta era de sua filha. Mas Ted sentia-se intuitivamente infeliz com todas as opções mencionadas. Queria tomar a decisão certa, e buscou um aconselhamento ético para ajudá-lo. Resolvemos o problema juntos.

Como vários clientes, Ted havia superado os três primeiros estágios do processo PEACE sozinho (identificação do problema, expressão das emoções e análise das opções), mas, então, empacou. Precisava de uma sugestão filosófica para avaliar o melhor caminho e entender as razões da escolha.

Concordei com Ted quanto à inconveniência de repetir o sorteio, portanto, concentramo-nos nas possibilidades de Tiwana ficar com a bicicleta ou passá-la para Clarabel. Discutimos as idéias filosóficas relevantes para cada possibilidade. O principal *insight* era separar as alegações morais das legais. Legalmente falando, o tíquete (e, portanto, a bicicleta) era de Tiwana, já que Clarabel o dera espontaneamente. A posse, como dizem, neste caso é legal. (É claro que se a posse tivesse sido fraudulenta — se Tiwana tivesse roubado o tíquete de Clarabel —, a lei reconheceria Clarabel como a proprietária legítima.)

Entretanto, legalidade não é o mesmo que moralidade. Neste caso, os tíquetes foram ganhos somente pelos alunos que trabalharam para levantar fundos. Não era o mesmo que um bilhete de loteria federal comprado por alguém que o deu de presente para você. No caso em questão, você tinha de agir pessoalmente de maneira específica — isto é, angariar fundos para a sociedade beneficente — para estar moralmente apto a receber um tíquete. Um advogado diria que, como Clarabel ganhou o tíquete legitimamente e o deu por livre e espontânea vontade a Tiwana, o tíquete (e, portanto, o prêmio) pertencia a Tiwana. Um advogado não se preocuparia com a ofensa moral a outros alunos que haviam trabalhado para levantar o dinheiro, que, por conseguinte, ganharam o direito de concorrer aos prêmios e que, portanto, achavam injusto alguém que não havia arrecadado nem um tostão para a causa levar o grande prêmio. Uma lição sobre ações beneficentes acabou sendo dada a todos aqueles estudantes (e seus pais) que se queixaram. Qual o valor mais elevado da caridade: ajudar os necessitados para exercer a compaixão ou ajudar os necessitados porque você quer ganhar um prêmio? (Também não faça esta pergunta ao seu advogado.)

O esclarecimento do aspecto moral — que Tiwana não estava moralmente habilitada a concorrer aos prêmios — permitiu que Ted visse de modo nítido o rumo que queria tomar. Tinha certeza de que podia se manter moralmente digno e explicar o seu raciocínio para todos, e assim abrandar o que rapidamente se transformara em uma questão explosiva para muita gente. Divulgou uma declaração de que os tíquetes não deviam ser transferidos de um aluno para outro — o que incluía uma desculpa por não ter deixado isso claro no começo. Explicou o seu raciocínio sobre o direito de posse de cada tíquete. Então anunciou que o tíquete que ganhara a bicicleta (e, portanto, a própria bicicleta) pertencia por direito a Clarabel. Evidentemente, Clarabel podia decidir ficar com a bicicleta ou dá-la de presente para a sua amiga. Observe que ninguém podia reclamar do fato de Clarabel ganhar a bicicleta: ela trabalhara para merecer o tíquete. Por outro lado, ninguém podia se queixar se depois ela resolvesse dar a bicicleta à amiga: era um direito de Clarabel dá-la a quem quisesse. Se Tiwana acabou ficando com a bicicleta é um detalhe moralmente irrelevante: o que conta é como ela a conseguiu.

Em nossa sociedade, muitos acham, erroneamente, que a lei estipula padrões morais — qualquer coisa legal, muita gente supõe, é moral. As sociedades refletem princípios morais em suas leis (por exemplo, criminalizando o abuso sexual de crianças porque é prejudicial e, portanto, está errado), mas as sociedades não se tornam necessariamente morais por meio da legislação. Lembre que o genocídio era legal na Alemanha nazista, assim como os expurgos de Stalin (isto é, o assassinato de milhões de inocentes) na União Soviética. Ou pense no aborto e na pena de morte nos Estados Unidos. Ambos são legais, mas ambos têm opositores ferrenhos que os consideram imorais. As companhias de tabaco operam legalmente, mas muitos consideram esse negócio imoral. Por outro lado, muita gente acredita, particularmente, na moralidade da eutanásia, embora continue a ser ilegal. Se você não aprender mais nada com isso, é porque sistemas éticos cuidadosamente concebidos, aplicados por pessoas sensatas, talvez ainda gerem conflitos, pois a moralidade não é uma matéria como a aritmética: nem todas as respostas são objetivamente certas ou erradas.

O outro ponto fundamental destacado pela história de Ted é que as boas intenções não são suficientes para garantir que os padrões éticos sejam preservados. Lembre-se do provérbio sobre a estrada para o inferno que é pavimentada com elas (com as boas intenções, não com os padrões éticos!). Todos os envolvidos com a arrecadação de fundos e a loteria eram bem-intencionados. Mas o conflito sobre os prêmios foi imprevisto, e sua solução exigiu mais trabalho e noites sem dormir do que se poderia imaginar. Entretanto, depois que a contemplação de Ted compreendeu a distinção entre direito moral e legal, ele foi capaz de tomar uma decisão e recuperar o seu equilíbrio como diretor.

Você tem razão de se sentir intimidado pela tarefa à sua frente. Mas a outra lição que aprendemos com Ted foi que podemos elaborar uma solução ética para o seu problema. O Velho Testamento nos diz que Deus salvou Noé do dilúvio não porque ele fosse um modelo de virtude, mas porque era "irrepreensível entre as pessoas de seu tempo" ou "justo entre todos os de sua geração" (Gênese 6:9 e 7:1). Noé tinha seus defeitos, mas, aparentemente, vivia em uma sociedade totalmente corrupta. Os seus esforços em nome da vida boa foram suficientes para reservar o seu lugar na arca. Você não tem de ser perfeito para ser bom.

JACKIE E DAVID

Agora, mais um caso de alguém tentando resolver um dilema moral, para ilustrar como é possível lidar com interesses pessoais conflitantes.

Jackie e David mudaram-se de um subúrbio na Califórnia para a cidade de Nova York dois anos antes de sua filha nascer. David havia conseguido um emprego importante em Wall Street, e Jackie estava mais do que feliz por deixar o trabalho em uma firma para se tornar autônoma e poder experimentar a vida em uma cidade grande. E adoravam cada minuto de seu tempo em Manhattan — depois que se refizeram do choque com o preço dos apartamentos —, desfrutando o sucesso profissional, com as carreiras dos dois em franca ascensão, o que teria sido impossível em sua cidade natal, e as muitas vantagens culturais de Nova York.

Mas agora que tinham uma filha, Tamara, de dois anos, Jackie começou a ter dúvidas sobre a conveniência de permanecerem na cidade. Preocupava-se com a segurança e a educação de sua filha. Por mais que Jackie apreciasse as oportunidades da cidade, ela se perguntava se a pequena cidade da Califórnia onde crescera e se casara não ofereceria uma infância mais saudável para sua filha. Conhecia bem as excelentes escolas de sua cidade e achava a competição acirrada pelas vagas nas melhores escolas particulares de Manhattan — e a ferocidade da competição entre as escolas — intimidadora e não totalmente saudável. E o preço! Receava nunca ser capaz de deixar Tamara ir à escola sozinha — aliás, nem à loja da esquina — em Nova York, e guardava como um tesouro as recordações de suas tardes despreocupadas fora de casa com seus amigos. Em relação a si mesma, não se importava com o implacável interesse dos nova-iorquinos pela realização, mas ficava ansiosa em relação ao impacto que a concentração no que você faz e em quanto ganha, em oposição ao que você realmente é, teria sobre a menina.

Por outro lado, como sabia por experiência própria, as oportunidades culturais e profissionais oferecidas por Manhattan ultrapassavam em muito as oferecidas pelo subúrbio. Nas escolas particulares de Nova York, as crianças do jardim-de-infância aprendiam xadrez e computação. Muitos dos estudantes no último ano do segundo grau são admitidos nas principais universidades americanas e já passavam por estágios com pesquisadores importantes. Jackie imaginou levar

Tamara todo sábado a um museu de arte diferente, inscrevê-la para aulas de canto com um artista da Broadway, dar-lhe ingressos para a temporada de balé em seu aniversário. Ou numa suburbana na Califórnia... percorrendo os corredores de um shopping? Aulas de sapateado no centro de recreação? Bem, havia sido bom para ela. Mas depois, na adolescência, passou muitos fins de semana inquietos.

Os pais de Jackie e de David e suas famílias viviam na Costa Oeste. Quando se mudaram, era bom visitá-los algumas vezes por ano, mas agora as tias e os tios se queixavam de que Tamara era um ser completamente diferente a cada vez que a viam, que estava crescendo e mudando rapidamente. Jackie e David deixaram um grande e sólido círculo de amigos na Califórnia, e muitos deles também tinham filhos. Em Nova York, tinham vários conhecidos com os quais conviviam socialmente, mas amizades profundas precisam de tempo para se desenvolver. Jackie se perguntava se as vantagens de Nova York compensariam a distância da família e dos amigos. De uma coisa ela tinha certeza: se tivesse de ficar no subúrbio, que fosse perto da família e dos amigos. Nada de ir muito para o interior.

David, por sua vez, estava satisfeito em Nova York. Mas também queria o melhor para sua filha e disse a Jackie que se mudaria de novo para a Califórnia se ela estivesse convencida de que era fundamental. Estava ciente de que os dois pagariam um preço, prejudicando o progresso profissional e a renda familiar, mas não lamentaria reduzir os pagamentos da hipoteca e ter de novo um quintal.

A disparidade dos níveis de preocupação com a situação estava provocando tensão no casamento, embora concordassem na vontade de fazer a coisa certa como pais. David queria que Jackie superasse a ansiedade, relaxasse e desfrutasse a vida familiar — inclusive as carreiras ascendentes e a conta no banco. Jackie queria que David compartilhasse da sua ansiedade e tentasse achar uma solução junto com ela, e não simplesmente dizer que faria o que ela decidisse.

Jackie tinha na cabeça uma extensa lista dos prós e contras de cada situação, mas não estava conseguindo pesá-los sozinha. David perdera a paciência com o círculo interminável de dúvidas. A melhor amiga dela vivia na Califórnia, de modo que conversar com ela sobre o assunto só podia resultar na resposta: volte para casa! Foi quando Jackie me procurou.

Ela enfrentava um verdadeiro dilema: duas opções, nenhuma das quais plenamente satisfatória. Sentia que queria encontrar e seguir o caminho moral — queria ser uma pessoa moral e uma boa mãe. Ela sabia intuitivamente que as relações eram tanto morais como emocionais, e queria fazer o melhor para sua filha. Estava determinada a isso, mesmo que significasse escolher algo menos desejável para ela pessoalmente. Jackie estava disposta a pôr de lado coisas materiais e possibilidades profissionais, se necessário. Em suma, estava tentando levar uma vida boa. Mas estava se defrontando com a questão inevitável: o que isso significa? O que é uma vida boa? O que é ser bom? Fazer o bem? O bem para quem?

Mesmo se pudéssemos concordar com o que é a bondade (o que, como vimos, não é possível), ainda assim teríamos que analisar essas questões com cuidado, porque as respostas se aplicam de maneiras diferentes em situações diferentes. Uma banana boa, por exemplo, não é a mesma coisa que uma maçã boa — as qualidades que compõem o *bom* podem variar de acordo com o que se está analisando. De modo semelhante, ser uma boa mãe pode significar uma coisa, e outra ser boa esposa, e outra ainda ser boa funcionária. Esses interesses se combinam com freqüência, mas quando não se encaixam, o conflito resultante pode causar muita tristeza, como Jackie estava percebendo.

O que finalmente a levou a consultar uma terceira parte não foi a impossibilidade de se decidir entre Nova York e a Califórnia, mas o seu medo de que a decisão pudesse prejudicar o seu casamento. E se o melhor para Tamara fosse se mudar para a Califórnia, mas o melhor para a relação entre Jackie e David fosse permanecer em Nova York? E uma escolha baseada nas necessidades de Tamara em detrimento do casamento seria o melhor para a sua filha?

Não havia dúvida de que Jackie tinha de tomar uma decisão, de modo que a primeira coisa que lhe pedi foi para anotar a lista de prós

MAIS PLATÃO, MENOS PROZAC

e contras e classificá-las. Raramente é possível apenas somar cada coluna e tomar a decisão baseado nos resultados, mas ter algo concreto com que trabalhar pode ajudar a esclarecer suas preferências e lhe oferece uma base para compará-las. Para Jackie, foi um primeiro passo útil na articulação do que ela queria.

A questão que faltava era a principal: como pesar todos esses fatores que competem entre si? A fase seguinte serviu para Jackie verificar as suas suposições, para que formasse um quadro nítido e verdadeiro de suas opções. Por exemplo, Jackie disse que temia expor a filha à violência da cidade de Nova York. Mas a realidade da violência em Nova York divergia do mito das ruas pobres. As manchetes não contam a história toda, mas mesmo ali ela tinha ignorado as manchetes sobre queda dos índices de criminalidade e dado atenção às diversas tragédias absurdas que fazem as notícias. Coisas ruins acontecem em toda parte, ela foi obrigada a perceber, e voltar a morar no subúrbio não era, de jeito nenhum, uma garantia de proteger Tamara do mal. A propósito, Jackie também deveria considerar a imagem de uma Tamara de dezesseis anos sozinha no metrô contra a imagem de uma Tamara de dezesseis anos dirigindo um carro, para o confronto final Nova York versus Califórnia. Jackie e David certamente protegeriam o máximo possível a sua filha onde quer que morassem, dando-lhe, tanto quanto qualquer outro, a possibilidade de ter uma infância segura.

Com a série de opções assim esclarecidas, Jackie pôde perceber nitidamente que não havia uma resposta certa, e nem mesmo o aconselhamento profissional mudaria isso. O lado positivo era que nenhuma situação se mostrava inteiramente ruim. Ela teria uma mistura de coisas boas e más, independentemente do que fizesse. Encontrou consolo na doutrina do Tao de que não se pode reconhecer o positivo sem um negativo para servir de contraste. As complicações que enfrentou ressaltaram os excelentes aspectos de cada alternativa disponível. Do mesmo modo, a Época de Ouro da economia dos Estados Unidos, a fantástica prosperidade dos anos de Eisenhower e Kennedy, foi vivida à sombra da Guerra Fria. Sabíamos o que provavelmente perderíamos, portanto nos esmeramos para sustentá-la.

Jackie finalmente percebeu que, com o carinho dos pais, Tamara se desenvolveria em qualquer lugar, de modo que a decisão devia ser tomada considerando-se outros fatores, e não somente as suas necessidades. Jackie também sabia que teria de tomar uma decisão e então se adaptar a ela, silenciando o debate interior do tipo deveríamos ou não deveríamos, para viver plenamente a escolha que fizesse. Aliviada por ver que a decisão não era tão crítica quanto imaginava, sentiu-se livre para selecionar suas vantagens e desvantagens, já que, onde quer que estivesse, estaria vivendo em um mundo imperfeito. Não havia uma escolha absolutamente certa nem absolutamente errada. O medo de que houvesse uma opção melhor, mas que ela não conseguia identificar, é que a estava atormentando. Finalmente, percebeu que qualquer decisão sua não seria, evidentemente, irrevogável. Tinha que dar uma chance à sua escolha, e se achasse que os defeitos eram grandes demais para serem compensados pelos benefícios, poderia mudar de idéia.

Como tudo muda, a resposta certa agora, com uma criança pequena, talvez não fosse a certa para a mesma família com uma filha adolescente, ou com irmãos, ou com uma nova carreira para David. Quando se trata do futuro distante, a filosofia não é uma ferramenta para prognósticos. É muito mais útil no presente. E no presente, Jackie compreendeu que não estava numa situação tão difícil. Poderia ser uma boa mãe e dar a educação adequada à filha em qualquer uma das cidades. Compreendeu que há mais fatores envolvidos em uma escolha ética do que num jogo de cara ou coroa, mas não existe nenhuma garantia de que uma opção será absolutamente melhor que outra. A coisa certa, portanto, é extrair o melhor (e evitar o pior) da escolha que fizer.

Jackie, David e Tamara permaneceram em Nova York. Gostavam de lá e as razões pelas quais haviam deixado a Califórnia continuavam válidas. A ansiedade de Jackie quanto a viver em Manhattan com uma filha desapareceu quando se assegurou de que era um ca-

MAIS PLATÃO, MENOS PROZAC

247

minho moral e que não estaria errando com a filha ao satisfazer a si mesma e ao seu marido. Sua equanimidade restaurada estabilizou de novo o seu casamento, de modo que Jackie e David puderam concentrar-se em trabalhar juntos para proporcionar um lar aconchegante e sólido a Tamara.

MICHAEL

Um colega, Keith Burkum, contou-me um dos seus casos, que destaca outro aspecto da tomada de decisão ética e um modo de vida moral. Michael era o prefeito de uma cidade pequena (emprego de meio expediente). Uma organização religiosa planejou abrir um asilo na cidade para pessoas com Aids, mas logo esbarrou em uma oposição local vigorosa. Embora tivessem cumprido todos os requisitos legais, os fundadores do asilo não buscaram ajuda da comunidade ou aprovação pública de seu projeto. As pessoas que protestavam, que pareciam estar agindo exclusivamente por medo irracional ou falta de informação a respeito do HIV, exigiram que Michael fizesse reuniões públicas para divulgar o assunto, com a intenção de impedir a inauguração do asilo.

Havia problemas éticos e estratégicos nos dois lados desse conflito, mas enfocaremos, aqui, o dilema de Michael. Ele ficou imprensado entre suas responsabilidades em relação aos que o elegeram e o seu forte apoio pessoal ao asilo. Acreditava que o grupo religioso estava, de fato, trabalhando para o bem da comunidade que queria detê-lo — a mesma comunidade que o elegera e agora queria impedir o seu novo plano.

Quando Michael levou a sua história a um profissional da filosofia, eles discutiram as idéias de Aristóteles sobre a ação recíproca da ética e da política, que tendemos a olhar como esferas totalmente separadas, uma privada e a outra pública. Para Aristóteles, a vida boa não era simplesmente uma questão de obedecer a um conjunto de regras. A ética da virtude significava desenvolver traços de caráter que o ajudarão a levar esse tipo de vida. E isso significa levar em conta não apenas o que é melhor para você, mas também o que é melhor para o mundo em que vive. Ele relaciona várias virtudes necessárias para se levar uma vida boa, entre elas coragem, justiça, moderação e até mesmo senso de humor.

Michael concentrou-se na justiça. Aristóteles escreveu que, para as pessoas que ocupam posição de liderança, a eqüidade é o elemento fundamental da justiça, à qual se recorre quando a situação está fora do alcance das normas e leis vigentes — como era o caso. Michael concordava com a idéia de Aristóteles de que os políticos são responsáveis pelo bem ético geral da comunidade, como também pelas preocupações específicas de seus eleitores. Assim equipado, Michael começou a procurar uma solução eqüitativa para o conflito que a cidade enfrentava. Pressionou o grupo do asilo, já que seus integrantes também eram membros da comunidade, a informar de modo mais direto e franco sobre o seu programa. Explicou aos que protestavam que não havia riscos para a saúde associados ao asilo e insistiu em que reavaliassem objetivamente os planos apresentados, abandonando o medo infundado em favor de algo que poderia ajudar tanta gente.

> *"O eqüitativo é justo e, ao mesmo tempo, melhor que o justo em um sentido. Não é melhor do que o justo em geral, mas melhor do que o erro decorrente da generalidade da lei. E essa é a verdadeira natureza da eqüidade, uma retificação da lei onde a lei falha por causa de sua universalidade."*

ARISTÓTELES

Michael sentiu que esse caminho seguia o rumo que queria trilhar: um compromisso sério com os desejos do povo que ele representava e o bem maior da comunidade (onde essas duas coisas não se sobrepunham) e também com o que a sua própria consciência ditava. Se seu plano tivesse acalmado a tempestade, teria ficado sa-

MAIS PLATÃO, MENOS PROZAC

tisfeito por ter agido com eqüidade. Mas ele era prefeito no mundo real e, às vezes, o mundo real não se comporta como os filósofos acham que deveria.

Embora o grupo religioso tenha estendido os braços várias vezes para a comunidade em geral e para os que protestavam em particular, suas tentativas foram rejeitadas. O protesto acabou chegando a tal ponto que, temendo por seu futuro político, Michael achou que tinha de permitir a ação legal exigida. O processo para fechar o asilo foi derrotado no tribunal, de modo que, no fim, a cidade ganhou o asilo.

Michael estava otimista quanto à sua reeleição, mas ficou tão desanimado com o papel da virtude em uma democracia que não sabia se gostaria de exercer um novo mandato. Embora tivesse gostado do resultado final, achava que transigira em seus princípios ao permitir o processo. Por outro lado, mesmo numa análise posterior, ele não via outra maneira mais satisfatória de atravessar o campo de batalha.

Michael merece a fama de trabalhar tão arduamente para agir de maneira ética em um mundo quase sempre hostil com aqueles que agem dessa maneira. Ele pode extrair conforto teleológico do fato de que o resultado era a coisa certa, mesmo que o processo necessário para se chegar lá não fosse exatamente a estrada principal. Tentar limpar algo sujo e sem se sujar não é nada fácil — e quase sempre é impossível, como Michael descobriu. Mas onde estaríamos se ninguém tentasse?

O MITO DO ANEL DE GYGES

Gostaria de deixá-lo com uma possível resposta a um enigma de dois mil e quinhentos anos que envolve a dificuldade de se afirmar que algo é certo ou errado. Platão conta o mito do anel de Gyges para fundamentar a sua *República*. Em um diálogo entre Glauco e Sócrates, o primeiro narra o conto: um pastor tropeça em um anel mágico conhecido em toda parte por tornar o dono invisível. Ele não demorou a descobrir todas as coisas que esse poder lhe permitia fazer — escutar às escondidas, roubar, violar propriedade alheia — e rapidamente acumulou riqueza, seduziu a rainha, matou o rei e se tornou o governante daquela terra. Ele fica invisível sempre que quer, por isso saiu-se bem em tudo isso e, agora, desfruta a imunidade de ser rei.

Este poderia ser um caso em que o crime compensa? Acho que não, já que as más ações morais têm vida própria. Se os budistas tivessem razão (não que o budismo estivesse na agenda de Platão) o pastor-rei tomaria cuidado para não se sentar de costas para a porta. Pode-se chegar ao topo da montanha, mas, então, não há mais aonde ir, a não ser a descida.

Mas Platão ainda não terminou essa história. Glauco pergunta a Sócrates como podemos dizer que o pastor agiu errado. Todos nós pegaríamos o anel se tivéssemos a oportunidade, e se o tivéssemos, qual de nós não faria a mesma coisa? Pense nisso: fazer o que quiser e nunca ser punido. A resposta de Sócrates (ou Platão) é *A República*, em que descreve uma sociedade tão perfeita que se um mascate aparecesse na cidade com um carrinho cheio de anéis de Gyges, ninguém pagaria nem um centavo por eles. Se todos tivessem tudo que quisessem, se todos estivessem satisfeitos e realizados, para que serviria um anel como esse? Sua única utilidade é permitir que você obtenha o que quer, e que não conseguiria de outra maneira.

A posição otimista de Platão é a de que devemos nos esforçar para tornar realidade esse mundo melhor, em vez de aplicar a sua energia para encontrar maneiras de se dar bem e escapar de um castigo. Platão tinha em mente uma visão política detalhada para essa utopia. Mas acho que as ações individuais e a responsabilidade pessoal são as principais metas de uma plataforma política. Você finca o alicerce no exato momento em que se compromete a trabalhar para construir uma estrutura ética para a sua vida.

"... dos injustos eu digo que em geral, embora escapem em sua juventude, são descobertos finalmente, e parecem insensatos no fim do trajeto, e quando eles ficam velhos e infelizes, sofrem o escárnio da mesma maneira, tanto por parte do estranho quanto do cidadão; são surrados e, então, surgem essas coisas impróprias para ouvidos polidos..."

PLATÃO

Pessoalmente, gostaria de viver em um mundo onde as pessoas se abstivessem de fazer coisas porque são erradas, e não apenas porque têm medo de serem apanhadas. Espero ansiosamente o dia em que verei o policial na televisão ficar confuso quando um repórter lhe perguntar o que passou em sua cabeça ao devolver os 35.000 dólares em vez de embolsá-los. O dinheiro não lhe pertencia. O seu trabalho é cumprir a lei. O que mais ele faria com o dinheiro além de transformá-lo em uma prova?

12

Descobrindo o significado
e o propósito

"Proclamar que a existência é absurda é negar que possa ter um significado; dizer que é ambígua é afirmar que o seu significado nunca é invariável, que deve ser conquistado permanentemente."

SIMONE DE BEAUVOIR

"Nada contribui tanto para tranqüilizar a mente quanto um propósito estável — um ponto sobre o qual a alma possa fixar o seu olhar intelectual."

MARY WOLLSTONECRAFT

Uma grande praga filosófica do século XX, que certamente nos acompanhará no novo milênio, é a do sentimento generalizado, da falta de objetivo pessoal. Tantas pessoas carecem de um senso de objetivo ou significado em suas vidas que essa falta passou a parecer normal. Mas poucos são felizes dessa maneira. Geralmente não nos satisfazemos com a idéia de que a nossa vida e o nosso mundo são completamente acidentais e sem pé nem cabeça. Quanto mais olhamos nessa direção sem encontrar nenhuma outra explicação, mais difícil é suportar.

Os existencialistas são culpados somente em parte. Eram tão interessantes — reunindo-se na Rive Gauche, fumando cigarros, tendo pensamentos profundos, escrevinhando filosofia e poesia nos guardanapos e toalhas de mesa. Os existencialistas eram realmente insuperáveis em fazer parecer romântico matar Deus e se lançar no abismo.

TALVEZ SEJA APENAS UMA FASE

O foco exclusivo no lado negro dos existencialistas é a nossa única falha, porque, desse modo, somente arranhamos a superfície de sua obra. No fundo, o existencialismo não trata apenas de angústia e terror, ou mesmo de tédio. Quando é assim, não é bom para você, pois lhe rouba grande parte da riqueza da vida. Por isso considero o existencialismo uma fase — algo pelo que se passa e se deixa para trás. Os existencialistas mais bem-sucedidos resgataram um senso de significado e dever secular das cinzas de um mundo anteriormente percebido como criado e projetado por uma força superior. O existencialismo pergunta: "Sem Deus, sem um projeto grandioso, o que faríamos?" Seguir o caminho deles até chegar a esse extremo pode recuperar o seu senso de propósito. Enquanto estiver trabalhando com a suposição de que há uma coisa certa a fazer, o seu propósito passa a ser o de descobrir e fazer a coisa certa.

O existencialismo também dá importância à autenticidade, à responsabilidade individual e ao livre-arbítrio. Portanto, as boas novas são que você terá de escolher como abordar o vazio gerado pela declaração de que Deus está morto. Muita gente que examinou o existencialismo apenas superficialmente concluiu que a vida não tem sentido e que, se é assim, por que se preocupar com seja lá o que for? O meu argumento favorito para impedir essa queda na depressão existencial é: se a vida como a conhecemos é realmente um acidente fantasticamente improvável, mais razão ainda para valorizá-la. Se viemos do nada e retornaremos ao nada, passemos o tempo de que dispomos celebrando o que a vida é. O nosso tempo aqui é precioso — literalmente insubstituível. Portanto, viva de modo autêntico. O

MAIS PLATÃO, MENOS PROZAC

problema é entender o que significa para você viver de modo autêntico, mas uma coisa certamente isso implica: o compromisso com a própria vida — e não a retirada dela. Use o seu livre-arbítrio para optar pela apreciação renovada de cada momento, em lugar do desespero.

Entretanto, esses ângulos do existencialismo são novos para a maioria das pessoas, e muitos estão empacados na noção vaga de que Deus está morto, de que o inferno são as outras pessoas, a náusea do nada e o absurdo da vida. Não se preocupe. O filósofo do seu bairro está aqui para ajudá-lo a enxergar nessa escuridão. Como sei que você vai perguntar, já respondo: não, eu não tenho a resposta definitiva para a questão "Qual é o significado da vida?" Mesmo que tivesse, poderia não ser a mesma para você. Já que esta tem sido a linha clássica de investigação dos filósofos há séculos, tenho algumas ferramentas que você poderá usar para responder à pergunta por si mesmo.

SIGNIFICADO E PROPÓSITO

A primeira chave é distinguir entre significado e propósito. Em geral essas palavras são usadas indiscriminadamente, mas eu gostaria de ressaltar uma distinção entre elas para ajudá-lo a reivindicálas em sua vida. Propósito é um objeto ou fim último a ser alcançado. É uma meta. Significado tem relação com a maneira como você entende a sua vida em uma base contínua. O significado está no modo como as coisas acontecem, não necessariamente no resultado final. A compreensão depende da experiência, e o significado — como a experiência — é muito pessoal.

Digamos que você esteja sentado em um restaurante, olhando o menu. Qual é o propósito do menu? Ajudá-lo a escolher alguma coisa para comer. Qual é o significado do menu? Dar-lhe informação sobre as suas opções. Se estiver em um restaurante na França e não entender nem uma palavra de francês, então o menu não terá o menor significado para você — embora conheça o seu propósito. Portanto, você pode encontrar o propósito sem o significado. Por outro lado, se você for a um restaurante e entender o menu, mas achar os preços exorbitantes e não puder ou não quiser fazer nenhum pedido, então o menu significa algo para você, mas não serve para nenhum propósito. Portanto, é possível encontrar significado sem propósito. Agora, imagine alguém que nunca esteve em um restaurante antes e, além disso, não sabe ler. O menu não terá nenhum significado e não servirá a nenhum propósito. Finalmente, suponha que o menu inclua fotos apetitosas dos pratos principais, e imagine alguém que — em vez de fazer o pedido da comida — comece a comer as fotos. Essa pessoa estaria confundindo significado com propósito.

A mesma coisa se aplica quando você viaja de carro e consulta o mapa rodoviário. O significado do mapa é a representação do território; o propósito do mapa é guiá-lo ao seu destino. Você não supõe normalmente que, ao traçar a sua rota em um mapa, completará a sua viagem de verdade. Mais uma vez, estaria confundindo significado com propósito. Este é essencialmente o conselho filosófico de Alfred Korzybski (e depois Alan Watts), que advertiu que o menu não é a refeição e que o mapa não é o território. Do mesmo modo, o significado não é o propósito.

> *"Um mapa não é o território que representa, mas, se for correto, tem uma estrutura semelhante ao território, o que dá razão à sua utilidade."*
>
> ALFRED KORZYBSKI

Portanto, se você já tem um propósito, então compreender o significado das coisas pode ajudar a realizá-lo. Mas se não tiver nenhum propósito, ou não conseguir descobrir um, o significado será menos útil. O mapa mais preciso do mundo é inútil se você não vai a lugar nenhum. Nem sempre se quer um mapa, ou se precisa saber aonde se está indo. Fazer compras em uma cidade estrangeira sem um guia, ou explorar um deserto sem um mapa pode ser arriscado, mas também muito gratificante. O seu propósito pode ser simplesmente explorar, e você pode atribuir um significado a tudo o que encontrar na viagem. Voltamos às disposições filosóficas individuais: significado e propósito dependem muito de você. As coisas simples podem ser muito significativas; coisas inexplicáveis podem ser bastante intencionais.

> *"Abraço o comum, exploro e me sento aos pés do familiar. Faça-me apreender o hoje, e poderá ter os mundos antigo e futuro. Do que saberíamos realmente o significado? A farinha no barrilete; o leite na vasilha; a balada na rua; as notícias do barco."*

> RALPH WALDO EMERSON

Somos muito mais felizes se acreditamos que temos um propósito, independentemente de saber que propósito é ou pode ser. Mas somos ainda mais felizes quando sabemos qual é o propósito, porque isso nos ajuda a encontrar o significado. Várias coisas com significado não fazem parte de nosso propósito, embora isso não as torne menos significativas. Também podemos encontrar significado à nossa volta sem saber qual é o nosso propósito (e, portanto, sem saber o que se ajusta ao nosso propósito). Você também pode estar seguro a respeito de seu propósito predominante, mas combate a falta de sentido diariamente. Portanto, o propósito não é nenhum tipo de garantia para que você perceba sentido na sua vida, no caso de estar pensando em simplesmente pôr-se de acordo com alguém que lhe oferece um propósito já pronto.

Talvez você tenha um propósito que oriente a sua vida inteira ou, o que é mais provável, uma série variável de propósitos em diferentes épocas de sua vida. Talvez ache a paternidade o seu propósito mais elevado durante muito tempo. Mas quando seus filhos crescerem, pode transferir essa ênfase para a sua carreira, ou para seu desenvolvimento pessoal. Ou, para dar outro exemplo, talvez se sinta com vocação para a odontologia, mas se você quiser fazer algo mais do que agüentar a aposentadoria, seria melhor ter outra prioridade na época em que não estiver atendendo pacientes diariamente. O seu propósito atual pode ser descobrir o propósito seguinte, ou o propósito geral, como o psicoterapeuta do Capítulo 10, que deixou seu trabalho sem saber o que faria depois para ganhar a vida. Vale a pena repetir aqui o Eclesiástico: "Para tudo há uma estação, e um tempo para todo propósito na terra."

O propósito é mais perseguido do que se imagina, mesmo que não o reconheça. Deve lembrar-se disto se alguma vez pensar em adotar para você os sonhos de outra pessoa. Não importa durante quanto tempo a tia Millie acalentou o sonho de vê-lo como um neurocirurgião; se tocar oboé é a única coisa que o estimula, vá em frente e pegue o emprego de meio expediente na sinfônica e um bico para ajudar no aluguel. Escolas de Medicina estarão ali mesmo, caso você mude de idéia. Você nunca ficará tranqüilo se ignorar seus próprios desejos. O seu propósito não será eliminado facilmente.

Coordenei um Fórum mensal de filósofos em uma livraria local, e um dos participantes era um niilista confesso — não acreditava em nada, e não tinha ideais, lealdades ou propósito. Mas lá estava ele, todo mês, sempre no centro de um grupo de pessoas, tentando confundir alguma questão, deleitando-se claramente com as reações provocadas por sua postura radical. O seu propósito seria dizer a todo mundo que não existe nenhum propósito? Negar o significado tinha significado para ele.

Sem a flexibilidade para perseguir propósitos diferentes durante a sua vida, você terminaria como a rainha "mais popular" do baile de formatura, continuando a viver na glória do passado vinte anos depois, sem uma nova visão de si mesma. Não fomos feitos para uma única coisa. Fomos feitos para fazer uma coisa de cada vez. Não se aferre a uma só coisa, estendendo-a além do seu tempo. Se você realiza um propósito, ninguém pode tirá-lo de você. Mas não durará para sempre. Nada dura. Pode apreciá-lo, pode revivê-lo, mas tem de estar disposto a abandoná-lo. Não poderá encontrar outro propósito, se não abrir mão desse. Não é fácil, e é por isso que você reconhece a imagem da rainha do baile que não consegue mudar. É uma situação comum. Em "To an Athlete Dying Young", A. E. Housman escreve: "Smart lad, to slip betimes away/From fields where glory does not stay/.../Now you will not swell the rout/Of lads that wore their honors out..."* Se não quiser morrer jovem só para evitar uma transição de propósito, a sua outra opção é permitir o surgimento de outros propósitos quando concluir os antigos. É preciso coragem, mas você tem de seguir em frente.

O propósito não é algo que se tem só porque se está a fim. Ninguém nem nada pode lhe dar um propósito. Tem de descobri-lo sozinho. O verdadeiro propósito pode não ser óbvio e pode levar muito tempo para se revelar, mas isso não quer dizer que não exista. Enquanto você descobrir significado ao longo da vida, o tempo não será desperdiçado.

Também é mais fácil acreditar em um propósito desconhecido do que decifrar um significado desconhecido. Descobrir o significado pode ser um desafio constante. Ao mesmo tempo, você precisa manter a perspectiva das coisas. Se ficar preso em um engarrafamento, a sua frustração e os minutos perdidos podem suprimir igualmente o significado e o propósito. Em vez de ficar com raiva da estrada, será preferível analisar a inevitável passagem do tempo e a melhor maneira de usá-la.

"Segure firme o tempo! Vigie-o, vele por ele, cada hora, cada minuto! Se não prestar atenção, ele escapa... Que cada momento seja sagrado. Dê a cada um clareza e significado, a cada um o peso da sua consciência, a cada um a sua verdadeira e devida realização."

THOMAS MANN

---

*Rapaz inteligente, os bons tempos escaparam/dos campos onde a glória não permanece/.../Agora não fará parte da debandada/de rapazes que desgastaram suas honras...

Em vez de buzinar ou praguejar contra o idiota que lhe deu uma fechada, ou trocar tiros com ele, respire fundo. Em vez de mostrar o dedo para alguém que buzina para você, pense em como tem sorte por estar respirando. Você não pode dissolver o engarrafamento, mas pode dissolver a tensão ao ficar preso em um.

No poema "If" ("Se"), a sugestão de Kipling para se viver bem é "preencher o minuto implacável com sessenta segundos de corrida de longa distância." Sugeria encontrar significado nos breves momentos da vida comum, em vez de simplesmente desperdiçá-los, e o surgimento do propósito a partir do acúmulo desses momentos. A estrada é pavimentada com significado, e leva ao propósito.

> *"Se puder preencher o minuto implacável*
> *Com sessenta segundos de corrida de longa distância —*
> *Sua é a Terra e tudo que há nela,*
> *E — além disso — você será um Homem, meu filho!"*

RUDYARD KIPLING

De modo equivalente, você será uma Mulher, minha filha (só que, no original em inglês, não rimava).

Às vezes, pode ser muito difícil compreender a vida. Gostaríamos de encontrar um padrão — algo mais que um acúmulo de hábitos, ou um impulso para a transmissão de nossos genes. Queremos que esse padrão nos empurre para coisas melhores. Uma perspectiva tão otimista é o bálsamo mais suave quando algo nos machuca. Coisas ruins podem acontecer, mas experimentá-las pode nos tornar pessoas melhores. Filósofos, de Heráclito a Lao Tsé, concordam que a mudança é a única constante na vida, e todos temos nossos altos e baixos. Gostaríamos de acreditar que aquilo por que passamos (particularmente as coisas ruins) deve nos ensinar uma lição e nos permitir ser mais do que seríamos de outra maneira. Não posso dizer se alguém ou alguma coisa nos ofereceu essas experiências com qualquer intenção de aprendermos algo. Porém como indivíduos com

COMPREENSÃO CORRETA DO PASSADO

Muitos dos meus clientes acham útil conversar e refletir sobre significado e propósito. Os que se sentem perdidos freqüentemente percebem que, na verdade, obedecem a um propósito que os ancora enquanto descobrem o outro. Você não tem de pôr o seu dedo em ambos a cada minuto para ter uma vida realizada. A incerteza atual em relação ao seu propósito não é sinônimo de uma vida sem propósito. Além disso, é um erro supor que a sua experiência não tem sentido só porque não percebe de imediato o seu significado. Vou demonstrar isso.

Pense em um homem que, depois de sessenta e seis anos, examinou sua vida retrospectivamente e se considerou um fracasso abjeto: Winston Churchill. Ele foi soldado, jornalista, parlamentar e escritor, publicando seu primeiro livro antes de completar vinte e cinco anos. Tinha servido como oficial superior do Almirantado. Foi eleito para o Parlamento quando ainda era jovem, e depois ocupou vários cargos importantes no governo. Mas ele estava convencido de que a sua verdadeira missão na vida era ser primeiro-ministro e, não tendo conseguido atingir essa posição até então, achava que não tinha valor, apesar de suas muitas realizações. É claro que chegou a sua vez, e a história tem uma opinião sobre o homem inteiramente oposta à sua própria opinião aos sessenta e seis anos.

A percepção correta do passado nos mostra que todas as experiências anteriores de Churchill foram preparações necessárias para o seu alto cargo no governo, e que ele não teria sido o grande líder mundial que foi se tivesse se mudado para o número 10 de Downing Street cedo demais. Os fatalistas diriam que a história havia reservado o seu propósito final — fazer frente a Hitler e vencer a Batalha da Grã-Bretanha —, embora ele não pudesse saber disso enquanto se preparava para realizá-lo.

Não se salta de lugar nenhum para algum lugar. Estamos sempre em algum lugar. Mesmo que você não queira estar onde está neste exato momento, ou não saiba onde está, ainda assim é um ponto em seu caminho. Churchill achou que não cumprira a sua vocação, pois não percebia que continuava no caminho certo, só que ainda não chegara ao seu destino. Se você, como Churchill (deleite-se com isso, não é todo dia que podemos dizer: "Oh, sim, sou como Winston Churchill"), acha que está perdido, pode ser que simplesmente não tenha ainda percebido o seu padrão. Você pode ser levado numa direção — ou envolvido em algo — importante sem saber.

Uma vida com sentido apresenta sempre um padrão complicado, e se vai ser complicado, terá elementos que não compreendemos quando acontecem. Somente depois veremos onde eles se enquadram no padrão. Eudora Welty recomenda "um respeito permanente pelo desconhecido na vida humana e um senso de onde procurar os fios, como segui-los, como conectá-los, encontrar no emaranhado a linha exata que persiste. Os filamentos estão todos ali: na memória, nada se perde."

DEUS PRECISA DE VOCÊ

Os gregos antigos viam o mundo como um local ordenado, com tudo se desenvolvendo para um propósito particular, ou "finalidade", chamado *telos*. Sua filosofia do propósito é chamada de "teleologia". Supunham que também as pessoas tinham um propósito, assim como todas as coisas na natureza. Essa maneira de pensar refletiu-se nos eruditos judeus e foi incorporada pelos pensadores cristãos. Teologicamente, o propósito da vida terrena é preparar para o céu, ou para o Messias ou para o Dia do Juízo Final, ou para redimir a sua alma, ou algo semelhante (dependendo da teologia). A religião foi tão bem-sucedida através dos tempos em parte por fornecer significado e propósito aos indivíduos. Essas coisas tornam-se mais difíceis em uma sociedade consumista — não se pode encontrar significado ou propósito em um catálogo da Sears ou encomendá-los pelo canal Shoptime —, de modo que o caminho de uma religião organizada pode ser extremamente atraente.

"Como o homem existiria se Deus não precisasse dele, e como você existiria? Você precisa de Deus para ser, e Deus precisa de você — pois esse é o sentido da sua vida."

MARTIN BUBER

Tradições judaico-cristãs supõem que a vida tem um sentido superior. Mas à medida que a nossa sociedade foi se afastando dessas raízes, o significado foi ficando obscuro. Se você ainda se alimenta dessas raízes, está em posição vantajosa, em se tratando de conhecer o seu propósito. Todas as instituições fortemente estruturadas — como religiões, ou as forças armadas, ou grandes empresas — fornecem-lhe significado e propósito em troca de tudo que exigem e da ordem que impõem em sua vida. Mas ninguém, nem mesmo Deus, um general ou um diretor-executivo, oferece um significado ou um propósito pronto, completo, assinado, selado e entregue. O mais provável é que forneçam a argila que você esculpirá. Pelo menos, você não está tentando imaginar como fazer a argila. Para os que estão, este capítulo é praticamente uma receita.

O MONGE

Só para o caso de você querer um exemplo relacionado à religião, segue a história que prova que a fé não é nenhuma garantia duradoura. Um colega de aconselhamento filosófico, Ben Mijuskovic, tinha um paciente, Fred, que havia sido monge por dez anos. Fred havia lutado com os sintomas da depressão — fadiga, insônia, desesperança, impotência, e até mesmo idéias de suicídio — por algum tempo. Como o aconselhamento pastoral não aliviou o seu sofrimento, ele procurou um psicólogo. Ele tinha tido uma infância feliz e segura e havia sido devotado, com alegria, à sua ordem durante quase toda a sua vida adulta; portanto, o exame do seu passado tampouco lhe trouxe alívio. Por fim, tentou medicamentos sem sucesso. Depois de conversar com um conselheiro filosófico, entendeu por quê.

Fred explicou que a parte mais dolorosa da sua depressão era que a sua fé perdera o sentido. Ao prosseguir, também lamentou o que os seus votos haviam lhe custado: não tinha uma família biológica, nenhuma intimidade sexual, nenhuma participação regular no mundo cotidiano. Durante quase todos os seus anos no mosteiro, aceitara com gratidão os benefícios trazidos por esses sacrifícios: uma espiritualidade profunda, um relacionamento pessoal com Deus, e a capacidade de partilhar com os outros a paz e a alegria permanentes que isso lhe proporcionava. Odiava a sua depressão por tirar-lhe a satisfação que a sua vida monástica lhe oferecia antes.

Ben perguntou se não seria possível que a perda de significado estivesse causando a depressão, e não o contrário. Os americanos têm sido bombardeados com tanta propaganda sobre desequilíbrios químicos que causam a depressão que perdemos de vista o fato de que nossos estados mentais também devem ter um papel fundamental em nossa química cerebral. Nem toda depressão tem origem estritamente física. Ben se perguntou se Fred seria filosófico. Afinal, já tentara o método clínico sem sucesso, o que sugeria que algo além de um desequilíbrio químico estivesse atuando.

Fred quase não pensou antes de responder. Assim que ouviu a pergunta, percebeu que simplesmente estivera olhando pelo lado errado do telescópio. Estivera tão completamente (e, até recentemente, feliz) aferrado em ser monge que não reconhecera o começo da mudança em suas convicções. Com a continuação das sessões, Fred teve tempo de digerir essa nova percepção de si mesmo, e admitiu que não estava mais satisfeito com a vida na clausura. Tinha crescido, amadurecido — mudado. Receava que o caminho que seguia não fosse mais o caminho para o seu eu verdadeiro.. Havia perdido o senso de propósito e, com ele, o senso do significado da vida cotidiana. Fred nunca tinha experimentado a vida adulta sem um propósito definido. Não era de admirar que estivesse deprimido! Fred acabou decidindo deixar o mosteiro. Renunciar aos votos religiosos não é, evidentemente, uma tarefa fácil, e foi uma decisão sofrida. Mas mesmo enquanto lutava para construir uma nova vida no mundo fora do claustro, a sua depressão se evaporou. Ele descreveu uma sensação muito forte de libertação e renovação. Continuou a ser uma pessoa extremamente religiosa, sem abandonar alguns rituais do mosteiro em sua nova vida. Estava inseguro quanto ao novo propósito — ou nova fase do mesmo propósito geral — que iluminaria a sua vida, mas estava disposto a esperar que se desenvolvesse.

Descobrir propósito e significado pode acarretar muito trabalho, mesmo com fé religiosa. A história de Fred também demonstra que qualquer um pode passar por uma crise filosófica — e conseguir superá-la, por mais profunda ou complexa que seja. Como no caso de Fred, o *insight* filosófico que o fez dar a volta pode ser insignificante. O poder vem do fato de você aproveitar o tempo para absorver completamente o impacto.

DEUS ME ASSALTOU

Outro colega meu, Peter Raabe, teve um cliente com um conflito espiritual muito difícil, que também foi resolvido filosoficamente. Sherman era um alcoólatra e viciado em drogas em recuperação, que passara a adolescência roubando para sustentar seus vícios. Alguns anos antes, um despertar repentino para o desperdício de uma vida desse tipo o motivou a se corrigir, matricular-se na faculdade e começar a trabalhar meio expediente.

Sherman era índio, mas havia sido adotado quando bebê por um casal branco cristão. Uma parte essencial da virada de sua vida tinha sido a busca de uma espiritualidade transmitida primordialmente por seus ancestrais biológicos. Aprendeu sobre um Espírito transcendente venerado por sua tribo e combinou essa crença com idéias New Age complementares sobre Deus. A sua fé pessoal em um Deus benevolente e amoroso que controlava tudo permitiu que se perdoasse por seu modo de vida passado — e que se sentisse perdoado pela graça divina. Acreditava que tudo era parte do plano de Deus e compreendia tudo que lhe acontecera como resultado do amor de Deus.

Mas Sherman sofreu uma crise de fé ao ser atacado por assaltantes armados de facas certa noite, quando voltava para casa depois de ter ido ao cinema com um amigo. Como Deus permitira que isso acontecesse? Especialmente agora, depois de conseguir com tanto custo corrigir seus atos? Seria isso algum tipo de retribuição divina por seus pecados anteriores? Ou castigo por pecados mais recentes — embora nada do que tivesse feito recentemente se comparasse à sua história passada? Sentiu raiva de Deus por trair a sua confiança e se pôs a questionar se não se enganara o tempo todo em relação a Deus. Depois sentiu-se culpado por ficar com raiva de Deus e por questionar suas crenças. Então, ficou ainda com mais raiva por ter-se sentido culpado. Para Sherman, o assalto em si não foi tão ruim quanto o fato de ter abalado o fundamento de sua fé. Pois se esse fundamento desmoronasse, ele perderia a sua identidade de filho amado de um Deus caridoso. Qual seria o seu propósito se não fosse servir ao propósito de Deus? Não restaria nada entre ele e uma vida de crimes.

Sherman estava passando pelo conflito entre as suas suposições (um Deus benevolente controla tudo que nos acontece) e sua experiência (fui assaltado). Como a experiência em si era inegável, mas ele não conseguia abrir mão de suas convicções, procurou o aconselhamento filosófico.

Sherman caiu na armadilha de sua própria lógica. Com toda a dificuldade natural para alguém que se considerava pleno de fé, Sherman começou a verificar as suas suposições. Com o seu prático

MAIS PLATÃO, MENOS PROZAC

filosófico, listou algumas explicações alternativas: Deus não planeja tudo. Estou sendo testado como Deus testou Jó. Deus às vezes se torna colérico. Deus não existe. Não fiz nada de errado. Eu não estava suficientemente atento à segurança pessoal. Deus não controla tudo. Isso é projetado para aumentar a minha empatia em relação a vários tipos de sofrimento no mundo. Deixei coisas demais nas mãos de Deus e não assumi responsabilidade pessoal suficiente. O assalto foi apenas um acidente, nada pessoal. Os únicos responsáveis por esse assalto são os próprios assaltantes.

Foi essa última idéia que eximiu Sherman. Sabia desde o tempo em que empunhava facas que Deus não figurava nos planos dos assaltantes. Estavam certamente preocupados em encontrar vítimas promissoras (baixa estatura, isoladas fisicamente, aparência de ricas), e não em saber se isso era o que Deus queria que fizessem. Sherman sabia que uma figura de pai benevolente, Deus, não ficaria calculando os pecados passados e planejando retaliação, especialmente quando a pessoa em questão havia feito tanto progresso. O que Sherman não tinha conseguido ver enquanto se fixava na idéia de que o assalto era parte do plano de Deus foi que talvez nem ele nem Deus fossem culpados de nada. Se alguém devia ser responsabilizado, seriam somente os próprios assaltantes.

A aflição de Sherman acabou sendo útil pelo fato de estimulá-lo a fazer uma auto-análise mais minuciosa e a buscar uma solução para o seu problema. Ele percebeu que é inútil ficar com raiva de Deus. E apesar de ser natural sentir raiva dos assaltantes, isso tampouco o levaria a lugar algum. Ele tinha optado por voltar a raiva contra si mesmo por ter suposto que tudo teria de ser sempre bom e por ter-se esquivado da responsabilidade pessoal com o pretexto de deixar tudo nas mãos de Deus. Mas se recusou a chafurdar na raiva e procurou usá-la como uma abertura para a contemplação e a mudança construtivas.

Ter a coragem de achar que algumas convicções que guiavam a sua vida podiam ser falsas deu a Sherman a confiança para corrigi-las, se bem que de uma forma ampliada. A discussão filosófica ajudou-o a chegar ao ponto onde suas crenças e experiências eram coerentes umas com as outras. Ele modificou a sua visão do mundo para incluir o fato de que, às vezes, lhe acontecem coisas ruins, e não necessariamente porque você é mau. Sherman liberou Deus de tarefas microadministrativas sem abrir mão de sua fé em uma força orientadora de bondade essencial. Usou a crise para examinar e aprofundar o seu compromisso espiritual.

SEM DEUS, EXISTE PROPÓSITO?

Se Deus não existe, o propósito não deixa necessariamente de existir. Você não precisa se desesperar só porque não tem certeza da existência de Deus. Se o Gênese não o satisfaz como explicação da vida da maneira como a entendemos, isto não significa que não haja uma explicação. Existem várias teorias plausíveis, como se pode ver pela extensão da lista de Sherman, elaborada só para tratar dessa situação específica. Mesmo que tudo fosse um acaso, não haveria razão para que acreditasse que a sua vida não tem propósito. Se ganhar a loteria acidentalmente, verá todos os tipos de propósitos para essa sorte inesperada. Um acaso pode legar coisas importantes, sendo uma delas a grande dádiva da vida como a conhecemos. A única maneira de fazer justiça a ela é viver o mais plenamente possível. Quase nunca o fazemos.

Provações e tragédias quase sempre nos põem no rumo da descoberta — ou redescoberta — do nosso propósito. Essa é uma maneira de encontrar o sentido em tempos mais difíceis. Precisamos de uma crença para que as coisas façam sentido em nosso mundo, para alcançarmos o tipo de compreensão necessária para o sentido. Todas as culturas uniram os pontos de estrelas no céu em diferentes constelações, projetando ordem no acaso como uma maneira de compreendê-lo. Quando percebemos um padrão, temos o sentido. Quando temos o sentido, podemos encontrar o propósito.

Tendemos a rejeitar as coisas desagradáveis como se não tivessem lugar no padrão, mas algumas filosofias, como o Tao, sempre explicam o entrelaçamento dos opostos. Se você procura o bem, também vai se deparar com o mal. Se procura o sentido, algumas coisas inexplicáveis acontecerão com você. Provavelmente, se você não entende um acontecimento como parte do padrão, é porque ainda não viu o todo.

MARTINE

Martine também lutava para harmonizar o seu propósito com a sua experiência. Trabalhava em qualquer emprego que encontrasse ligado à produção de filmes, mas o que a mantinha de lá para cá providenciando coisas para os outros, procurando locações, era a sua vontade de fazer o seu próprio filme. Seria ecológico. Urgente. Sobre a salvação do planeta. Retrataria o futuro para o qual nos dirigimos tão inexoravelmente que todos teríamos de prestar muita atenção e reexaminar o nosso próprio impacto na terra. Em sua fantasia favorita, platéias do mundo inteiro se uniriam em busca de soluções. Planejou tudo cuidadosamente e, nesse ínterim, realizava com esforço o trabalho inicial ingrato. (Você leu com atenção, de modo que pode perceber que Martine tinha a idéia clara de seu propósito, mas achava a maioria de suas experiências cotidianas sem sentido.) Em seu tempo livre, trabalha como voluntária em um grupo ambiental, e embora esse trabalho fosse muito importante para ela, quanto mais aprendia sobre superpopulação, aquecimento global e poluição impregnando tudo, mais ficava desesperançada.

Os anos se passaram, e embora Martine tivesse desenvolvido uma ampla base de conhecimento tanto em realização de filmes quanto em ambientalismo, o seu filme, de certa forma, nunca saiu da prancheta. Estava ficando claro para ela que os seres humanos seriam provavelmente extintos dali a trinta anos, portanto, para que serviria o esforço tremendo de se fazer um filme? O esvaziamento de seu sonho fez com que sentisse que a sua vida não tinha nenhum propósito. Desestimulada, começou a trabalhar mal. O seu trabalho mais importante, ela mesmo admitiu, não foi feito. A sua paralisia a preocupava, e por isso me procurou.

O sábio taoísta Chuang Tsé escreveu que a pessoa sábia impede o desastre olhando o que parece inevitável como capaz do ser evitado. O *insight* que acompanha essa idéia é de que a pessoa insensata propicia o desastre olhando o que pode ser evitado como inevitável. Analisei essa idéia com Martine e a desafiei a analisar como ela poderia saber se o futuro que via era realmente inevitável.

> *"O sábio olha o inevitável e decide que não é inevitável. ... O homem comum olha o que não é inevitável e decide que é inevitável..."*
>
> CHUANG TSÉ

Também lhe pedi que ampliasse a perspectiva da sua situação. Com esse objetivo, destaquei que, em alguns bilhões de anos, o nosso sol se tornará uma supernova e o seu invólucro incandescente em expansão incinerará a terra. Essa catástrofe ameaçadora deveria fazer com que nos penitenciássemos rapidamente, lamentando o fim do grande planeta Terra? Não, disse ela, estaria distante demais para nos preocuparmos agora. Sugeri que se ela não se sentia desencorajada pela destruição certa do planeta num futuro remoto, talvez não devesse se deprimir pela possível extinção da nossa espécie num futuro próximo. Quem sabia o que aconteceria nas próximas décadas? Ela reagiu, alegando que as tendências que a alarmavam já estavam fora de controle. Achava que era tarde demais para mudar algo.

Nesse caso, eu disse, ela poderia seguir o conselho da lógica de Chuang Tsé. Se forças irresistíveis haviam destinado a raça humana à extinção, então não haveria nada que você nem ninguém pudesse fazer. Portanto, ela deveria seguir em frente e fazer seu filme, eu disse. Isso lhe dará um propósito e, certamente, não fará mal nenhum. (Ela não parecia ter quaisquer outros grandes planos para os trinta

MAIS PLATÃO, MENOS PROZAC

anos seguintes.) Mas, pelo menos, leve em conta a possibilidade de o nosso destino não estar selado e de termos os meios de impedir a nossa extinção. Se for assim, você deveria fazer o seu filme, eu disse, pois pode ajudar. De qualquer maneira, faça o filme.

Também aconselhei-a em um nível puramente prático, sugerindo que dividisse a realização do filme em uma série de metas controláveis. Qualquer um se sentiria intimidado se de repente se visse diante da necessidade de levantar todo o dinheiro suficiente, reunir as pessoas necessárias e preencher o tempo na tela. Dar um passo de cada vez, em uma base puramente prática, poderia ajudá-la a começar e a não desistir. Estava claro que criar esse filme era fundamental para manter a sensação de significado e propósito em sua vida, portanto fazia sentido dispor a logística de modo a facilitar o processo o máximo possível.

Uma grande coisa pode ser simplesmente a soma de pequenas coisas. Uma vida com propósito é construída passo a passo. Uma vida desprovida de sentido, em geral, não se preenche com significado num facho de luz ofuscante — poucos experimentam esse tipo de epifania. Pode-se fabricar uma vida expressiva para si mesmo, mas em pequenos fragmentos que devem ser reunidos gradativamente. Não espere que forças externas ajam por você, pois esse dia talvez nunca chegue.

A realização do seu propósito maior pode estar no futuro, mas as ações que o levam até ele acontecem hoje. Os esquilos passam o outono armazenando nozes para o inverno. Embora não sejam necessárias durante meses, cada noz tem importância. Tente a seguinte experiência: estabeleça uma meta modesta, e atinja-a. Veja se a sensação de realização não faz com que se sinta melhor. Limpe a casa — ou apenas um armário. Freqüente um curso como ouvinte. Aprenda defesa pessoal. Comece a jogar bridge. Qualquer coisa ao seu alcance serve. Não precisa ser sempre tão literal, mas uma sucessão de propósitos a curto prazo pode significar um propósito a longo prazo. O propósito, assim como o significado, aparece quase sempre de modo retroativo.

A visão do futuro de Martine a estava debilitando no presente. Cumpria de antemão a sua profecia ao deixar que seus receios a paralisassem. Cometeu um erro de lógica ao supor que, na medida em que não havia futuro, não havia presente. Estarmos ali sentados, mantendo um diálogo, era prova de que havia, de fato, um presente, e já que era inegável, tinha de ser levado em conta. É importante não se demorar demais no passado ou no futuro, já que só fazem toldar o presente, o que, de qualquer jeito, deve ser superado. Para Martine, aceitar o presente foi o suficiente para restaurar sua sensação de significado cotidiano e renovar o seu propósito de tornar seu filme uma realidade.

MARTHA

Os casos que apresentei até agora tinham relação com crises de objetivo. Mas uma crise de sentido também pode ser tratada com o aconselhamento filosófico. Meu colega britânico Simon du Plock deu aconselhamento a uma jovem que estava estudando no exterior durante um ano. Depois de uma atuação acadêmica exemplar no primeiro semestre, Martha começou a faltar às aulas e a ficar calada e extremamente quieta quando as freqüentava. Contou que achava que não conseguia mais dar conta do trabalho e estava apavorada com a possibilidade de não passar nos exames finais. A questão no dilema da queda vertiginosa de Martha não ficou imediatamente evidente. Mas, no aconselhamento, ela revelou o seu problema principal: preferira partilhar uma casa fora do campus em vez de morar em um dormitório, e achava que seus companheiros estavam tirando vantagem financeira dela. Achava que a tratavam como uma estrangeira privilegiada e se recusavam a fazer amizade com ela. Tinha sonhado em experimentar a "verdadeira" Londres vivendo com londrinos e se sentia dolorosamente excluída, não conseguindo ficar amiga deles por causa do muro que ergueram entre ela e eles.

MAIS PLATÃO, MENOS PROZAC

Examinemos este caso no contexto do processo PEACE. As emoções de Martha incluíam raiva, medo, decepção e rejeição. Também sentia injustiça e falta de confiança. Como a maioria dos pacientes, estava ciente de suas emoções antes de iniciar o aconselhamento filosófico. Mas havia feito menos análise do que muitas pessoas fazem por conta própria. Via-se como uma vítima, a boba involuntária de estranhos mal-intencionados, sozinha em um mundo no qual não via sentido, que não reagia às suas ações da maneira que ela imaginara. Em conversa com o seu conselheiro, relacionou seus problemas mais evidentes com a experiência de estar longe de casa, levando uma vida independente de seus pais e viajando para o exterior pela primeira vez. Estabelecer o rumo de sua vida inteiramente sozinha pela primeira vez revelou-se mais complicado, mais difícil e menos bem-sucedido do que previra.

Um *insight* filosófico no estágio de contemplação acalmou o mar em que Martha navegava, e se resumiu ao sentido que ela tirou de suas experiências — nas palavras de du Plock, "a clarificação dos significados embutidos na linguagem do paciente." Quando lhe perguntaram por que viera para Londres, Martha respondeu que queria aprimorar a sua educação. Quando solicitada a definir *educação*, ela falou sobre notas e diplomas, e portas para profissões bem pagas — uma visão orientada para o resultado, educação como meio para um fim. O seu conselheiro filosófico propôs uma maneira mais ampla de olhar a educação como experiência — e o que aprendeu com a experiência. Encarar dessa maneira iluminou imediatamente sua atitude em relação à vida. A partir dessa perspectiva, ficou orgulhosa do seu lado aventureiro, mesmo que suas aventuras não tivessem saído como ela planejara — ou como ela teria gostado que fossem. Começou a ver seus esforços para estabelecer uma vida independente como um rito de passagem importante da criança para o adulto. Também assumiu a responsabilidade por tomar decisões erradas. Isso foi menos cômodo a princípio do que bancar a vítima indefesa, mas a longo prazo recuperou a sensação de seu próprio poder. Se ela podia provocar uma situação negativa com ações insensatas, também poderia provocar uma situação positiva com planos arquitetados mais cautelosamente da próxima vez.

A concretização do que tinha aprendido restaurou o seu equilíbrio. O preço da situação desagradável da moradia foi a sua educação na vida — era para isso que estava aqui, afinal — e ela procurou outro local para o segundo semestre. Com a sua mente esclarecida, voltou a concentrar as energias em seus estudos acadêmicos a tempo de se dedicar aos exames finais. Esclarecer o significado de suas experiências de vida e ligá-las a um propósito que repercutisse nela, deram a Martha a paz de espírito de que precisava para vencer.

GRADUAÇÃO

Enquanto estamos na escola, acostumamo-nos a uma série de unidades progressivas que nos conduzem a metas maiores. A cada ano você passa para um novo nível, subindo mais um degrau em direção à graduação. O propósito do terceiro ano é que passe para o quarto, mas o sentido vem do que estiver aprendendo e fazendo todo dia — geralmente sem pensar no quarto ano. Desse modo, aprende a ler livros compostos de capítulos e a fazer divisão, a expor as regras para um jogo de *kickball* no recreio, o que acontece quando leva para casa um boletim medíocre, e como fazer e conservar amigos. Mas a meta do terceiro ano vai além de passar para o quarto ano: ele prepara para o segundo grau e, talvez, para a educação superior.

Na vida, como na escola, quando você aprende o que precisa saber em um nível, qualifica-se para o seguinte. Mas a vida não é tão nitidamente dividida quanto a escola, é claro. Ninguém está lhe dando férias de verão nem becas para a formatura. Você tem de reconhecer as transições por si mesmo, e essa é a chave para a realização duradoura. Do contrário, continuará no terceiro ano enquanto todo mundo estiver tirando carteira de habilitação e mudando para o próprio apartamento.

Se acredita em reencarnação, a vida é exatamente como a escola.

Cada vida é vivida como preparação para a seguinte, até você se formar na Escola da Vida e da Morte. Porém, mesmo se a transmigração de almas não o atrai, este sentido de evolução para níveis cada vez mais avançados lhe será útil.

A segunda mãe

Uma das minhas colegas era uma cientista que ascendera ao magistério numa época em que pouquíssimas mulheres chegavam além da biologia do segundo grau. Em um mundo competitivo e predominantemente masculino, Irene dedicou toda a sua energia à carreira e foi recompensada com o reconhecimento cada vez maior de sua erudição e pesquisa brilhante. Isso teve um custo pessoal: embora tivesse um casamento sólido, Irene achara que nunca se afastaria da ciência para criar filhos. Ao ficar mais velha, e quando a sua posição no mundo acadêmico estava consolidada, percebeu que lamentava não ter passado pela experiência da maternidade.

E assim, depois de um longo (e bem-sucedido) período dedicado a um propósito, surgiu um outro e inesperado. Iniciar uma família biológica não era mais uma opção para Irene, mas ela não se deixou abater pela tristeza. Em vez disso, criou um programa para introduzir estudantes promissores — principalmente moças — em carreiras científicas, começando no primeiro ano da faculdade. Não era o tipo de coisa que formandos costumavam fazer, mas logo se transformou num grande sucesso, e vários cientistas de hoje reconhecem que foi ela que lhes despertou e estimulou o interesse.

Ninguém se surpreenderia com o sucesso de um empreendimento seu, mas ninguém sequer a imaginaria no papel maternal que assumiu em relação aos estudantes — nem ela própria. Irene encontrou um novo propósito ao se tornar uma segunda mãe para esses grupos de jovens, assim como uma mentora intelectual. Ao reconhecer sem medo a sua mudança de propósito, Irene combinou e preencheu dois aspectos importantes de sua personalidade, não perdendo nunca seu sentido de propósito enquanto expandia suas fontes de significado.

SINAL VERMELHO, SINAL VERDE

Depois disso tudo, talvez esteja pronto para deixar o seu propósito nas mãos do Destino. O fatalismo pode ser destrutivo, como vimos nos casos de Martine e Sherman, mas pode parecer atraente na medida em que proporciona uma saída, se bem que um tanto duvidosa. Você pode lavar as mãos em relação a tudo, cantarolando "Que será, será" e incorporando Doris Day da melhor forma possível. Mas, no fim, o fatalismo lhe rouba o propósito. Você simplesmente representa o roteiro de outra pessoa, torna-se um agente passivo que não é responsável por nada.

Tolstoi foi um grande fatalista. Segundo ele, Napoleão não foi em absoluto responsável pela carnificina das guerras napoleônicas — era apenas um peão em um jogo cósmico; todos os seus movimentos foram estabelecidos no início do universo. Pessoalmente, não acho isso saudável. Não sabemos nada sobre o destino. Não sabemos se a história humana é uma manifestação do destino, um acaso ou uma questão de vontade. De qualquer modo, temos pouca certeza, e sem isso, defendo o que é melhor para as nossas características morais. Pode exigir mais trabalho de nossa parte, mas acredito no livre-arbítrio e na nossa responsabilidade por nossos atos.

"Os reis são escravos da história."

Leon Tolstoi

Isaac Bashevis Singer disse: "Quando estou atravessando a rua com um fatalista, noto algo estranho: o fatalista geralmente espera o sinal ficar verde." No caso de não ter compreendido a piada filosófica de Singer, se você acredita que tudo está predeterminado, então também acredita que o momento e a causa exata da sua morte estão predeterminados. Já que nada pode fazer para mudá-los, não pode ser morto antes do tempo — mesmo que atravesse as ruas de Manhattan sem respeitar os sinais. A menos, é claro, que esteja fadado a morrer atravessando a rua em Manhattan. (A resposta imediata do fatalista a Singer seria: "Fui destinado a parar no sinal vermelho.")

DEPRESSÃO

Há lugar para considerações filosóficas mesmo nos casos em que a depressão tem origem biológica, e não apenas existencial. O malestar existencial, ou a morte do espírito, pode estar fazendo parte da sua situação, e nesse caso, o trabalho filosófico ajudará, pelo menos em parte. A falta de propósito, de ânimo e de excitação em relação à vida, que caracteriza a depressão, pode ser tratada com a filosofia, além da psicologia e da medicina.

Se você está deprimido, haja ou não um componente biológico, sente que lhe foram tirados o sentido e o propósito. Considere o seguinte: talvez o seu propósito seja superar a depressão. O mesmo vale para a ansiedade, o pesar ou a sensação geral de infelicidade. A sua aflição não somente deprecia a sua qualidade de vida; também lhe oferece um desafio a ser vencido. Mesmo em condições consideradas puramente biológicas, como o câncer, foi demonstrado que o tratamento eficaz baseia-se não somente na medicina, mas também na atitude. A sua atitude em relação à vida e a sua disposição — a sua filosofia — podem influir no resultado da batalha. Aqueles cujo propósito é vencer a batalha têm mais probabilidades de consegui-lo.

TÉDIO

A causa mais comum da perda de propósito é simplesmente o tédio. O tédio parece ser exclusivo dos humanos — nenhum outro animal, em seu *habitat* natural, demonstra tédio. Estão, basicamente, ocupados demais para isso. Estão buscando alimento, tentando não serem devorados, defendendo seus territórios, procurando companheiros, cuidando da prole, preparando-se para a próxima estação. Isso ocorre com animais selvagens e até mesmo com animais domésticos, que dependem dos humanos para sobreviver. Animais cativos (por exemplo, animais selvagens enjaulados nos zoológicos) demonstram tédio, juntamente com um comportamento anormal ou demente. É importante observar que é, nitidamente, uma condição do cativeiro, não do animal.

O animal humano encaixa-se um pouco em cada uma dessas categorias. Às vezes, somos selvagens. Com mais freqüência, somos domesticados (ou, se preferir, civilizados). Você já deve ter ouvido alguém dizer: "O casamento o domesticou", embora seja quase sempre uma queixa (feita por, digamos, os ex-colegas da faculdade contra o colega "perdido"). Podemos resistir, mas precisamos de um certo grau de domesticação para sobreviver, tanto individualmente quanto socialmente. Também somos criaturas cativas, embora, em geral, não literalmente. De maneira figurada, somos cativos dentro dos limites da nossa linguagem, cultura e experiência.

Ninguém — animal humano ou não — fica entediado numa crise. Numa catástrofe, todo mundo tem um propósito: preservar-se. Animais não-humanos exercem menos controle sobre o ambiente do que os humanos, de modo que enfrentam mais ameaças diárias. Pensamos e combatemos a nós mesmos em condições relativamente confortáveis, de modo que, para a maioria das pessoas em nações desenvolvidas, a vida não é uma longa série de lutas por alimento. Mas existe um perigo em termos tudo o que precisamos — e um perigo maior ainda em termos tudo o que queremos. Se a sua meta são coisas materiais e conseguiu realizá-la, o sentimento de não ter mais montanhas para escalar é desanimador. Alexandre Magno supostamente chorou porque não tinha mais mundos a conquistar.

Não estou recomendando que você crie catástrofes só para se manter interessado. A busca de emoções suaves (como andar na montanha-russa) ou mesmo esportes "radicais" causam prazer porque invocam a sensação de enfrentar o perigo em um cenário que não ameaça a vida. Uma aventura mais arriscada também combate o tédio, mas o afasta bastante do "meio-termo" apregoado por Buda e Aristóteles. Os que escalam o Monte Everest talvez não se entediem enquanto se concentram em seu propósito singular — chegar a quase nove mil metros acima do nível do mar — e lutam somente para continuar respirando. Mas como a tragédia descrita em *Into Thin Air* demonstra, quando o pior acontece, o propósito que tinha parecido tão doce no começo logo se torna amargo. Mesmo para aqueles que voltam, o que virá a seguir? Para quase todos, parece ser uma longa série de escaladas até os picos, apesar dos riscos cada vez maiores. É realmente preciso roçar a morte regularmente só para se sentir vivo? A resposta é não para as pessoas dispostas a escalar as montanhas interiores por meio do trabalho filosófico.

Há uma estratégia muito simples que podemos desenvolver a partir da compreensão do impacto do tédio em nossa sensação de falta de propósito. Alguns precisam retornar à vida ao ar livre para renovar a sensibilidade. Quando a domesticação — e o cativeiro — á causaram todo o mal que podiam, respirar ar puro pode clarear a sua mente. "De volta à natureza" tem diferentes significados para pessoas diferentes. Não se estresse acampando onde não há água corrente se você é o tipo que não dispensa o banho diário. Descubra o que é adequado para você: uma caminhada em volta do quarteirão em um dia de sol, ou cuidar do jardim, ou um mês sozinho na parte mais selvagem de um parque nacional. Qualquer coisa que torne a ligá-lo ao mundo natural é a maneira mais segura de retomar a perspectiva em sua vida como parte de um todo maior: nem um fragmento isolado, incidental, de uma parte maciça do caos, nem uma engrenagem patética em alguma máquina implacável, mas uma parte integrante de um sistema complexo e vibrante. Foi isso que Thoreau descobriu em Walden Pond.

> *"Sem dúvida, o mesmo tédio que se presume ter exaurido a variedade e as alegrias da vida é tão antigo quanto Adão. Mas a capacidade do homem nunca foi medida; nem cabe a nós julgar o que ele pode fazer por quaisquer precedentes, tão pouco foi tentado."*

HENRY DAVID THOREAU

A experiência com a natureza ajuda a reanimar a própria vida, uma das melhores maneiras de encontrar sentido e propósito. Compreender que a vida é uma grande dádiva e desfrutar todas as coisas que você faz como parte de sua vida diária também são grandes antídotos para a falta de propósito.

AJUDE A SI MESMO AJUDANDO OUTROS

A maneira mais segura de neutralizar os sentimentos de vazio em sua vida é ajudar outra pessoa. Isso lhe dá um sentido e um propósito que não pode rejeitar. Pode ajudá-lo a ver oportunidades em sua vida para as quais estava cego, e lidar com o mundo do outro ajuda você a escapar do cativeiro do seu próprio mundo. Sentir que a vida não tem sentido é, de certa forma, um luxo. Se você estava lutando para manter corpo e alma unidos, nunca tinha parado para questionar a falta de sentido de suas ações. Portanto, se leu até aqui, aposto que você é um dos afortunados. Ligar-se a alguém menos afortunado seria uma lição muito importante para você. No mínimo, se sentirá grato pelo que tem.

MAIS PLATÃO, MENOS PROZAC

*"Se você contribui para a felicidade de outras pessoas,
encontrará o verdadeiro bem, o verdadeiro sentido da vida."*

DALAI LAMA

SORRIA E RESISTA

A sua última opção quando luta com a falta de sentido e a falta
de propósito é resistir bravamente: trinque os dentes e agüente. As
coisas mudam. Depois que chegou ao fundo do poço, as coisas só
podem melhorar. (Se piorarem, obviamente ainda não chegou ao
fundo!) Hermann Hesse ganhou o Prêmio Nobel de Literatura, mas
antes já pensara seriamente no suicídio, tão profunda era a sua convicção de que não havia razão para viver. O seu talento como escritor desabrochou tarde em sua vida, mas, nesse meio tempo, não
conseguia ver qual era o seu propósito e, sem propósito, não via o
sentido de sua vida. Mais tarde, os seus livros exploraram problemas
de identidade pessoal, significados interiores e propósitos ocultos da
vida, e padrões no caminho para o esclarecimento. A dificuldade de
sua própria estrada iluminou a sua escrita, o que, por sua vez, inspi-
rou uma geração, embora este fosse um propósito certamente perdido nele enquanto lutava na juventude. Por fim, resistiu até as coisas
melhorarem. Você é que sabe quanto consolo encontrará na idéia de
que, se puder exercitar a paciência e a coragem — duas virtudes fundamentais —, a mudança ocorrerá. Quase sempre somos capazes de
extrair significado e propósito dos acontecimentos, mesmo dos acontecimentos horripilantes, mas, às vezes, isso leva tempo.

13

Ganhando com a perda

"Se um homem ouve de manhã o caminho certo,
pode morrer à noite sem se lamentar."

CONFÚCIO

"Todo velho sabe que morrerá em breve. Mas o que significa
saber nesse caso?... A verdade da questão é que a idéia da
aproximação da morte está errada. A morte não está
próxima nem distante... Não é correto falar de uma relação
com a morte: o fato é que o velho, como qualquer outro
homem, tem uma relação com a vida e com nada mais."

SIMONE DE BEAUVOIR

Analise a parábola budista da semente de mostarda. Uma jovem mãe atormentada, lamentando a morte de seu bebê, busca o conselho de Buda. Ela diz que está extremamente triste e incapaz de superar essa perda devastadora. Buda manda que ela vá a todas as casas da aldeia, apanhe uma semente de mostarda em cada casa que nunca conheceu a morte e as leve para ele. Ela, diligentemente, bateu de porta em porta e, como sempre, saía com as mãos vazias; percebeu então que não havia nenhuma casa que não tivesse sido tocada pela morte. Ela voltou a Buda sem nenhuma semente de mostarda, e ele disse o que ela já percebera: não estava sozinha. A morte é algo que acontece a todos nós, a todas as famílias. É somente uma questão de tempo. O que é inevitável, disse ele, não deveria ser excessivamente lamentado.

Este *insight* não traz de volta a pessoa por quem choramos, mas faz surgir a consciência da morte como parte necessária da vida. Quando a morte chega, não precisa ser uma catástrofe que surpreende os vivos. Isto não apagará a sua dor, ou a sua necessidade de lamentar, mas o ajudará a enfrentá-la mais estoicamente — filosoficamente — ou, pelo menos, sem surpresa ou choque.

> *"A morte é certa para o que nasceu*
> *E certo é o nascimento para o morto;*
> *Portanto, não deve se mortificar*
> *Com o inevitável."*
>
> BHAGAVAD GITA

UMA GRANDE SURPRESA

No Ocidente, sempre ficamos chocados com a morte. Não lidamos bem com ela. De fato, mal lidamos com ela. Gostamos dela como entretenimento, fartando-nos de mortes violentas na televisão, em filmes e videogames. Mas se ela for tirada da tela e introduzida na vida real, não suportaremos testemunhá-la. Desse modo, navegamos sem destino no navio *Negação*, achando que a vida é eterna, que a morte não acontecerá, ou não acontecerá conosco. Imaginamos a morte como a pior coisa e, portanto, não queremos ter nada a ver com ela. Projetamos hospitais e capelas mortuárias para fazerem o trabalho sujo, para que não tenhamos de lidar com isso — até acabarmos na porta de uma dessas temidas instituições.

A capacidade de se afastar da realidade da morte é um luxo moderno. Não faz muito tempo, a morte ocupava um lugar na vida comum. Várias gerações de uma família viviam juntas, e as pessoas nasciam e morriam em casa. Condições que hoje raramente são fa-

MAIS PLATÃO, MENOS PROZAC

tais matavam de modo rotineiro na época anterior aos antibióticos e a outros avanços da medicina. Os pais não esperavam que toda a sua prole chegasse à idade adulta. A vida era consideravelmente mais curta. Quando alguém morria, era deitado na sua própria sala. A morte era lugar-comum, esperada, palpável.

Hoje, a morte de uma pessoa querida, ou a perspectiva de nossa própria morte, tornam-se um fardo insustentável porque não estamos preparados. A morte é uma parte natural do ciclo da vida, mas a energia que nos restou da negação da morte é aplicada para protelá-la. Restou muito pouco para aceitarmos a morte como inevitável. Talvez por sermos organismos biológicos façamos qualquer coisa para continuar vivos. Quando uma pata fica presa numa armadilha, sabe-se que lobos e outros animais arrancam-na com as presas para continuarem vivos, mesmo que com três patas. Temos o instinto de conservação. Freud chamava-o de Eros, o instinto (ou motivação natural) de vida.

Mas achar que a morte não vai ocorrer e ficar arrasado quando ocorre não é produtivo. O primeiro grande obstáculo que você enfrenta ao lidar com a perda de uma pessoa querida, ou quando se defronta com a sua própria mortalidade, é reconhecer a morte como parte da vida. Estar preparado para isso não significa que a perda não cause sofrimento. Mas do reconhecimento da morte como natural deriva a capacidade de você se fortalecer fisicamente e adotar uma disposição filosófica que o conforte.

POR QUE FICAMOS DE LUTO?

Quando pessoas que amamos morrem, universos inteiros morrem com elas. Nós que ficamos não nos entristecemos por elas, mas por nós mesmos. Essas pessoas eram partes integrantes da nossa existência. Suas vidas eram lampiões que iluminavam a nossa vida. Amávamos e éramos amados por elas; de repente, sentimos menos amor e somos menos amados. Essas pessoas eram o sol que nos aquecia, e não mais sentimos esses raios nos aquecerem. Perdemos algo que não pode ser restituído. O que se perdeu não foi somente a pessoa, mas a nossa relação com ela. Conservamos as recordações, mas não a ligação emocional imediata. Pessoas diferentes fazem surgir facetas diferentes do nosso caráter. Grande parte do que somos se reflete nos outros. Descartes esqueceu algo quando concluiu: "Penso, logo existo." Omitiu o aspecto social da existência humana: "Outros pensam em mim, logo existo." Quando alguém morre, perdemos aquela parte de nós mesmos, assim como a pessoa morta. Sentimo-nos diminuídos com a ausência daquela pessoa.

Hobbes via os seres humanos como primordialmente auto-referentes, o que é confirmado por esses sentimentos de perda. O nosso pesar é sentido, primeiro, em relação a nós mesmos. Isso não é ruim. Não confunda com egoísmo, que despreza as preocupações dos outros em favor das nossas. Após a morte, não sabemos o que acontece com a pessoa. Temos diversas crenças para responder a isso, mas nenhuma afirma nada com absoluta certeza. Portanto, o que precisamos depois que alguém morreu é deixar a pessoa em paz, nos consolarmos e conservar as recordações.

O Tao ensina que conhecemos as coisas comparando-as com os seus complementos; assim acontece com a morte e a vida. Aqueles que escaparam dela por pouco — que saíram ilesos de um acidente ou venceram um câncer contra todas as expectativas — nos dizem que dão mais valor à vida depois de terem encarado a morte de perto. A maioria de nós tem a vida como certa. Mesmo involuntariamente, nos vemos satisfazendo nossos desejos imediatos, realizando metas de longo prazo e devaneando no intervalo. Até mesmo a Declaração da Independência pede que se persiga a felicidade — ou que a alcancemos. Como vimos no capítulo anterior, um propósito abrangente pode ser a chave de uma vida realizada. Mas não é o fim da história. Perspectiva demais apaga o valor de um dia ou, até mesmo, de uma hora de vida. Aqueles que enfrentaram a perspectiva imediata de não mais viverem dias ou horas compreendem o valor com uma clareza que falta à maioria dos outros.

Ainda bem que é uma atitude que podemos cultivar sem pôr nossa vida em risco. Não é necessária a imprudência. Mas você tem olhar a morte de frente. Não em um cenário catastrófico — freios que falham, um exame laboratorial onde se lê "maligno", roleta-russa —, mas com contemplação cuidadosa. Neste exato instante, a maioria de nós gosta desse luxo. Se puder, não espere até estar jogando Vença o Relógio.

FÉ

Toda religião oferece respostas sobre o que é a morte. Portanto, se você segue uma fé particular, está começando com alguns mapas para guiá-lo em sua jornada. Mas não está no fim da estrada. A crença no divino, na recompensa eterna, no paraíso, torna a morte indolor? Não. A idéia de que seu ente querido está indo para um lugar melhor é ligeiramente confortante, na melhor das hipóteses. Você continua aqui, sem saber se vai se juntar à pessoa que morreu nem quando. Até mesmo conselheiros pastorais admitem que dizer que a pessoa morta está "agora nas mãos de Deus" não é o bastante — embora, como todos nós, quase nunca sabem o que mais dizer. (Soube disso por intermédio dos que buscaram aconselhamento filosófico para enriquecer o que eles, por sua vez, oferecem àqueles que aconselham.)

Hobbes escreveu que todas as religiões derivam do medo. De Freud em diante, vários psicólogos e psiquiatras concordam: as pessoas sentem pavor da morte e, sendo assim, inventam histórias (religiões) com finais felizes-para-sempre para compensar suas ansiedades extremas — mas infantis. Gostemos ou não dessa formulação, ela nos ajuda a lembrar que os seres humanos geralmente são cautelosos com o desconhecido. A morte é o exemplo último do desconhecido. É profilático — saudável — preocupar-se com ela. Se você não sabe se a cobra em seu caminho é venenosa, é mais seguro temê-la do que acariciá-la. Mas, além de lidar com o medo do desconhecido, as religiões também oferecem esperança: esperança de algo além deste mundo. A religião o ajudará a encarar o desconhecido, especialmente se tiver muita fé. Mesmo aqueles que não sabem ao certo em que acreditam podem encontrar conforto na religião. Ao perceber que, com toda probabilidade, ultrapassaram a metade de suas vidas, algumas pessoas buscam a religião. Ou a redescobrem. Um cínico diria que estão somente com medo da morte e buscando um conforto disponível. E o que isso tem de errado? Nada conforta como o conforto; crenças podem ser confortantes. Outros não querem se preocupar com o que pode ou não acontecer no "outro mundo". De qualquer maneira, o surgimento da percepção de sermos, de fato, mortais deveria redobrar nossos esforços para extrair o máximo da vida e nos concentrarmos em uma vida de virtude e empenho. No mínimo, você saberá que fez o melhor que podia. E se há algo mais, você será julgado favoravelmente. Talvez isso faça você se precaver, mas por que não?

A maioria das culturas e religiões dispõe de um conjunto de convenções para enfrentar a conseqüência da morte, seja um *shiva* judeu, um velório irlandês ou qualquer um dos outros inúmeros exemplos. A maioria celebra a vida da pessoa, reunindo a família e os amigos para comer e beber e partilhar recordações. É possível até se divertir. Geralmente, há pelo menos um comediante nesse tipo de reunião. Tudo isso com certeza ajuda, mas apenas temporariamente. Acabam todos indo para casa, e você fica sozinho. Precisamos das cerimônias e do apoio emocional dos outros, e, talvez, de orientação espiritual. Mas essas coisas geralmente não são suficientes. Quando as cerimônias tradicionais terminam, precisamos da contemplação filosófica para prosseguir.

A XÍCARA DE CHÁ VAZIA

Outra parábola budista nos ensina a enfrentar a morte com equanimidade. Um monge conservava uma xícara de chá ao lado de sua cama, e, toda noite, ele a emborcava. Toda manhã ele tornava a virá-la. Quando um noviço intrigado perguntou o motivo, o monge explicou que esvaziava simbolicamente a xícara da vida toda noite para indicar a sua aquiescência à sua própria mortalidade. O ritual seria para lembrar que havia feito as coisas que precisava fazer naquele dia e, assim, estava preparado se a morte chegasse. Toda manhã, no entanto, virava a xícara para aceitar a dádiva de um novo dia. Vivia um dia de cada vez, reconhecendo a dádiva maravilhosa de vida em cada amanhecer, mas preparado para abandoná-la no fim de cada dia.

O primeiro passo ao criar a sua própria disposição filosófica em relação à morte, à perda e ao luto é valorizar a vida. Viver o momento é a melhor maneira de fazer isso. Você precisa da consciência da impermanência para se manter nesse caminho. Sabemos a verdade, mas nos enganamos pensando que durar muito tempo é o mesmo que permanência, e assim, o final, de certa forma, sempre chega como uma surpresa. Nunca achamos que pode acontecer conosco. Se nunca sofreu um acidente em sua vida, ficará mais propenso a achar que é invencível, e não simplesmente afortunado. Porém, quanto mais dias bons tivermos neste planeta, mais gratos ficaremos por essa generosidade imprevisível — sem esperar recebê-la sempre.

Várias pessoas usam o presente para servir ao passado e ao futuro. Ocupam-se ruminando sobre a semana passada ou manipulando o amanhã. Nunca estão no agora. A história é passado; não se pode alterá-la. O futuro é incerto; não se pode contar com ele. O que se tem como certo é o presente. Goste de estar vivo neste exato momento, e lastimará menos quando se esgotarem os seus momentos.

EM QUE VOCÊ ACREDITA

O passo seguinte na preparação de sua própria disposição é reconsiderar suas crenças em relação à vida e à morte. Use a imaginação e pergunte a si mesmo: "Onde eu estava antes de nascer? Onde estarei depois da morte?" Visite um cemitério para uma experiência séria. Olhe para aquelas pedras todas, cada uma representando alguém que já foi um ser vivo com inquietações e ambições, inimigos e amigos, quinze minutos de fama e dezenas de dias aborrecidos. Pergunte a si mesmo: "Onde estão agora?" Pense na vida deles, se foi longa ou breve, e se todos os que se lembravam deles também desapareceram. O que é importante para você neste momento? O que é significativo para você hoje? O que é vital para você agora?

Eu costumava ficar preso em um engarrafamento que se arrastava diante de um cemitério. Quando o tráfego ficava completamente paralisado, eu olhava pela janela do carro, lia as pedras dos túmulos e analisava essas questões. Nunca fiquei tão feliz por estar vivo e preso no trânsito. Notei que os outros motoristas também ficavam, de modo excepcional, gratos por essa vizinhança: nada de buzina, xingamentos ou tiroteio. Acho que também se sentiam felizes por estarem vivos e presos no trânsito. Onde exatamente você está preso agora? Não importa muito, entende?, contanto que esteja feliz por estar vivo.

Platão, Pitágoras, Empédocles e outros gregos antigos acreditavam na transmigração das almas (isto é, na reencarnação), uma idéia possivelmente trazida do Oriente. Eles sustentavam que uma parte vital do que somos sobrevive à morte e retorna em outras formas, e, assim, não viam a morte como um fim aniquilador. As idéias ocidentais sobre a morte foram mais tarde, de modo geral, passadas para o cristianismo — embora a igreja mantivesse uma doutrina da reencarnação até o século VI.

O hinduísmo e algumas escolas de budismo afirmam que o corpo morre, mas o espírito não, como parte do ciclo de nascimento, morte e renascimento que constitui o caminho do progresso espiritual. Aceite ou não a parte da reencarnação desse ciclo, a idéia da correlação entre nascimento, vida e morte contribui para contrariar a nossa negação da mortalidade. No pensamento hindu, cada vida lhe dá a oportunidade de adquirir conhecimento e experiência que você levará para a seguinte, assim progredindo gradativamente na direção da união com o Ente Supremo. De novo, não precisa acreditar em reencarnação para se beneficiar da visão da vida como uma oportunidade de obter conhecimento e experiência a serviço do progresso — e, além disso, uma oportunidade de pôr o progresso a serviço do esclarecimento.

NINGUÉM MORRE

O budismo clássico ensina que não há morte porque não há ego. O ego — com todas as suas recordações, desejos, anseios, ansiedades, apegos e agendas — é uma miragem tóxica que nos cega e nos distrai da realidade impassível da consciência pura — a nossa "natureza Buda". Aquilo que concebe como sendo você é uma ilusão. Deixar essa ilusão atender às suas ligações, comparecer às suas reuniões e dirigir a sua vida traz muitos problemas. A questão é: quem concebe essa ilusão de você? A miragem nasce e, portanto, morre. O que concebe não nasceu, e, portanto, não morre. A prática budista implica pôr o ego no lugar dele — que é lugar nenhum. É claro que o ego não gosta disso, de modo que tenta impedi-lo de praticar. A sua função é inflamá-lo, não esfriá-lo. Se você não tem nenhum senso do ego, não pode experimentar a morte do ego. É isso que tememos: o fim da existência pessoal. Hume compreendeu por conta própria, concordando com Buda sem saber, que o ego é uma ilusão. Na verdade, não há ninguém ali, portanto, ninguém realmente morre.

"... quando penetro mais fundo no que chamo de eu mesmo, sempre esbarro em uma ou outra percepção particular, de calor ou frio, luz ou sombra, amor ou ódio, dor ou prazer. Nunca me pego sem uma percepção, e nunca observo nada a não ser a percepção."

DAVID HUME

A filosofia budista é facilmente mal interpretada por muitos ocidentais, que vêem algo fundamentalmente repugnante na aniquilação intencional do ego. Isto, mais uma vez, é o ego falando. É claro que ele não pode e não abdicará de seu poder voluntariamente. Somente as pessoas que sofreram o bastante (ou demais) emocionalmente percebem que é o ego que perpetua o seu sofrimento emocional. Se levar a sério o que Buda (e Hume) quis dizer a respeito da ilusão do ego, e, além disso, praticar colocando o seu ego em seu lugar, então poderá lidar até mesmo com a morte com equanimidade.

> *"Você mesmo deve fazer o esforço. Os Budas podem apenas apontar o caminho. Aqueles que iniciaram o caminho e se tornaram meditativos estão livres dos grilhões do sofrimento... As pessoas se confundem com os anseios, girando em círculos como uma lebre capturada numa rede... elas sofrem por muito tempo."*

BUDA

O *Livro Tibetano dos Mortos* descreve cinco estágios da existência após a morte, chamados *bardos*, e fornece iogas avançadas (não a hata-ioga elementar que se pratica no campo de ioga) destinadas a guiá-lo no processo. Que eu saiba, os tibetanos são os únicos que alegam ter um conhecimento empírico da existência após a morte e que ensinam técnicas (aos seus iogues mais avançados) para controlar a viagem da morte para o renascimento. É muito diferente da crença passiva mais comum na reencarnação. Os tibetanos ensinam como escolher o útero do seu renascimento. Além de você poder "encarregar-se de sua vida"; possivelmente poderá encarregar-se de sua morte.

Em várias culturas, a experiência da morte é equiparada à resolução do enigma ou mistério essencial. Em algumas tradições de americanos nativos, morrer é chamado de "atravessar as grandes águas". A morte é vista como um processo de descoberta ou uma

MAIS PLATÃO, MENOS PROZAC

jornada importante. Talvez seja necessário juntar coragem para enfrentá-la, mas não é necessariamente algo apavorante.

SONIA E ISABELLE, PARTE II

No Capítulo 8, sobre a família, discutimos o caso de Sonia, que se rebelava contra a mãe, Isabelle. Quando ela veio me ver, a jovem estava lutando com todas as forças contra as restrições e exigências de sua mãe. Mas, à medida que trabalhávamos juntos e essas questões começavam a se resolver, surgiu outro problema: foi diagnosticado o câncer terminal de Isabelle.

É uma situação difícil, independentemente de outras circunstâncias. Mas Sonia e Isabelle foram capazes de superá-la por algo valioso. Apesar de a sua relação já ter começado a se apaziguar, usaram a doença terminal como uma oportunidade, e agora tinham um estímulo para se reconciliarem completamente. Estavam em conflito, mas a morte iminente pôs suas brigas em uma nova perspectiva. Seus conflitos específicos deixaram de parecer tão importantes, e fizeram as pazes. A morte pode revelar a nossa humanidade; diferenças pessoais tendem a perder a importância.

Para Sonia, o diagnóstico de sua mãe significou ter de crescer. Seu pai não estava agüentando lidar com a situação, portanto, grande parte da responsabilidade caiu sobre Sonia, enquanto sua mãe enfraquecia. A inversão dos papéis de cuidar e ser cuidado exigiu toda a força de Sonia. Permitiu-lhe pagar a dívida pelas atenções que recebera de sua mãe durante a vida e permitiu a Isabelle, finalmente, receber a atenção da filha, ao em vez de, como sempre, dar. Sonia amadureceu mantendo-se à altura de suas responsabilidades, com todas as suas dificuldades.

Podemos aprender com a situação de Sonia e Isabelle que a morte ilumina as relações humanas, concentrando a mente como nada mais conseguiria. Ouvimos tanto as pessoas dizerem "Nunca lhe disse o que sentia por ele, o quanto ele significava para mim" ou "Nunca disse como a amava", que menosprezamos essas palavras como clichês de romances. A morte pode ser inevitável, mas perder alguém em circunstâncias que poderiam ter sido diferentes é a maneira mais dolorosa de experimentá-la. A inevitabilidade da morte e sua imprevisibilidade nos dão as razões mais fortes para mantermos boas relações ou consertamos as prejudicadas. Sentirá a perda de modo mais agudo se houver algo que queria saber ou fazer, mas nunca fez. Não há nada pior do que ser deixado com o desejo de voltar atrás e reviver, o que, claro, é impossível.

Por outro lado, se a morte rompe uma relação sadia, a dor sentida machucará de uma maneira especialmente profunda — você estará perdendo inteiramente uma coisa boa. Mas pode encontrar um certo consolo em saber que a relação foi tudo que poderia ter sido.

Nem sempre se tem uma notícia antecipada da morte. Quedas de raios. Acidentes de avião. A vida é fugaz. A maioria de nós não sabe quanto tempo nos resta, e talvez seja melhor assim. Mas não desperdice o que tem. Nesse sentido, Sonia e Isabelle foram realmente afortunadas. Foram capazes de usar o tempo restante para a cura emocional, mesmo quando a cura física não era mais possível. Pode parecer estranho empregar a palavra *afortunada* para uma filha que está enfrentando a perda da mãe. Mas assumir uma atitude filosófica significa, em parte, olhar tanto os aspectos positivos como os negativos. Nada se ganha ignorando-os, e valorizá-los pode suavizar o período de dor.

STELLA

Conhecemos Stella no Capítulo 10, quando a mostrei como um exemplo positivo de mudança em vez de crise na meia-idade. Como a sua transição havia sido relativamente tranqüila, a razão pela qual procurou o aconselhamento foi a sua luta para enfrentar a própria mortalidade. Era saudável e relativamente jovem, mas completar os famosos "cinqüenta anos" motivou-a a buscar uma maneira de pensar na morte que fizesse sentido para ela. A fé religiosa com que foi criada, e que ela e seu marido haviam adotado quando seus filhos eram pequenos, perdeu o sentido. Nesse estágio da sua vida, sentiu-se confusa quando se tratou de contemplar o fim da vida — da sua e dos outros —, mas achou que era importante fazê-lo.

Como se pode ver, uma viagem bem-sucedida pelo campo minado da meia-idade não significou que Stella tivesse dominado todos os aspectos de sua vida. Porém, como trabalhara para enfrentar as questões que cercam a mudança da meia-idade, havia feito grande parte do trabalho do processo PEACE. Ensinei-lhe as etapas explícitas do processo, e agora ela lutava para aplicar o que tinha aprendido ao enfrentar outras situações da vida para enfrentar a morte. Nesse nível essencial, procurou apoiar-se nas disposições que a haviam ajudado a passar pelos caminhos anteriores para defrontar-se com o mistério derradeiro da vida.

Stella era uma pessoa muito controladora e tendia a exercer tanta influência quanto possível sobre os outros e sobre o seu ambiente. Adotou o mesmo método em relação ao seu envelhecimento, fazendo tudo que podia para conservar o corpo e não envelhecer antes ou mais rapidamente do que o necessário. Às vezes, a sua falta de confiança interferia em seu prazer na vida, mas, pelo menos na área da saúde física, ela conseguiu um equilíbrio. Comia bem, exercitava-se, dormia bastante e estava até mesmo começando a investigar técnicas de redução de estresse. Mas percebeu que, por mais ativo que você seja, chega uma hora em que ficará menos ativo, e que há sempre vários fatores no envelhecimento e na morte que ficam fora do nosso controle.

Disse-me francamente: "Acho que ou se cresce ou se envelhece. Parei de crescer há muito tempo." Estava determinada, então, a aproveitar o máximo da vida, mas também a aceitar o envelhecimento e a inevitabilidade da morte. Para ela, era aí que a coisa se complicava. Tinha de fazer isso, mas não sabia como.

O único tipo de luto que realmente entendemos é pela perda dos outros. Em geral, não somos muito bons nem mesmo nisso, mas escapa totalmente à nossa compreensão quando se trata de encarar a nossa própria morte. Pensar sobre a própria morte é quase abstrato: você pode sentir a morte de alguém, mas não a sua própria (a menos que os tibetanos tenham razão). É impossível imaginar a si mesmo como inexistente, justamente porque tentar imaginar já implica que você existe. De qualquer jeito, os humanos são auto-referentes demais para ficarem profundamente perturbados pela extinção pessoal. E não pretendo dizer com isso que somos narcisistas, embora alguns terapeutas fossem adorar se você os procurasse com a queixa principal sobre a sua incapacidade de suportar a idéia de não mais agraciar o mundo com a sua presença. Provavelmente, permaneceria na terapia até o fim de seus dias.

É natural pensar mais sobre a própria mortalidade quando se envelhece, embora algumas pessoas nunca o façam. Mas quando as pessoas se dão conta de que já viveram mais do que lhes resta viver, o medo da morte infiltra-se, a não ser que estejam preparadas com uma defesa filosófica. Alguns psicólogos fazem do medo da morte a base de todas as neuroses. Acho que uma certa apreensão é normal e sadia, pois, como já mencionei, o medo ajuda a nos mantermos afastados de situações perigosas. Mas o medo que paralisa é completamente desnecessário se você puder fazer as pazes com o conceito de morte.

A equanimidade nessa área é mais difícil para as pessoas que se entregam totalmente à vida. Ir da vibrante tapeçaria da vida ao potencial nada absoluto pode parecer excessivo para se suportar. Isso é só para fazer-lhe um alerta, porque esse tipo de amor à vida é o que insisto que adote. Mas não pretendo deixá-lo com um paradoxo. Viver com todo o entusiasmo lhe garante a melhor posição para, finalmente, fazer as pazes com a morte, mas tornará o processo muito mais intimidador. Às portas da morte (ou ao localizá-la lá longe no horizonte), se você viveu uma vida plena e com sentido, saberá que não viveu em vão. Levar uma vida decente, amar e ser amado, expe-

MAIS PLATÃO, MENOS PROZAC

rimentar o que a vida tem a oferecer, e ter, de alguma maneira, importância para alguém é tudo o que se pode esperar.

"Se algo está morrendo, não penso muito nele."

Lytton Strachey

SER OU NÃO SER SÉRIE B

Como mencionei, a filosofia ocidental é relativamente limitada em suas contribuições para explicar a morte. Geralmente tende a um dos dois extremos: uma reiteração da fé judaico-cristã na vida após a morte ou uma negação cética da vida após a morte combinada com uma antecipação materialista de esquecimento pessoal. Em outras palavras: tudo ou nada. Mas para aqueles que não são nem teístas nem ateus, surge uma alternativa de uma direção inesperada: uma aplicação engenhosa da filosofia do tempo de John McTaggart, pelo meu colega Stanley Chan. A obra sobre o tempo de McTaggart costuma ser ensinada como parte da filosofia da física, mas Chan adotou suas idéias para aconselhar as pessoas que enfrentam a perda. Chan é assistente social em Toronto, e a ele são encaminhados pacientes com câncer terminal, nos casos em que os médicos não podem fazer mais nada a não ser aliviar a dor.

McTaggart afirmava que há duas maneiras de conceber o tempo: a série A e a série B. Na série A, cada momento ou é passado, ou presente, ou futuro. Cada momento passado já foi um momento futuro e um momento presente. Por conseguinte, cada momento tem a propriedade de ser passado, presente e futuro — só que em tempos diferentes. Mas isso é problemático porque os termos *passado, presente* e *futuro* já incluem uma concepção de tempo. Agora precisamos entender de que maneira pontos diferentes "no" tempo se movem "pelo" tempo. Se afirmarmos que momentos passados terminaram, enquanto momentos futuros ainda não começaram, então o tempo se dissolve em um momento presente sempre em movimento. Como Chan destaca, isso não é especialmente útil para se chegar a um acordo com a morte — isso sugere que o momento presente é tudo que existe, e que você precisa estar vivo para experimentá-lo. Quando você está morto, o seu relógio pára de funcionar, e, portanto, não existe mais o tempo para você.

Em comparação, a série B de McTaggart assume uma visão relativa do tempo: cada momento acontece ou antes ou depois de outro. Quando uma coisa aconteceu antes de outra, as coisas acontecerão nessa ordem para sempre; a ordem dos acontecimentos não pode ser alterada pela passagem do tempo. Portanto, todos os acontecimentos em uma série B são determinados para sempre em termos de sua relação com outros acontecimentos. Como Chan ressalta, isso implica um senso de resistência ou permanência, uma espécie de registro que não pode ser apagado por acontecimentos subseqüentes. Se a vida de alguém é vista somente dessa maneira, torna-se um fio na tapeçaria da série B. Mesmo quando a sua vida acaba, não pode nunca "não ter acontecido". Todos os acontecimentos, inclusive os de sua vida, são de certa forma preservados na série B do tempo. Você tem uma fatia de imortalidade — e mesmo uma fatia fina é melhor que nenhuma.

Chan acha essa idéia muito confortadora para pessoas agonizantes que não acreditam na vida após a morte, mas que não conseguem encarar facilmente a perspectiva do esquecimento. Ninguém vive para sempre, mas a vida é preservada para sempre na série B. Apesar de nem todo mundo ser suficientemente filosófico para ver como isso faz diferença, na experiência de Chan com pacientes terminais às vezes faz toda a diferença do mundo. As pessoas se relacionam melhor com os agonizantes quando percebem que, embora a morte termine com a vida, não apaga o tempo vivido. E, é claro, não é preciso estar às portas da morte para reconhecer que a sua vida é uma seqüência de acontecimentos e que, mesmo que essa seqüência tenha um acontecimento final, o todo não é apagado por esse acontecimento. Esta é uma maneira de conceitualizar o sentido duradouro e o impacto de sua vida no mundo, sem recorrer à crença em uma alma que existe além dos limites físicos do corpo.

Pensar na série B ajudou Stella a chegar a um acordo também com o envelhecimento. Sua juventude pode haver terminado, mas o fato de ter sido jovem no passado — e feito todas as coisas que se espera que qualquer pessoa jovem faça — nunca se alteraria. Isso permitiu-lhe tirar o máximo do presente sem ficar obcecada pelo passado nem temer o futuro.

JOANNE

Refletir sobre a série B também ajudou Joanne a chegar a se conformar com a morte de seu filho. Mãe de dois filhos adultos, ela tinha quatro netos. Havia sido casada, enviuvara, tornara a se casar e se divorciara. Também tinha sido bem-sucedida profissionalmente. Agora, com quase sessenta anos, estava cheia de experiências e *insights*. Sabia muito sobre si mesma, sobre os outros e sobre a vida. No entanto, os seus problemas envolviam a morte: a morte de seu filho com câncer, muitos anos antes. Joanne continuou a sua vida, mas nunca superou essa perda. A morte — e particularmente a morte de um filho — é talvez o problema mais desafiador para o tratamento filosófico.

Não usei a parábola budista da semente de mostarda com Joanne porque ela lamentava há tantos anos que isto se transformou num hábito arraigado. Embora *insights* de parábolas possam ajudar a evitar a formação de hábitos, outros *insights* são necessários para quebrá-los. Para mostrar como funcionou, examinaremos o caso no contexto do processo PEACE.

O problema: O filho de Joanne, Justin, morreu de câncer aos oito anos de idade. Joanne recusou-se a aceitar sua morte. Continuou a lamentá-lo durante décadas e, na verdade, nunca superou o sofrimento. Todo aniversário do seu nascimento e da sua morte era um momento terrível para ela.

Emoção: Joanne experimentou tristeza e raiva quase que continuamente, o que tornou terrível a sua vida particular e prejudicou sua relação com a família e os amigos, apesar de continuar eficiente no trabalho. A psicoterapia e os remédios receitados não aliviaram seus penosos sentimentos.

Análise: Joanne queria ser uma boa mãe, e o tinha sido para os seus filhos vivos. Parecia levar para o lado pessoal sua incapacidade de salvar Justin do câncer, apesar de ter feito tudo o que era possível na época. Parecia interpretar a sua morte como uma prova de que não era uma boa mãe, embora isso não correspondesse à verdade. A única maneira de cuidar maternalmente de seu filho morto era pranteá-lo; a única maneira de continuar a protegê-lo maternalmente era permanecer de luto — o que fazia há trinta anos.

Contemplação: Refletindo sobre a série B, Joanne começou a perceber que os oito anos de vida de Justin não foram apagados por sua morte prematura. Ela podia olhar para trás e recordar com alegria os seus anos de vida e valorizar a dádiva de sua vida sem mergulhar em um abismo de desespero e auto-recriminação por sua morte. De fato, a melhor maneira de acalentar Justin era lembrar-se dele em sua melhor forma e perceber, através da série B, que a morte não roubara nenhum dos seus melhores momentos.

Equilíbrio: Esta nova disposição deu a Joanne os meios para quebrar os hábitos de longa data que desgastavam tanto sua vida particular e social. Aos poucos, permitiu-se desfrutar a vida. Nunca esqueceria Justin, mas começou a sentir a sua recordação como algo agradável.

MAIS PLATÃO, MENOS PROZAC

301

GREGORY

Meu colega canadense Stephen Hare teve um paciente particularmente notável, que foi consultá-lo pedindo uma boa razão para não se suicidar. Gregory levara uma vida animada e mantinha uma relação íntima com sua família, mas ao longo dos últimos anos (ele estava com quase oitenta anos) tinha sofrido um declínio progressivo da saúde. Finalmente foi obrigado a abrir mão da sua única verdadeira paixão: esquiar. Sua memória e sua concentração não estavam em boa forma, e receava ter tido um ataque não diagnosticado, além dos problemas cardíacos com que já lutava.

Seu maior medo era ter um ataque cardíaco ou um colapso que o deixasse incapacitado. Não queria ser um peso para sua parceira ou seus filhos, e não queria perder a capacidade de tirar a própria vida, se assim desejasse. Seus médicos disseram-lhe que corria o risco de ter um ataque cardíaco sério, como ele temia. Mas não podiam afirmar a extensão do risco ou calcular o tempo; enfim, que nada podia ser determinado.

Sua deterioração tinha sido evidente, mas lenta. Os seus problemas de saúde e o medo de complicações futuras o deixaram suficientemente deprimido para achar interessante a prescrição de seu médico para o uso de antidepressivos, embora ainda não os tivesse experimentado.

Apesar de tudo isso, Gregory revelou que a sua qualidade de vida era na época muito boa. Além de uma relação sólida com sua parceira, tinha um vasto círculo social, filhos e netos queridos, e dinheiro suficiente para não se preocupar com isso. Caminhava e jogava golfe regularmente e freqüentava concertos, teatros e exposições. A sua vida era ocupada e, apesar de lamentar não poder fazer tudo que fazia antes, gostava da sua situação atual. Aqueles que ele amava sofreriam com a sua morte, admitiu.

O seu conselheiro desafiou-o com a possibilidade de ele estar fazendo a pergunta errada, ou, pelo menos, fazendo-a prematuramente. Considerando-se os aspectos positivos de sua vida e a imprevisibilidade da sua saúde futura, o que justificaria cometer suicídio? A decadência física, por mais desalentadora, não é suficiente para anular o valor intrínseco da vida quando essa vida está plena de amor e vitalidade. Até mesmo as circunstâncias mais sombrias, ou a evidência da incapacitação iminente, podem não fazer a balança pender para o lado do suicídio, embora, em um certo ponto, haja a possibilidade de a balança pesar para o outro lado. Gregory concordou. Basicamente, já reconhecia que o momento ainda não tinha chegado, por isso tomara a iniciativa de procurar um aconselhamento filosófico. As pessoas que ele amava prefeririam a responsabilidade de cuidar dele, acreditava, a perdê-lo prematuramente.

Decidiu acabar com seus receios elaborando um testamento com cláusulas referentes à eutanásia passiva voluntária, se chegasse a esse ponto. Sabia que essas cláusulas eram suficientemente polêmicas para serem evitadas algumas vezes, mas estava disposto a considerar o risco em relação à atual qualidade de vida. A tarefa que lhe restava era ampliar sua perspectiva filosófica para incluir a enfermidade progressiva como parte natural do envelhecimento. Enfrentar a decadência exige coragem, mas de um tipo diferente da que Gregory — habituado a assumir riscos físicos — estava acostumado a demonstrar.

> *"Covardes morrem mil vezes antes de suas mortes;*
> *O valente só experimenta a morte uma vez.*
> *De todos os prodígios de que tive conhecimento,*
> *o que me parece mais estranho é os homens terem*
> *medo; perceber que a morte, um fim necessário,*
> *chegará quando chegar."*

WILLIAM SHAKESPEARE

Gregory precisava realmente recuar um pouco de sua postura filosófica em relação à morte para examiná-la de uma perspectiva pessoal e emocional. Essa é uma linha que você terá de descobrir por conta própria. Não vai querer se tornar tão desapegado a ponto de perder de vista o valor de sua vida, para você mesmo e para os outros.

MANTENHA A MENTE ABERTA

Como não temos respostas comprovadas sobre o que acontece depois da morte, se você as estiver procurando deve levar em consideração diferentes possibilidades e então se decidir por aquela que tiver mais valor para você. Mantenha a mente aberta, reconhecendo que não sabemos realmente o que significa estar vivo ou morto. Pessoalmente, passei por experiências demais para me satisfazer com a idéia de que a morte é um nada absoluto. Acho concebível a existência de algo mais, mas admiti que não sabemos nem uma coisa nem outra.

O que sabemos é que a morte pode ser uma separação muito dolorosa. Exista ou não algo mais depois, a pessoa morta permanece em nosso coração. Gostamos de lembrar as pessoas que amamos. Devemos lembrar as boas coisas e esquecer as más — embora, como Shakespeare sabia, quase sempre ocorre o contrário: "O mal que os homens fazem sobrevive a eles, o bem é quase sempre enterrado com seus ossos."

Quanto mais íntimo você for de uma pessoa, mais dolorosa será a sua morte. Quando duas pessoas se tornam uma, no sentido de cada uma passar a ser metade da outra — nenhuma experimenta a sensação de estar incompleta enquanto a outra proporcionar o complemento, mas nenhuma pode sentir-se inteira sem a outra.

A morte pode criar um buraco. Apesar de um tremendo potencial de dor ser inerente a esse tipo de ligação, não estou dizendo, de jeito nenhum, que se deve evitar essa proximidade. O segredo está em amar sem apego egoísta. As pessoas atormentadas por um pesar perpétuo por causa da morte de um ente querido são atormentadas por seu apego, não por seu amor. É possível amar alguém de todo o coração enquanto a pessoa for viva, e amar a sua memória quando ela morre, e rir alto ao se lembrar de algo engraçado que ela disse ou fez, e derramar uma lágrima quando se sentir triste por ela não estar aqui. Mas não é desejável nem necessário ficar permanentemente encolhido num casulo de aflição. Se uma parte sua morreu com a pessoa amada, liberte-se do seu apego e se tornará inteiro de novo. A qualidade do seu amor por quem partiu na verdade irá se aprimorar, e você deixará de ficar fragilizado.

Se precisa de ajuda para se libertar do apego, há várias teorias e práticas filosóficas para você explorar. Sugeri algumas neste capítulo. Em minha experiência, as teorias e práticas budistas são os meios confiáveis mais eficazes de superar a tristeza — são destinadas justamente a isso e foram aprimoradas durante dois milênios e meio. A filosofia budista oferece a disposição mais saudável diante da tristeza; a sua prática ajuda a substituir hábitos destrutivos por construtivos.

O budismo veio para o Ocidente através de diferentes tradições — encontre uma que sirva para você. Todas têm um denominador comum: as Quatro Verdades Nobres de Buda. Primeira, a vida acarreta sofrimento. Segunda, o sofrimento tem causas identificáveis. Terceira, essas causas podem ser removidas. Quarta, práticas apropriadas removem essas causas. As três primeiras verdades são teóricas, e há muitos livros que discutem a teoria. A quarta verdade envolve a prática, e há vários lugares onde se pode aprender como praticar. Não importa se você é religioso ou não — afinal, pessoas religiosas e não religiosas sofrem da mesma forma. O budismo não se preocupa com que Deus você venera ou se recusa a venerar; preocupa-se com o seu sofrimento. Quando você está preparado, ele pode ajudá-lo a superar a tristeza pessoal.

Quando uma doença física causa sofrimento, se a doença é curada, o sofrimento cessa. Mas as pessoas que não estão doentes fisicamente às vezes sofrem sem necessidade, ou sofrem mais do que deveriam, por causa de problemas não resolvidos, gerados por questões cotidianas de vida e morte. O sofrimento desnecessário ou excessivo é um tipo de problema que este capítulo, e este livro, mostraram como controlar filosoficamente. Só quando se cansar de sofrer desnecessariamente é que você dará os passos para superá-lo. Cabe a você decidir.

> *"Somente quando ficar farto dessa doença poderá livrar-se dela. O Sábio nunca fica doente; como está farto da doença, nunca adoece."*

LAO TSÉ

PARTE III

———◆———

ALÉM DO ACONSELHAMENTO DO PACIENTE

14

Praticando a filosofia com grupos e organizações

"A multidão não é verdadeira."

SOREN KIERKEGAARD

*"A maioria de nós, em um momento ou outro, é impelida,
mesmo que o impulso seja breve, a ajudar a resolver os
problemas da sociedade, e a maioria de nós sabe, no fundo
do coração, que é nossa responsabilidade deixar o mundo um
pouco melhor do que o encontramos."*

CYRIL JOAD

Embora este livro se concentre no trabalho individual com a filosofia, quer sozinho, quer com a ajuda de um conselheiro, a prática filosófica tem aplicações mais amplas. Os práticos filosóficos trabalham como mediadores de grupos e como consultores para organizações. A mediação de grupo pode ser informal ou formal. Grupos informais encontram-se regularmente em cafés, que chamamos de "cafés de filósofos", para discussões públicas. Grupos formais participam de um processo chamado Diálogo Socrático, que tem o objetivo de responder a questões específicas. Quanto à consultoria, o filósofo se tornará um acessório das organizações do século XXI, com uma vaga reservada no estacionamento da empresa. Este capítulo descreve de modo sucinto essas atividades filosóficas e diz como o seu grupo ou organização pode se beneficiar delas.

CAFÉS DE FILÓSOFOS

A Europa está repleta de cafés de filósofos, que agora estão se espalhando rapidamente pela América do Norte. Há poucos requisitos técnicos para essas reuniões filosóficas informais; tudo que é necessário é um filósofo disposto a iniciar o trabalho para mediar as discussões toda semana, todo mês, ou esporadicamente. Em nossa sociedade altamente tecnológica e veloz, o luxo da exploração em câmera lenta do mundo das idéias é único. Todos os tipos de pessoas aparecem nos grupos que conduzi ou de que participei, mas uma característica comum, freqüente, é o senso de alienação da cultura de massa e a percepção de que, como o valor de mercado de pensar por conta própria está diminuindo, isto está se transformando em uma arte perdida.

Se você está satisfeito só com a cultura de tablóide — bate-papos na TV, filmes vazios, livros instantâneos e vidas descartáveis —, tem à sua disposição uma dieta regular de alimentos para não pensar, que lhe é servida diariamente. Mas se está procurando algo mais, terá de ser muito mais perseverante. No nosso mundo de 57-canais-e-nada, essa busca por algo mais está provocando o crescimento dos grupos informais de discussão filosófica. A troca de idéias é uma mercadoria valiosa — apesar de não constar na listagem de Wall Street — e geralmente é gratuita. Os cafés de filósofos estão devolvendo a filosofia à sua intenção original de fornecer alimento para o pensamento das pessoas na vida diária, e estimulá-las a levarem uma vida mais examinada. Sócrates praticava a filosofia no mercado, aceitando todos os que apareciam, disposto a discutir qualquer coisa com qualquer um, a qualquer hora. Essa é a tradição do café dos filósofos.

Fui mediador de um Fórum de Filósofos mensal em uma livraria de Manhattan e outro em um famoso café em Greenwich Village.

MAIS PLATÃO, MENOS PROZAC

Há muitos freqüentadores habituais que comparecem todos os meses, mas também sempre aparece gente nova. Os freqüentadores compõem um perfil de Nova York — e, conseqüentemente, um perfil da humanidade. São, em geral, trabalhadores e estudantes. Embora seja possível estabelecer um tópico para uma sessão particular, geralmente deixo que as pessoas reunidas sugiram e que o grupo as conduza.

Todos os tipos de temas são discutidos, inclusive itens importantes como o sentido, a moralidade, a fé e a justiça. Mediei debates sobre como superar a alienação, o que a tecnologia significa para a humanidade, e, até mesmo, como encontrar pessoas. Os temas abordados na Parte II deste livro muitas vezes eram mencionados em grupos, exatamente como em um aconselhamento individual. Alguns dos freqüentadores habituais tinham os seus temas preferidos, mas independentemente do tópico abordado, todos se beneficiavam ouvindo o ponto de vista do outro. Não se pode esperar um acordo universal em um debate público. Mas o que se obtém é igualmente útil: uma oportunidade de contestar as opiniões de outras pessoas, de ter as suas próprias opiniões contestadas e de aprender a harmonizar ou tolerar opiniões contrárias. Quer a contestação reforce ou subverta a sua posição, a sua postura filosófica será a mais sólida.

Só há uma regra fundamental em meus grupos de discussão: civilidade. Sendo corteses, os membros do grupo também praticam outras virtudes ao mesmo tempo: paciência, atenção, tolerância. Qualquer que seja o tema em discussão, praticar essas virtudes constitui uma lição filosófica por si só. Também desestimulo a citação nomes — isto é, referência a obras filosóficas publicadas. A discussão filosófica fora do ambiente acadêmico trata do que você pensa, e do que os outros no grupo pensam — não do que pensa alguém que seguiu a carreira de pensar. Se o grupo está discutindo justiça, a matéria-prima são as experiências particulares de justiça ou injustiça dos participantes e suas idéias gerais sobre o assunto. Você não precisa de um Ph.D. em filosofia para ter experiências e pensar por si mesmo. As pessoas que simplesmente mencionam nomes, ou tentam impressionar os outros com a sua erudição, não estão percebendo a intenção do debate.

> *"Pois o homem que pensa por si mesmo se familiariza com as autoridades por suas opiniões somente depois que as adquiriu e meramente como uma confirmação delas, enquanto o filósofo de livro começa com as suas autoridades, e dessa forma constrói suas opiniões juntando as opiniões dos outros: a sua mente, então, se compara à do primeiro como um autômato se compara a um homem vivo."*

> ARTHUR SCHOPENHAUER

A regra da civilidade é fundamental quando tratamos de questões delicadas. E, pode acreditar, penetramos em questões mais arriscadas do que você já ouviu falar até mesmo nos programas mais chocantes da televisão ou do rádio. Não há nenhum tabu nem censura em meus debates filosóficos, contanto que as regras básicas sejam obedecidas para nos ajudar a exercitar a razão juntamente com a manifestação apaixonada. Não existem coisas como pensamentos impensáveis — tente pensar em algo que não pode ser pensado! Discutimos raça, sexo, justiça, religião, liberdade, dinheiro, drogas, educação e outros temas que estão se tornando difíceis, se não impossíveis, de serem examinados aberta e francamente em nossa sociedade cada vez mais politicamente correta.

O propósito que orienta esses grupos é discutir coisas que não seriam discutidas de outra maneira — por causa de sua inconveniência ou de sua complexidade, ou ambos. Esse intercâmbio livre de idéias é o que se supõe que seja a América; portanto, graças a algumas livrarias e cafés, delimitamos o nosso território, no qual permanecemos devotados à liberdade individual e de expressão. Até agora, os comissários políticos têm-nos deixado em paz, o patrulhamento ideológico não efetuou nenhuma prisão, e os ideólogos hipersensíveis não nos processaram por ofendê-los. Talvez precisemos nos empenhar mais.

Especialmente quando se trata de temas melindrosos, nos faz bem simplesmente ouvir outras pessoas se encarregarem deles. Geralmente nos concentramos nas pessoas que pensam de modo semelhante a nós; aposto que a maioria dos seus amigos compartilha de quase todas as suas opiniões. Sempre ficamos felizes de oferecer a nossa opinião importuna, mas sempre nos enriquecemos mais com a opinião importuna do outro. Ouvir outras perspectivas não muda necessariamente a nossa opinião, mas, pelo menos, nos faz pensar duas vezes. A imparcialidade precisa ser exercitada — você precisará dela quando a sua disposição filosófica atual não estiver mais lhe servindo. Precisamos ter opiniões, mas nem sempre sabemos se são certas ou erradas. Se quiser manter uma filosofia de alto desempenho, terá de afiná-la periodicamente e estar disposto a fazer mudanças quando forem necessárias.

Se está intrigado, espero que procure — ou instale — um café de filósofos no seu bairro. Leve suas questões principais: existem limites para a tolerância social? Qual é o propósito da educação? Qual é a melhor maneira de educar os filhos? A mídia exerce um poder excessivo? A nossa cultura está em decadência? Quais são as conseqüências da substituição da tradição escrita pela visual? O que significa levar uma vida virtuosa? Como fazer a diferença entre o certo e o errado? Existem meios objetivos para julgar o que é bom e o que é mau? Existem sentido e propósito? Deus existe? Deus é homem ou mulher? Isto tem importância? A moralidade pode ser reduzida à biologia? A moralidade é uma invenção humana? O que é beleza? O que é verdade?

Se você trabalhou sozinho ou com alguém, deve ter esbarrado em alguns desses temas, porém é mais provável que se tenha concentrado em preocupações mais imediatas e pessoais. Ainda assim, as pequenas e grandes questões freqüentemente se sobrepõem. Tratar de temas mais amplos reforça a sua filosofia pessoal, o que, por sua vez, a tornará mais estimulante e útil para a sua vida cotidiana.

As grandes questões continuam grandes. O que era discutido em Atenas 2.500 anos atrás continua sendo discutido hoje. Ser capaz de debater essas coisas faz parte daquilo que significa estar vivo e bem.

DIÁLOGO SOCRÁTICO

Enquanto discussões filosóficas informais germinam rapidamente na América do Norte, um método mais convencional, conhecido como Diálogo Socrático, também está criando raízes. Não deve ser confundido com o método socrático (com o qual tem uma certa relação). O Diálogo Socrático é uma maneira organizada de responder a algumas grandes questões. Leonard Nelson — um filósofo alemão com nome inglês — esboçou o processo no início do século XX. Foi gradativamente aperfeiçoado pelos práticos alemães, holandeses e, recentemente, americanos.

Para esclarecer o título potencialmente confuso desse processo, preciso explicar por que o nome de Sócrates é invocado em dois contextos diferentes.

A teoria do conhecimento de Sócrates, como relatada por Platão, diz que nós todos o trazemos desde o nascimento. Se lhe fizerem um pergunta difícil como "O que é justiça?", você provavelmente não será capaz de dar uma definição clara de imediato, mas poderá apresentar alguns exemplos tirados de sua própria experiência. Mas se você pode dar um exemplo de alguma coisa, Sócrates diria que já deve saber o que é essa coisa — implicitamente, e não explicitamente. Esta é a base do Diálogo Socrático de Nelson: um processo confiável que o orienta a definir explicitamente o que já sabe implicitamente.

Sócrates também ficou famoso por investigar as pessoas através de uma série de perguntas, até extrair-lhes contradições. Se você apresentasse a Sócrates uma definição descuidada de justiça, e, então, ele o levasse a admitir que a sua definição poderia dar margem à injustiça, você teria caído em contradição. Em conseqüência, a sua definição não poderia estar correta. Tecnicamente, isto é chamado de método refutatório, mas é conhecido como método socrático. Observe que ele revela somente o que algo não é, não o que é. No fim do dia, esse método revelará uma quantidade de definições de justiça (ou o que estiver sendo discutido), mas nenhuma aproveitável.

O Diálogo Socrático, ao contrário, visa diretamente o que a coisa é. Usa a experiência pessoal como base para encontrar uma definição universal de uma coisa, que seja explícita e exata. Emprega a dúvida individual e o consenso rigoroso para permitir que você responda a perguntas como "O que é liberdade?" ou "O que é integridade?" Não é o tipo de coisa que você pode fazer na sua pausa para um café; na prática, a maioria dos Diálogos Socráticos é conduzida durante um fim de semana inteiro. Leva cerca de dois dias para se obter um resultado com um grupo pequeno orientado por um moderador treinado. Dois dias são, na verdade, um período curto, considerando-se o que está em jogo. Quer dizer, você pode facilmente passar a vida sem saber exatamente o que é justiça, liberdade ou integridade, embora elas possam ter uma importância fundamental para você. Investir um fim de semana para se ter uma noção mais precisa de um desses conceitos, escorregadios, mas eternos, é, a meu ver, um tempo bem empregado. É como um safári filosófico na grande reserva de caça da sua mente.

O processo

Diálogos Socráticos funcionam melhor com grupos de cinco a dez participantes. Esse número permite uma boa variedade de experiência pessoal, tempo suficiente para todos participarem, e a possibilidade real de se chegar a um consenso. Com poucas pessoas, não há pontos de vista suficientes para enriquecer o processo. Com gente demais, não se consegue que todas participem do mesmo tema.

O primeiro passo em um Diálogo Socrático é decidir qual a pergunta a ser respondida. Em geral, isso é feito antecipadamente, se bem que essa parte do processo possa ser um empreendimento educacional ampliado. As melhores perguntas tomam a forma de "O que é X?", com X sendo liberdade, integridade, felicidade, realização, esperança, amor ou qualquer outro conceito importante e inefável. Outros formatos também podem funcionar, mas não se pode errar com a formulação clássica.

O segundo passo consiste em cada participante pensar em um exemplo de sua própria experiência de vida que envolva X. Pode ser um exemplo simples que não esteja mais acontecendo e que não desencadeie emoção demais, para que possa ser relatado objetivamente e — se preciso — resumidamente. Todos apresentam brevemente o seu exemplo ao grupo.

Em seguida, o grupo escolhe, por consenso, o exemplo a ser examinado. Este será o veículo inicial para se chegar a uma definição, mas você terá de ser capaz de encontrar uma resposta, independentemente do exemplo escolhido. Escolha simplesmente um exemplo com que todos possam se identificar em certo nível, para maximizar a percepção de todos. O roteiro selecionado é então contado de novo com muito mais detalhes, e o grupo faz as perguntas. Não é permitida nenhuma pergunta hipotética. Nesse estágio, e durante a maior parte do processo, é rigorosamente "só os fatos".

Então, o grupo decompõe a história em partes mínimas. Até mesmo algo que aconteceu durante o tempo real de apenas um ou dois minutos pode ser composto de vários passos. Em alguma parte dos detalhes ordenados está exatamente o que você procura. Pode estar em um passo específico ou entre passos ou em mais de um passo, ou em uma combinação de passos. Apontar com precisão a localização de X leva-o ao ponto médio exato, pois quando todos concordam a respeito de onde X ocorre, você pode começar a decidir o que é X. A idéia é que, se você capta a experiência real de uma coisa, pode identificá-la. Isso ficará mais claro quando você analisar o exemplo seguinte.

Depois, o grupo formula uma definição — geralmente apenas uma frase — que se ajusta ao exemplo em debate. A experiência em

MAIS PLATÃO, MENOS PROZAC

que você está concentrado proporciona um bom ponto de referência concreto para verificar a sua exatidão. Uma vez satisfeito, você retorna às experiências pessoais dos outros e verifica se elas se ajustam à definição a que você chegou, e a modifica de acordo. *Voilà!* Uma definição universal foi articulada.

O estágio final consiste em tentar refutar a definição com contra-exemplos que não sejam os já apresentados. Este é o único ponto no Diálogo Socrático em que as situações hipotéticas são permitidas. Se puder contradizer a definição, conseqüentemente você a aprimorará. Talvez se surpreenda ao ver como a definição que tão habilidosamente compôs resiste até mesmo a essa fase improvisada.

O que é esperança?

Um exemplo específico tornará o processo mais fácil de entender. Coordenei recentemente um grupo que selecionou "O que é esperança?" como tema para a nossa sessão, com a duração de um fim de semana. Para não perder tempo, todos já chegaram na sessão de sábado de manhã com seus exemplos pessoais, de modo que iniciamos com sua apresentação.

Uma mulher contou que tinha esperado assinar o contrato de aluguel de um apartamento pelo qual ela e seu parceiro haviam se apaixonado à primeira vista. O prazo do contrato do apartamento em que moravam estava expirando e o novo parecia perfeito, mas a papelada os deixou em suspense durante alguns dias, sem saber se o conseguiriam. (Conseguiram.) Um homem falou da esperança que sentira ao aguardar a carta de uma mulher com quem tivera um caso breve, mas intenso, e que se mudara recentemente da cidade. Ela disse que escreveria quando se estabelecesse, e ele verificava a correspondência ansiosamente todos os dias, mas a carta nunca chegou. Uma jornalista disse que tinha esperado que o perfil que escrevera de um de seus heróis fosse selecionado pela revista que achava ser a mais adequada para publicá-lo — o que acabou acontecendo. Um homem que fazia muito trabalho voluntário em sua comunidade disse que esperara que isso resultasse em outros trabalhos — pagos. Acabou estabelecendo o seu próprio negócio. E, por fim, uma mulher que tinha imigrado para os Estados Unidos — o que exigira um considerável sacrifício pessoal e profissional — discutiu a esperança que tinha de que sua filha fosse capaz de colher os benefícios e as oportunidades inacessíveis em seu país natal.

Diante dessas alternativas, o grupo optou por trabalhar a experiência do homem que esperava a carta. Sam contou de novo a sua história em detalhes e respondeu a muitas perguntas. Juntos, decompuseram a história em vinte e três passos (1. No secundário, conheci duas irmãs. 2. Ficamos amigos. 3. Levei uma das irmãs ao baile de formatura... 6. Anos depois, a outra irmã passou inesperadamente por minha casa... 21. Verifiquei a caixa de correspondência procurando a sua carta.) e procuraram os pontos exatos onde a esperança se manifestava. Neste caso, encontraram esperança em cinco passos, inclusive no 21, citado acima, e no passo 11: "Fizemos planos para passar juntos o verão seguinte."

Agora que tinham encontrado a esperança, voltamos à pergunta: "O que é esperança neste exemplo?" Após muita deliberação, o grupo chegou à seguinte definição: "Esperança é agir na expectativa de um resultado preferido, corrente com a direção atual da vida da pessoa." Assim, a tentativa de uma definição universal emergiu de um exemplo particular.

Em seguida, retornamos aos outros quatro exemplos apresentados e modificamos a nossa definição, de modo que se aplicasse também a eles. Levando em conta as complexidades adicionais, o grupo chegou a um consenso: "Esperança é manter a expectativa de um resultado preferido, coerente com a experiência de vida atual da pessoa" (substituindo *agir* por *manter* e *direção* por *experiência).

Essa definição, concordaram, se aplicava a todas as partes de todos os exemplos, exceto um: a mulher com esperança de mais oportunidades para a filha achou que não se aplicava ao seu caso. Concordamos que esperança para si mesmo e esperança para outra

MAIS PLATÃO, MENOS PROZAC

pessoa são coisas completamente diferentes, mas achamos que, no segundo caso, uma ligeira alteração seria suficiente: "... coerente com a experiência de vida atual do outro".

Em seguida, contestamos essa definição com exemplos hipotéticos, mas ela resistiu ao nosso teste. Um exemplo hipotético que analisamos foi a esperança de Cinderela de que um Príncipe Encantado reparasse nela. Foi discutido se isso estava dentro da experiência de vida dela naquele momento e se era esperança — como oposto a fantasia — e, se fosse, se a nossa definição a abrangia. Decidimos que era esperança, já que a situação não era impossível para ela. Se ela própria não achasse possível que uma ajudante de copeira atraísse a atenção de um príncipe, a sua esperança, provavelmente, teria atravessado a fronteira para o lado da fantasia. A essa altura, o fim de semana estava quase terminando, mas, até onde fomos, a nossa definição resistiu.

Várias questões secundárias que não pudemos resolver no momento surgiram durante o nosso Diálogo, como surgiriam em qualquer Diálogo bem-sucedido. O processo inteiro o faz refletir profundamente sobre as suas experiências, e, portanto, é natural que outras portas se abram. Neste caso, foi preciso ter cuidado para não sermos desviados por questões interessantes como: "Para se entender o significado de esperança é preciso um resultado particular, para melhor ou pior?" "Pode-se compreender a esperança sem saber o que ocorre no fim?" "Saber as probabilidades de algo acontecer é importante para identificar a esperança?" "A esperança pode durar indefinidamente ou é limitada no tempo?" "A esperança por outra pessoa reflete altruísmo ou sempre implica egoísmo?" "Qual é a diferença entre esperança e fantasia?" Concordamos em adiar essas questões até o fim do Diálogo principal e combinamos retomá-las depois, se desse tempo. (Apesar de nossa esperança, não houve tempo.)

É instrutivo comparar a nossa definição consensual de esperança, elaborada por um grupo de pessoas comuns — um escritor, um psicólogo, um pedagogo, um estudante de pós-graduação, um administrador — com definições apresentadas por alguns filósofos famosos. Hobbes, por exemplo, escreveu: "O Desejo de atingir algo é chamado de Esperança." Schopenhauer, como mais um exemplo, escreveu: "A Esperança é a confusão do desejo por uma coisa com a sua probabilidade." Lembre-se de que o nosso grupo escreveu: "Esperança é manter uma expectativa por um resultado preferido, coerente com a experiência de vida atual da pessoa." Acho que o nosso grupo saiu-se tão bem, se não melhor, que Hobbes, e muito melhor que Schopenhauer, que obviamente foi enredado por uma questão secundária que o nosso grupo havia identificado: "Conhecer as probabilidades de algo acontecer é importante para identificar a esperança?" O fato de um grupo de pessoas sérias, mas comuns, poder formular uma das melhores definições de esperança durante um único fim de semana é uma prova tanto da compreensão filosófica adormecida na mente humana quanto do poder do método de Nelson para despertá-la.

O Diálogo Socrático é um encontro com a sabedoria viva que acho que todos deveriam experimentar pelo menos uma vez. Você não irá apreciá-lo até estar pessoalmente preparado para o compromisso, mas não existe uma maneira melhor de chegar às questões mais complexas que sustentam a sua vida. A tendência nos Estados Unidos está apenas começando (na Alemanha, você pode se inscrever para Diálogos de uma semana em estâncias). Prevejo uma época em que todo estudante universitário dedicará apenas um fim de semana — em quatro anos de conferências em salas de aula — ao Diálogo Socrático. Os Diálogos também podem ser mediados sempre que houver grupos de pessoas dispostas reunidas em: centros comunitários, abrigos de aposentados, escolas, spas, centros de desenvolvimento humano. Um dos meus colegas — Bernard Roy — está negociando a sua realização em cruzeiros marítimos. Sol, mar e Sócrates. Vou me inscrever.

É tarefa do mediador conduzir o grupo por cada uma das fases do Diálogo, e , em particular, certificar-se de que o consenso genuíno é alcançado em cada estágio antes de passar para o seguinte. Dúvidas não examinadas e não resolvidas sempre afloram em está-

MAIS PLATÃO, MENOS PROZAC

gios posteriores, e, então, pode ser que o grupo tenha tomado a direção errada. O mediador funciona como o regente de uma orquestra, não tendo voz na partitura geral, mas cuidando para que todos toquem bem e em uníssono.

Os participantes de um Diálogo Socrático também descobrem algo praticamente desconhecido no Ocidente — a tomada de decisão por consenso. Herdamos muitos outros modelos para responder a perguntas, mas a maioria deles é imperfeita. Por exemplo, a cadeia de comando transmite diretrizes que devem ser obedecidas, sejam razoáveis ou não. Ou o comitê — o método favorito da academia — decide todas as questões importantes baseado em qualquer coisa, menos critérios racionais (por exemplo, porque é hora do almoço) ou chega a uma decisão meio-termo, com a qual ninguém concorda, para evitar uma decisão da qual algumas pessoas discordem veementemente. Outro exemplo: o principal defeito das urnas eleitorais é que os eleitores escolhem um candidato fazendo um X, em vez de analisarem o que significa ser o melhor candidato para o cargo. Muitos votam por hábito ou sob a influência de uma campanha difamatória.

Mas no Diálogo Socrático, o grupo chega ao fundo da questão: diretamente à sua essência. As decisões são pesadas metodicamente. Há consenso, mas não concessão. Você chega à verdade sem artifícios ou esgota o tempo tentando.

O FILÓSOFO ORGANIZACIONAL

O apogeu da manufatura americana, conhecido como a Idade de Ouro do Capitalismo, desenrolou-se aproximadamente entre a Segunda Guerra Mundial e o começo da suposta crise de energia de 1973. As crianças nascidas durante essa era próspera são chamadas de *baby-boomers*; muitos de nós atingimos a maioridade na década de 60. Esse período de prosperidade sem precedentes na América também testemunhou o surgimento de uma profissão imprevista que contribuiu para a abundância da época. A psicologia behaviorista uniu-se à indústria manufatureira e gerou uma prole híbrida: o psicólogo industrial. Embora a Revolução Industrial se concentrasse no desenvolvimento de máquinas e linhas de montagem cada vez mais eficientes, freqüentemente explorava e abusava cruelmente dos recursos humanos — como Charles Dickens e Karl Marx não nos deixaram esquecer. O psicólogo industrial do século XX responde a essas perguntas: considerando-se os processos de fabricação de ponta, como produzir empregados de ponta? Podemos construir máquinas eficientes e projetar linhas de montagem produtivas, mas como motivar, com o menor custo, trabalhadores e gerentes para sua máxima eficiência?

A resposta revelou-se algo como: "Pinte as paredes de verde e toque música de fundo." E mesmo os que não gostavam de paredes verdes e detestavam música de fundo admitem que o psicólogo industrial conseguiu uma simbiose entre o músculo da indústria e a ciência da motivação.

Retrospectivamente, ele foi um precursor do filósofo que trabalha com indústrias. Devido ao multinacionalismo e à civilização global, a economia americana está mudando de uma base de bens manufaturados para uma de serviços prestados. Antes, a ligação vital era entre corpos humanos e máquinas sólidas, e a questão operacional era: "Como mecanizar melhor o desempenho humano?" Resposta: "Contrate um psicólogo industrial e ele lhe dirá como." Agora, a ligação vital mudou: ocorre entre as mentes humanas e estruturas fluidas, quase sempre amorfas, como o ciberespaço. De modo que a questão operacional passou a ser: "Como sistematizar melhor o desempenho humano?" Resposta: "Contrate um consultor filosófico e ele dirá como." Esse é o quadro geral.

É sério, real e está em desenvolvimento. Na América do Norte, na Grã-Bretanha, na Europa e em outros lugares, filósofos estão trabalhando como consultores para governos, indústrias e profissões — e em todo tipo de posição. Treinamento de dilemas, de integridade e Diálogos Socráticos curtos estão sendo negocia-

MAIS PLATÃO, MENOS PROZAC

dos com agências governamentais, corporações e entidades profissionais.

Alguns consultores filosóficos — como o meu colega Kenneth Kipnis — são especializados em elaborar relatórios de missões e códigos de ética para organizações, e depois planejar *workshops* para implementá-los. Não se pode simplesmente transmitir por fax (ou e-mail) um código de ética para os trabalhadores e esperar que o apliquem automaticamente. Consultores administrativos tentaram isso durante anos: nunca funcionou. (Mais uma vez, também ajuda se você sabe algo sobre ética, o que a maioria dos consultores administrativos desconhece.) Os empregados precisam participar de exercícios éticos concretos para compreender a aplicação dos princípios éticos abstratos, e também antecipar e resolver os conflitos potenciais entre a sua moralidade particular e os códigos profissionais de conduta. Consultores filosóficos fornecem esses serviços e mais ainda.

Nos Estados Unidos, o compromisso com a ética é uma área de interesse crescente em grandes corporações, já que são legalmente responsáveis pelas ações individuais de empregados. Existem diretrizes federais que os tribunais usam em indenização de danos. Se a sua organização segue normas éticas (isto é, cumpriu um treinamento de ética em local de trabalho), os prejuízos financeiros podem diminuir consideravelmente. A próxima pergunta é: "Quem você deve contratar para avaliar, projetar, implementar e acompanhar o programa de adequação ética?" A escolha é entre um consultor administrativo, que nada sabe de ética mas reconhece uma oportunidade de negócio assim que a vê, ou um consultor filosófico, que sabe mais do que você precisa saber sobre ética e que pode avaliar, projetar, implementar e acompanhar o programa de que você precisa. É um *no-brainer*.

Embora os cínicos possam chamar o compromisso com a ética de seguro barato, eu diria que é um forte incentivo para melhorar o ambiente de trabalho. Parece bem claro que organizações corretas são mais funcionais do que as corruptas. É claro que você pode dirigir um negócio lucrativo com a ética de uma cobra: todos os tipos de criminosos, artistas desonestos e, ocasionalmente, advogados, operam dessa maneira. Mais uma vez, essas pessoas têm de ficar sempre olhando para trás, evitar a polícia e outros investigadores, estar preparadas para retaliações, e nunca sabem quando nem como seus delitos as alcançarão. Não é uma vida boa nem invejável. Você também pode dirigir um negócio lucrativo com uma agenda ética avançada, contar com a boa vontade dos clientes, desfrutar a harmonia no ambiente de trabalho e conquistar a imagem pública positiva que a postura ética lhe confere. Essa é uma vida muito mais invejável. A ética é boa para você e boa para os negócios. Um consultor filosófico constrói uma escada que o conduz para fora do ninho de cobras.

A prática filosófica no nível organizacional incorpora, de fato, tudo que discutimos neste livro. O filósofo de uma empresa aconselha empregados individualmente na resolução de problemas que interferem na execução do seu trabalho, age como mediador em *workshops* com equipes de prestadores de serviços ou administradores para melhorar o seu desempenho, e ouve a opinião do escalão mais alto da administração para aprimorar a ética e a dinâmica da empresa.

Diretores-executivos esclarecidos talvez se questionem sobre a sua responsabilidade em proporcionar assistência médica a seus empregados, por exemplo, ou sobre como abordar dispensas e redução do quadro de funcionários da maneira mais humana possível. Os empregados podem consultar um filósofo para resolver conflitos entre si — a intervenção filosófica no escritório deve ter ajudado Vincent e a colega que fez objeção ao quadro que decorava o seu escritório, por exemplo. Ou um tema geral sobre a mente do trabalhador pode ser um assunto adequado para uma apresentação filosófica. Dirijo *workshops* para grupos de executivas preocupadas com o limite da promoção de mulheres, e com a maneira de superá-lo. Dirijo *workshops* de "treinamento de insensibilidade" para empregados que não conseguem mais distinguir entre insulto e dano. Dirijo *workshops* sobre integridade ética e valor moral, que ajudam a aliviar ou evitar conflitos gerados pela diversidade crescente no quadro de trabalhadores, baseada tanto na etnia quanto no sexo do trabalhador.

Essas atividades filosóficas são todas fundamentais para se conseguir o máximo do trabalho e da vida com o mínimo de atrito. Com o início do novo milênio, passamos do ponto em que paredes verdes, música de fundo, terapia de grupo e tranqüilizantes resolviam. Como os americanos estão se tornando mais preocupados filosoficamente, as empresas dos Estados Unidos não podem ficar para trás. Na verdade, devem mostrar o caminho.

UMA ÚLTIMA PALAVRA

O grau de liberdade de nossas vidas depende do nosso sistema político e da nossa vigilância para defendê-la. A duração de nossas vidas depende dos nossos genes e da qualidade do cuidado com a saúde. Viver bem — isto é, seriamente, nobremente, virtuosamente, alegremente, amorosamente — depende da nossa filosofia e da maneira como a aplicamos a tudo o mais. A vida examinada é uma vida melhor, e está ao seu alcance. Experimente Platão, não Prozac!

PARTE IV

RECURSOS COMPLEMENTARES

APÊNDICE A

Relação de filósofos

Segue uma apresentação resumida de aproximadamente sessenta filósofos e obras clássicas mencionadas neste livro, cujas idéias achei úteis no aconselhamento filosófico. Há muitos outros que não mencionei. Mas, na relação que se segue, você encontrará alguns dos mais importantes.

ARISTÓTELES, 384-322 a.C.
Filósofo grego, cientista e naturalista
Temas: lógica, metafísica, ética
Refrão: O meio-termo (evitar extremos em ideais e no comportamento)
Obras mais conhecidas: *Metaphysics, Nicomachean Ethics*

Quando estudava na Academia de Platão, a principal preocupação de Aristóteles era o conhecimento, obtido por meio da observação de fenômenos naturais. Ele gostava de classificar as coisas (chegou a escrever um livro chamado *Categorias*). Praticamente inventou a lógica e foi pioneiro em várias ciências. Foi tutor de Alexandre Magno. Por quase dois milênios, Aristóteles foi conhecido como "O Filósofo".

AGOSTINHO, 354-430
Filósofo e teólogo norte-africano
Tema: pecado original
Refrão: A redenção não se dá neste mundo.
Obras mais conhecidas: *Confissões, Cidade de Deus.*

Agostinho, Bispo de Hipona e platonista, estava casualmente em Roma quando ela foi saqueada por Alarico em 410. Mas Roma já havia se convertido ao cristianismo e, portanto, estava, supostamente, sob a proteção de Deus. Agostinho conciliou esse problema inventando a doutrina do pecado original. Também é famoso por uma oração em seu *Confissões*: "Fazei-me casto... mas ainda não."

MARCO AURÉLIO, 121-180
Imperador romano e Ïlósofo estóico
Tema: estoicismo
Refrão: Não supervalorize o que outros podem tirar de você.
Obra mais conhecida: *Meditações*

"Até mesmo num palácio é possível viver bem." Marco Aurélio não era um imperador completamente feliz, mas se consolava com a filosofia estóica. Quando as pessoas falavam sobre "encarar as coisas filosoficamente", em geral queriam dizer estoicamente — isto é, com indiferença em relação às dores e aos prazeres mundanos.

FRANCIS BACON, 1561-1626
Filósofo e político inglês
Tema: empirismo
Refrão: O conhecimento é poder.
Obras mais conhecidas: *Novum Organum, The Advancement of Learning.*

Padrinho da revolução científica, Bacon defendia a generalização, a partir de exemplos específicos dos fenômenos observados, para as leis ou teorias científicas que pudessem ser testadas pela experimentação. Morreu vítima de uma de suas experiências, contraindo pneumonia depois de tentar congelar galinhas em Hampstead Heath.

SIMONE DE BEAUVOIR, 1908-1986
Filósofa e feminista francesa
Temas: existencialismo, feminismo
Refrãos: responsabilidade moral, diferença natural entre os sexos
Obras mais conhecidas: *O Segundo Sexo, A Ética da Ambigüidade*

Simone de Beauvoir foi uma adepta intransigente do existencialismo de Jean-Paul Sartre, e sua companheira. Escreveu eloqüentemente e filosoficamente sobre as diferenças entre os sexos e suas conseqüências sociais.

JEREMY BENTHAM, 1748-1832
Filósofo britânico
Tema: utilitarismo
Refrão: maior felicidade para o maior número
Obra mais conhecida: *Introduction to the Principles of Morals and Legislation*

Fundador do utilitarismo, o argumento básico de Bentham era que as ações são morais se maximizam o prazer e minimizam a dor daqueles que são afetados por elas. Isso é chamado de "cálculo hedonista". Seus ossos estão cobertos e expostos nos claustros do University College London, que ele fundou. Conforme a sua vontade, seus restos são levados ao Senado anualmente, onde ele é registrado como "presente, mas sem votar."

HENRI BERGSON, 1859-1941
Filósofo e humanista francês, Prêmio Nobel de Literatura de 1927
Temas: vitalismo, dinamismo
Refrão: élan vital ("força vital" não explicável pela ciência)
Obra mais conhecida: *Evolução Criativa*

MAIS PLATÃO, MENOS PROZAC

Bergson criticou as maneiras mecanicista e materialista de analisar o mundo, defendendo uma abordagem mais espiritual (mas não necessariamente religiosa) da vida.

GEORGE BERKELEY, 1685-1753
Filósofo e bispo irlandês
Tema: idealismo
Refrão: Ser é ser percebido.
Obras mais conhecidas: *A Treatise Concerning the Principles of Human Knowledge, Three Dialogues between Hylas and Philonous*

Berkeley negou a existência independente das coisas materiais, argumentando que a realidade é composta de mentes e suas idéias. As coisas existem somente na medida em que são percebidas. Desse modo, Berkeley se aproxima do dogma de Buda de que os fenômenos são uma criação da mente.

BHAGAVAD GITA, 250 a.C.-250 d.C.
Antigo poema épico indiano, sexto livro do Mahabharata, autor anônimo (atribuído ao sábio mítico Vyasa)
Temas: consciência espiritual, extinção do desejo doentio, dever, carma
Refrão: Atmã é igual a Brahma: a sua alma pessoal faz parte da Alma divina.

O *Bhagavad Gita* está repleto de ensinamentos sobre o sofrimento humano, suas causas e curas. Adota a doutrina clássica da reencarnação e avança no caminho espiritual em direção à consciência cósmica.

ANICIUS BOETHIUS, cerca de 480-524
Filósofo, teólogo e cônsul romano
Temas: platonismo, cristianismo, paganismo
Refrão: o uso da filosofia para obter perspectiva sobre todas as coisas
Obra mais conhecida: *The Consolation of Philosophy*

Boethius, um aristocrata romano, ascendeu até adquirir um poder considerável antes de cair em desgraça e ser condenado à morte. Escreveu a sua obra-prima enquanto aguardava a execução na prisão, e ela continua sendo uma obra inspiradora.

MARTIN BUBER, 1878-1965
Filósofo e teólogo judeu alemão
Temas: relações humanas e humanas-divinas
Refrão: Eu-Isso versus Eu-Você
Obra mais conhecida: *Eu e Você*

Para Buber, as relações ou são ligações recíprocas entre iguais ou uma relação sujeito-objeto envolvendo um certo grau de controle de um sobre o outro. As relações entre os humanos ou entre humanos e Deus seriam de primeira ordem (Eu-Você como oposto a Eu-Isso).

BUDA (SIDDHARTA GAUTAMA), 563-483 a.C.
Professor e sábio indiano
Temas: budismo
Refrão: como superar a tristeza
Obras mais conhecidas: *The Four Noble Truths, Dhammapada*, e vários *Sutras* (doutrinas) registrados por seus discípulos e seguidores.

Buda é um título que significa "o iluminado" ou "o que despertou para a verdade". Siddharta Gautama foi o fundador do budismo. As suas doutrinas e práticas, que compreendem um ramo não-ortodoxo da teologia/filosofia indiana, mostra a maneira mais clara de se levar uma vida com sentido, útil, compassiva, sem sofrimento, sem invocar a superstição religiosa. No entanto, algumas pessoas praticam o budismo como religião. De qualquer maneira, o seu cerne é puro.

ALBERT CAMUS, 1913-1960
Romancista e Ilósofo francês, Prêmio Nobel de Literatura de 1957
Tema: existencialismo
Refrão: Faça a coisa certa mesmo que o universo seja cruel ou sem sentido.
Obras mais conhecidas: *O Estrangeiro, A Peste*

Os romances e ensaios de Camus exploram a experiência de não se acreditar em nada além da liberdade e das ações individuais, e das implicações morais dessa maneira de pensar.

THOMAS CARLYLE, 1795-1881
Homem de letras, historiador e crítico social escocês
Temas: individualismo, romantismo
Refrão: A realização é individual.
Obras mais conhecidas: *On Heroes, Hero-Worship and the Heroic in History*

Calvinista não-praticante, Carlyle rejeitou tanto a maneira mecanicista quanto a utilitarista de analisar o mundo, preferindo uma perspectiva dinâmica. Acreditava na moralidade individual do "homem justo e forte" como oposta à vontade das massas e à influência dos acontecimentos comuns. Curiosamente, também acreditava que nenhum impostor poderia fundar uma grande religião.

CHUANG TSÉ, 369-286 a.C.
Filósofo-sábio chinês, o primeiro depois de Lao Tsé como taoísta renomado.
Tema: taoísmo (compreensão do "Caminho", a ordem natural das coisas)
Refrão: Aprender a alcançar pelo *wu-wei* (ação imóvel).
Obra mais conhecida: *The Complete Works of Chuang Tsé*

Chuang Tsé foi um taoísta exemplar que não teria chamado a si mesmo de taoísta. Buscava maneiras de levar uma vida de caridade e retidão, cheia de humor, sem competição, livre de convenções sociais e civis.

MAIS PLATÃO, MENOS PROZAC

333

CONFÚCIO (KUNG FU TSÉ), 551-479 a.C.
Filósofo, professor e funcionário do governo chinês
Tema: confucionismo
Refrão: Siga o Caminho através do ritual, serviço e dever.
Obra mais conhecida: *Analects*

Confúcio defendia o governo pela virtude e não pela força. Na sua opinião, a felicidade é alcançada perseguindo-se a excelência na vida pessoal e pública. Defendia a piedade, o respeito, o ritual religioso e a retidão como os componentes da vida harmoniosa. Sua influência na cultura chinesa é comparável à influência de Aristóteles no Ocidente, talvez maior.

RENÉ DESCARTES, 1596-1650
Filósofo e matemático francês
Temas: ceticismo, dualismo
Refrão: "Penso, logo existo."
Obras mais conhecidas: *Meditações, Discurso sobre o Método*

Fundador da filosofia moderna, Descartes nos deu a distinção já desenvolvida entre mente e matéria (dualismo cartesiano). Enfatizava a importância da certeza, alcançada por meio da dúvida, como base do conhecimento. Empenhou-se em unificar as ciências em um só sistema de conhecimento. Foi tutor de Catarina, rainha da Suécia.

JOHN DEWEY, 1859-1952
Filósofo, pedagogo e reformador social americano
Tema: pragmatismo
Refrão: A indagação é autocorretora.
Obras mais conhecidas: *Reconstruction in Philosophy, Experience and Nature, The Quest for Certainty*

Dewey popularizou os ideais pragmáticos, científicos e democráticos. Tentou fazer os pedagogos valorizarem o processo de indagação, em lugar da transmissão rotineira de conhecimento. A filosofia de Dewey foi levada a um trágico extremo na educação americana do fim do século XX, resultando na demonização do conhecimento e na transmissão do barbarismo.

ECLESIÁSTICO, aproximadamente século III a.C.
Um Rei em Jerusalém (Koheleth hebreu), às vezes identiÏcado com Salomão
Tema: o propósito da vida e a conduta
Refrão: "Tudo é vaidade, e uma luta contra moinhos de vento."
Obra mais conhecida: Eclesiástico (livro do Velho Testamento)

O Eclesiástico refere-se ao egoísmo e à mortalidade do homem. Seus textos podem ser interpretados tanto de modo otimista quanto pessimista e algumas vezes foram proibidos por rabinos que os consideraram hedonistas demais. O Eclesiástico

334 LOU MARINOFF, PH.D.

forneceu títulos a romancistas (por exemplo, *Earth Abides, The Sun Also arises*). Deu ao The Byrds a letra de seu sucesso "Turn, Turn, Turn". Também forneceu grandes aforismos (por exemplo, "Não há nada de novo sob o sol").

EPICTETUS, cerca de 55-135
Filósofo e professor romano
Tema: estoicismo
Refrão: apegue-se somente a coisas que estejam inteiramente dentro do seu poder (como a virtude)
Obras mais conhecidas: *Discourses, Enchiridion*

Escravo liberto que foi tutor de Marco Aurélio, Epictetus concentrou-se na humildade, filantropia, autocontrole e independência da mente. Diziam que era mais sereno do que o imperador ao qual servia.

EPICURO, 341-270 a.C.
Filósofo e professor grego
Tema: sabedoria prática
Refrão: a superioridade dos prazeres contemplativos sobre os hedonistas
Obras mais conhecidas: *On Nature* (restaram fragmentos), *De Rerum Natura* (poema de Lucrécio que reflete a filosofia epicurista).

Apesar de o epicurismo ter sido mal interpretado e confundido com o hedonismo ("Coma, beba e seja feliz, porque amanhã estaremos mortos"), Epicuro, na verdade, defendia prazeres moderados, tais como a busca da estética e da amizade. Fundou uma das primeiras comunas (O Jardim) e considerava a filosofia um guia prático de vida. Talvez tenha sido o primeiro hippie.

KHALIL GIBRAN, 1883-1931
Poeta e Ílósofo libanês-americano
Tema: romantismo árabe
Refrãos: imaginação, emoção, poder da natureza
Obra mais conhecida: *O Profeta*

O belo livro de reflexões e aforismos de Gibran tornou-se um eterno favorito entre os jovens.

KURT GÖDEL, 1906-1978
Matemático, lógico e Ílósofo tcheco-alemão-americano
Tema: teoremas do estado incompleto
Refrão: Nem tudo pode ser provado ou refutado.
Obra mais conhecida: *On Formally Undecidable Propositions of Principia Mathematica and Related Systems I*

Kurt Gödel foi capaz de provar, em 1931, que nem toda questão matemática ou lógica pode ser respondida. Isso pôs, efetivamente, um ponto final na busca

MAIS PLATÃO, MENOS PROZAC

335

racionalista do conhecimento perfeito e completo. Depois de emigrar para a América, Gödel fez companhia a Einstein no Institute for Advanced Study de Princeton e provou que a viagem no tempo não é impossível. Às vésperas de se tornar cidadão americano, Gödel descobriu uma falha lógica na Constituição que permitiria a um ditador assumir o poder legalmente. Seu amigo Oskar Morgenstern convenceu-o a não mencionar isso ao juiz na cerimônia de seu juramento.

THOMAS GREEN, 1836-1882
Filósofo britânico
Tema: idealismo
Refrão: Ser real significa estar relacionado a outras coisas.
Obras mais conhecidas: introdução à sua edição da obra de Hume, *Prolegomena to Ethics*

Ao contrário do empirismo, Green considerava a mente mais do que um repositório de percepções, emoções e experiências; considerava-a o centro da consciência racional e capaz de produzir relações, intenções e ações. A sua idéia de que todas as nossas crenças são interdependentes antecipou a famosa "rede de crença" de Quine.

GEORG WILHELM FRIEDRICH HEGEL, 1770-1831
Filósofo alemão
Temas: história, política, lógica
Refrão: liberdade como consciência em uma comunidade racionalmente organizada.
Obras mais conhecidas: *The Phenomenology of Spirit, The Logic of Hegel, Encyclopedia of the Philosophical Sciences in Outline, The Philosophy of Right*

Hegel foi e continua a ser um filósofo muito influente, com idéias abrangentes sobre liberdade, progresso histórico, instabilidade da consciência de si mesmo e sua dependência do reconhecimento pelos outros. Infelizmente, Hegel também influenciou Marx e Engels, e se tornou um apologista involuntário das doutrinas totalitárias.

HERÁCLITO DE ÉFESO, morto depois de 480 a.C.
Filósofo grego
Tema: mudança
Refrão: Todas as coisas estão sempre fluindo; não se pode entrar no mesmo rio duas vezes.
Obra mais conhecida: *On the Universe* (restaram fragmentos)

Heráclito defendia a unidade dos opostos e considerava o *logos* (razão ou conhecimento) uma força organizadora no mundo.

HILLEL, cerca de 70 a.C.-10 d.C.
Rabino erudito e legalista, nascido na Babilônia
Temas: moralidade, piedade, humildade
Refrão: "O que você acha odioso, não faça ao seu próximo."
Obra mais conhecida: *Seven Rules of Hillel* (aplicações práticas das leis judaicas)

Hillel foi um dos organizadores da primeira parte do Talmude e um defensor da interpretação liberal da escritura. Foi reverenciado como um grande sábio, e seus alunos definiram o judaísmo por várias gerações.

THOMAS HOBBES, 1588-1679
Filósofo britânico
Temas: materialismo, autoritarismo
Refrão: Os humanos estão naturalmente em uma guerra de "todos contra todos" e precisam de um poder comum "para manter todos em atitude de reverência".
Obra mais conhecida: *Leviathan*

Thomas Hobbes fundou os campos da ciência política e da psicologia empirista. Foi o maior filósofo desde Aristóteles, e sabia disso. Quis como epitáfio: "Aqui jaz a lápide do verdadeiro filósofo." A sua visão dos seres humanos como extremamente egoístas, intensamente apaixonados, facilmente desencaminhados, constantemente ávidos de poder, e, portanto, seres altamente perigosos foi muito impopular, mas, aparentemente, lógica. Afirmava que a política não devia ser um ramo da teologia e que somente um governo forte pode impedir a violência e a anarquia. Fez muito sentido e muitos inimigos. Sua filosofia antecipou a psicologia freudiana e provocou o contramovimento romântico, defendido por Rousseau. Foi professor particular de geometria do Príncipe Charles II, em seu exílio durante a Guerra Civil inglesa, mas foi proibido de dar instrução política.

DAVID HUME, 1711-1776
Filósofo escocês
Tema: empirismo
Refrão: "Todas as nossas idéias são copiadas das nossas impressões."
Obra mais conhecida: *A Treatise of Human Nature*

Empirista cético eminente, Hume foi apelidado de "o infiel". Opondo-se a Platão, ele acreditava que nenhuma idéia era inata. Também negava a realidade do ego, a necessidade de causa e efeito, e a derivação de valores dos fatos. Tudo isso tornou-o muito impopular durante algum tempo. Também sugeriu que as obras metafísicas fossem queimadas e se consolava com longas caminhadas, bebida e jogo.

I CHING (O LIVRO DAS MUTAÇÕES), aproximadamente século XII a.C.
Antigo livro da sabedoria chinesa, autor(es) anônimo(s)
Temas: Tao, sabedoria prática
Refrão: como escolher ações sensatas e não-sensatas

MAIS PLATÃO, MENOS PROZAC

337

O *I Ching* afirma que a situação pessoal, familiar, social e política muda segundo leis naturais que o sábio compreende e leva em conta quando toma decisões. Agindo de acordo com o Tao, faz-se a coisa certa na hora certa e, assim, tira-se o máximo de qualquer situação. Há trinta anos consulto o *I Ching* e nem uma vez lamentei isso.

WILLIAM JAMES, 1842-1910
Psicólogo e filósofo americano
Tema: pragmatismo
Refrão: "cash-value" (uma idéia deve ser julgada em função do quanto é produtiva)
Obras mais conhecidas: *Principles of Psychology, The Varieties of Religious Experience*

James revelou seus interesses dualistas na filosofia e na psicologia ao adotar uma abordagem prática da filosofia (pragmatismo), acreditando que uma idéia é "verdadeira" se tem resultados úteis. Enfatizou as abordagens experimentais e de laboratório da psicologia e a reflexão analítica sobre a experiência.

CYRIL JOAD, 1891-1953
Filósofo e psicólogo britânico
Temas: holismo, humanismo
Refrão: O universo é mais rico, mais misterioso e ainda mais ordenado do que imaginamos.
Obras mais conhecidas: *Guide to Modern Thought, Journey through the War Mind*

Joad é um filósofo lamentavelmente negligenciado que acreditava no enriquecimento da compreensão por meio de métodos múltiplos e igualmente compensadores de indagação: lógico, matemático e científico, mas também estético, ético e espiritual. Um grande moralista e humanista, também se preocupava com a filosofia e a psicologia do conflito humano.

CARL JUNG, 1875-1961
Psicanalista e filósofo suíço
Temas: inconsciente coletivo, sincronia
Refrão: jornada evolucionária para uma meta final (espiritual)
Obras mais conhecidas: *Psychological Types, Synchronicity*

Jung foi inicialmente um importante discípulo de Freud e seu aparente herdeiro, mas separou-se dele por causa de uma importante questão filosófica. Enquanto Freud postulava uma base biológica para todas as neuroses ou psicoses, Jung acreditava que os problemas psicológicos são manifestações de crises espirituais não resolvidas. Jung escreveu introduções importantes ao *I Ching* (edição Wilhelm-Baynes) e ao *Livro Tibetano dos Mortos* (edição Evans-Wentz), tornando essas grandes obras mais acessíveis para o Ocidente.

IMMANUEL KANT, 1724-1804
Filósofo alemão
Temas: filosofia crítica, teoria moral
Refrão: o imperativo categórico ("Aja somente segundo uma máxima que lhe é possível e que, ao mesmo tempo, quer que se torne uma lei universal")
Obras mais conhecidas: *Critique of Pure Reason, Prolegomena to the Metaphysics of Morals*

Kant foi um racionalista muito influente que tentou averiguar os limites da razão. Sua teoria da moralidade como obediência a princípios superiores, não antecipação de conseqüências, atrai idealistas seculares.

SOREN KIERKEGAARD, 1813-1855
Filósofo e teólogo dinamarquês
Tema: existencialismo
Refrãos: livre-arbítrio, escolha individual
Obras mais conhecidas: *Either/Or, The Sickness unto Death*

Kierkegaard — o primeiro existencialista — rejeitou a filosofia sistemática de Hegel assim como a religião organizada. Em sua opinião, o julgamento humano é incompleto, subjetivo e limitado, mas também somos livres para escolher e responsáveis por nossas escolhas. Somente explorando e aceitando as ansiedades fundamentais podemos nos liberar dentro da nossa ignorância.

ALFRED KORZYBSKI, 1879-1950
Filósofo polonês-americano
Temas: semântica geral
Refrãos: Os humanos são os únicos que têm consciência do tempo (animais "amarrados pelo tempo"). A socialização convencional e a linguagem promovem conflitos desnecessários.
Obras mais conhecidas: *Science and Sanity, Manhood of Humanity*

Korzybski é outro filósofo importante, mas negligenciado, que viu o animal humano como se estivesse sempre em sua infância coletiva e propôs maneiras de amadurecermos como espécie. Explicou como estruturas de linguagem e hábitos de pensamento condicionam e deflagram emoções destrutivas, e buscou maneiras de reestruturar o nosso pensamento.

LAO TSÉ, aproximadamente século VI a.C.
Filósofo chinês
Temas: taoísmo
Refrãos: complementaridade dos opostos, realização sem disputa, relações harmoniosas
Obra mais conhecida: *Tao Te Ching (O Livro do Caminho Perfeito)*

MAIS PLATÃO, MENOS PROZAC

A identidade de Lao Tsé e o século em que viveu ainda são discutidos, mas, independentemente disso, suas idéias sobre viver a vida em harmonia com o Caminho ainda têm muita força e influência. Conta-se que foi um funcionário público que anotou a sua filosofia ao se aposentar — apocrifamente, sob as ordens de um guarda de fronteira que não o deixaria sair da província se não fosse assim. Ele redigiu um guia filosófico realmente excelente, e, desse modo, fundou o taoísmo.

GOTTFRIED WILHELM LEIBNIZ, 1646-1716
Matemático, Ílósofo e historiador alemão
Tema: racionalismo
Refrão: Este é o melhor de todos os mundos possíveis.
Obras mais conhecidas: *New Essays Concerning Human Understanding, Theodicy, Monadologie*

Apesar de Voltaire satirizar a crença de Leibniz em que "este é o melhor dos mundos possíveis" na personagem do dr. Pangloss em *Candide*, Leibniz acreditava que tudo acontece por motivos suficientes, muitos dos quais não podemos entender. Leibniz (ao mesmo tempo que Newton) co-inventou o cálculo; também inventou os números binários. Ele acreditava no livre-arbítrio.

JOHN LOCKE, 1632-1704
Filósofo e médico britânico
Temas: empirismo, ciência, política
Refrãos: A experiência é a base do conhecimento; a mente humana é uma tábula rasa (tábua em branco) ao nascer.
Obras mais conhecidas: *Essay Concerning Human Understanding, Two Treatises of Government*

Locke é um dos empiristas britânicos importantes. Inicialmente médico, salvou a vida do Conde de Shaftesbury inserindo, de maneira inovadora, um tubo para drenar um abscesso abdominal. Isso o fez cair nas graças de pessoas poderosas, que lhe pediam conselhos filosóficos. Politicamente, Locke defendia as liberdades individuais e a norma constitucional, o que o colocou à frente de seu tempo na Inglaterra, e exerceu considerável influência sobre o emergente pensamento político americano.

NICOLAU MAQUIAVEL, 1469-1527
Conselheiro italiano
Tema: filosofia política
Refrão: Para ser um líder bem-sucedido, você deve agir da maneira que funcionar, sem se preocupar com a moralidade convencional.
Obra mais conhecida: *O Príncipe*

Com um realismo que chocou na época, Maquiavel declarou que o mundo não era um lugar moral e que a política, em particular, não é uma atitude ética. Bertrand

340 LOU MARINOFF, PH.D.

Russell chamou *O Príncipe* de "um manual para gângsteres", mas eu diria que está mais para *Despotismo para tolos.*

JOHN MCTAGGART, 1866-1925
Filósofo britânico
Tema: idealismo
Refrão: A realidade é mais que material.
Obra mais conhecida: *The Nature of Existence*

McTaggart não acreditava na existência de Deus, mas acreditava na imortalidade individual. A sua filosofia do tempo (série B) fornece uma descrição duradoura da resistência.

JOHN STUART MILL, 1806-1873
Filósofo, economista e político escocês
Temas: utilitarismo, libertarismo, igualitarismo
Refrão: liberdade individual
Obras mais conhecidas: *Sobre a liberdade, O utilitarismo, A System of Logic, A sujeição das mulheres*

Mill achava que restrições à liberdade individual só deveriam ser permitidas para evitar danos aos outros e foi um defensor ardoroso da liberdade de expressão, da responsabilidade individual e do igualitarismo social. O seu utilitarismo difere do de Bentham no que se refere à convicção de Mill de que o prazer não era a única medida do bem. "É melhor Sócrates insatisfeito do que um porco satisfeito", afirmou.

GEORGE EDWARD MOORE, 1873-1958
Filósofo britânico
Temas: filosofia analítica, idealismo
Refrãos: "a defesa do senso comum"; a bondade não pode ser definida, mas é compreendida intuitivamente.
Obra mais conhecida: *Principia Ethica*

Moore é famoso por sua chamada falácia naturalista, o erro que ele alega que cometemos quando tentamos identificar o bem com qualquer objeto ou propriedade que existe naturalmente, ou tentamos medi-lo. Não obstante, Moore afirmou que as ações podem ser certas ou erradas, mesmo que a bondade não possa ser definida.

IRIS MURDOCH, 1919-1999
Filósofa e romancista britânica
Temas: religião e moralidade
Refrão: o restabelecimento do propósito e da bondade em um mundo fragmentado
Obra mais conhecida: *The Sovereignty of Good*

MAIS PLATÃO, MENOS PROZAC

Murdoch reavivou o platonismo como um antídoto para a falta de sentido e moralidade no mundo do século XX. Transmitiu a sua filosofia primordialmente e habilidosamente por meio de seus romances.

LEONARD NELSON, 1882-1927
Filósofo alemão
Tema: síntese do racionalismo e do empirismo
Refrão: Podemos raciocinar a partir da nossa experiência particular para chegar à compreensão das universais.
Obra mais conhecida: *Socratic Method and Critical Philosophy*

Nelson deu uma contribuição inestimável à prática filosófica, desenvolvendo a teoria e o método do Diálogo Socrático. Quando aplicado de modo adequado, o Diálogo Socrático de Nelson fornece respostas definitivas a questões universais tais como "o que é liberdade?", "o que é integridade?", "o que é amor?"

JOHN VON NEUMANN, 1903-1957
Matemático e Ïlósofo húngaro-americano
Temas: teoria do jogo, computação, física
Refrão: A tomada de decisão em situações de risco, conflito de interesses ou incerteza pode ser analisada por meio da teoria do
jogo para se encontrar a melhor opção.
Obra mais conhecida: *Theory of Games and Economic Behavior* (com Oskar Morgenstern)

John von Neumann colaborou brilhantemente em vários campos, inclusive a matemática, a teoria da computação e a mecânica quântica. A sua invenção (com Morgenstern) da teoria dos jogos marcou o começo de uma ramificação inteiramente nova da matemática, que tem aplicações na filosofia, psicologia, sociologia, biologia, economia e ciência política — sem falar no aconselhamento filosófico.

FRIEDRICH NIETZSCHE, 1844-1900
Filósofo alemão
Tema: anticonvencionalismo extravagante
Refrãos: a vontade de poder, homem versus super-homem
Obras mais conhecidas: *Assim Falava Zaratustra, Além do Bem e do Mal, A Genealogia da Moral*

Filósofo, poeta, profeta e sifilítico, Nietzsche raramente é maçante. Desprezava a sociedade convencional e criticou severamente o cristianismo como uma religião para escravos. Defendia o surgimento de um *übermensch* (super-homem), que transcenderia a moralidade convencional — uma idéia mal utilizada pelos nazistas. Curiosamente, ele também atrai pós-modernistas, cuja política tende ao outro extremo. É um testemunho do talento de Nietzsche (ou, possivelmente, loucura).

Redigiu aforismos vigorosos e inventou temas polêmicos para pensar (por exemplo, "Deus está morto", "Sócrates era da ralé").

CHARLES SANDERS PEIRCE, 1839-1914
Filósofo e cientista americano
Temas: pragmatismo
Refrão: A verdade é uma opinião com a qual todos acabamos concordando e representa uma realidade objetiva.
Obra mais conhecida: *Collected Papers*

Peirce foi a personalidade fundadora do pragmatismo americano, que mais tarde, e de modo diferente, foi desenvolvido por Dewey e James. Para distinguir a sua versão, Peirce cunhou o termo *pragmaticismo*, que não pegou. A filosofia de Peirce foi criticada por Russell por sua aparente subjetividade, mas, na verdade, Peirce foi muito científico em sua perspectiva.

PITÁGORAS, nascido em torno de 570 a.C.
Filósofo e matemático grego
Temas: metempsicose e matemática
Refrão: Todas as coisas são baseadas nas formas geométricas.
Mais conhecido por: Teorema de Pitágoras, Cesura pitagórica.

Atribui-se mais coisas a Pitágoras do que se conhece sobre ele. Aparentemente, pregou a doutrina da metempsicose (a transmigração das almas, ou reencarnação), e absteve-se de comer feijão. A ele é atribuído o famoso teorema da geometria euclidiana, que levou seu nome. Também a ele é creditada a descoberta de que a escala musical de tons e semitons (diatônicas) não permite a afinação perfeita dos instrumentos. Essa anomalia acabou levando à afinação de temperamento igual na época de J. S. Bach (por exemplo, *O Cravo Bem Temperado*)

PLATÃO, cerca de 429-347 a.C.
Filósofo e acadêmico grego
Tema: essencialismo
Refrão: As essências da bondade, da beleza e da justiça só podem ser compreendidas através de uma jornada filosófica.
Obra mais conhecida: *Os Diálogos de Platão* (incluindo *A República*)

Platão fundou a Academia (protótipo da universidade) em Atenas. Seus diálogos envolvendo o seu professor Sócrates abrangeu a maior parte do que sabemos sobre a filosofia de Sócrates, por isso fica difícil separar as idéias dos dois. Platão é considerado o fundador do estudo e do discurso filosóficos como ainda praticados hoje.

MAIS PLATÃO, MENOS PROZAC

PROTÁGORAS DE ABDERA, cerca de 485-420 a.C.
Filósofo e professor grego
Temas: relativismo, sofisma
Refrão: "O homem é a medida de todas as coisas."
Obras mais conhecidas: divulgadas sobretudo através dos diálogos de
Platão "Protágoras" e "Thaetetus".

Protágoras acreditava que as doutrinas morais podem ser aperfeiçoadas, mesmo
que seu valor seja relativo. Também acreditava que a virtude pode ser ensinada.
Desenvolveu métodos dialéticos e retóricos mais tarde popularizados por Platão
como método socrático. *Sofisma* adquiriu uma conotação pejorativa injusta. Os
sofistas ensinavam às pessoas, por uma taxa, como defender persuasivamente um
ponto de vista, independente de ser falso ou injusto. Portanto, os sofistas treinaram
a primeira geração de advogados.

WILLARD QUINE, 1908
Filósofo americano
Tema: filosofia analítica
Refrão: Todas as crenças dependem de outras crenças.
Obra mais conhecida: *From a Logical Point of View*

Quine é o filósofo americano mais importante da segunda metade do século XX.
Suas contribuições começaram na lógica e na teoria dos conjuntos e continuaram
em teorias do conhecimento e significado. É famoso por ter contestado Kant, por
ter-se afastado do positivismo lógico, e por reformular o conceito de Green de que
as crenças sempre se dão em conjunção com outras crenças.

AYN RAND, 1905-1982
Escritora e Ïlósofa russo-americana
Temas: ética objetiva, capitalismo romântico (libertarismo)
Refrãos: as virtudes do egoísmo, os vícios do altruísmo
Obras mais conhecidas: *The Fountainhead, Atlas Shrugged, The Virtue of
Selfishness*

Ayn Rand é uma pensadora importante que defendeu a integridade e a capacidade
como chaves para uma sociedade produtiva e próspera. Segundo ela, o capitalismo
sem exploração (interesse pessoal esclarecido) é o melhor sistema; o socialismo com
exploração (interesse coletivo não esclarecido) é o pior. Todos os capitalistas fictícios
de Rand estudaram filosofia e são seres virtuosos.

WILLIAM ROSS, 1877-1971
Filósofo britânico
Tema: teoria das obrigações prima facie
Refrão: alguns deveres devem ser mais rigorosamente cumpridos do que outros; a
prioridade depende de cada caso.
Obras mais conhecidas: *The Right and the Good, Foundations of Ethics*

Ross destaca que os deveres entram em conflito, no sentido de que temos sempre de cumprir uma obrigação à custa de outra. Sua teoria sugere que devemos priorizar nossos deveres cuidadosamente, de acordo com cada situação.

JEAN-JACQUES ROUSSEAU, 1712-1778
Filósofo suíço
Tema: romantismo
Refrão: O ser humano nasce "um bom selvagem" e é corrompido pela civilização.
Obras mais conhecidas: *The Social Contract, Discourse on the Origin and Bases of Inequality among Men*

Rousseau enfocou a brecha entre o homem e a natureza e a tensão entre intelecto e emoção, considerando a natureza e a emoção como as maneiras superiores de ser. Apesar de seu romantismo fornecer um contrapeso ao autoritarismo de Hobbes, sua filosofia da educação é uma receita para o desastre.

BERTRAND RUSSELL, 1872-1970
Filósofo britânico, Prêmio Nobel de Literatura de 1950
Temas: realismo, empirismo, lógica, filosofia social e política
Refrão: "A filosofia é uma tentativa extraordinariamente engenhosa de pensar falaciosamente."
Obras mais conhecidas: *Principia Mathematica* (com Alfred North Whitehead), *History of Western Philosophy, Human Knowledge: Its Scope and Limits, Unpopular Essays.*

Russell publicou mais de setenta livros em sua vida; suas análises filosóficas abrangem todos os temas concebíveis. Foi um grande homem, um grande erudito que não se esquivava de causas políticas e controvérsias sociais. Foi-lhe negado um cargo no City College of New York depois que o tribunal do estado de Nova York o considerou uma influência imoral sobre a sociedade, principalmente por causa de suas opiniões de vanguarda na época (hoje lugares-comuns) sobre o casamento aberto e o divórcio. Enquanto os atenienses mataram Sócrates por supostamente corromper a juventude, os americanos simplesmente negaram um emprego a Russell. Ele deve ter admitido que isso implicava progresso social.

JEAN-PAUL SARTRE, 1905-1980
Filósofo e romancista francês, Prêmio Nobel de Literatura de 1964
Temas: existencialismo, política, marxismo
Refrão: livre-arbítrio; "má-fé" (negação da responsabilidade por nossos atos)
Obras mais conhecidas: *A Náusea, O Ser e o Nada, O Existencialismo É um Humanismo*

Sartre foi o principal intelectual francês de sua época. Estudou com Husserl (o fundador da Fenomenologia) e Heidegger (a principal figura alemã do existen-

MAIS PLATÃO, MENOS PROZAC

345

cialismo). Marxista por convicção, Sartre tentou fundar um partido político na França. Apesar de seu envolvimento com o marxismo, defendeu com veemência sua crença na responsabilidade individual.

ARTHUR SCHOPENHAUER, 1788-1860
Filósofo alemão
Temas: volição, resignação, pessimismo
Refrão: A vontade está fora do tempo e do espaço, mas obedecer a seus comandos leva à infelicidade em qualquer época.
Obra mais conhecida: *The World as Will and Idea*

Schopenhauer era muito instruído, fluente em várias línguas européias e clássicas, e mantinha uma relação notoriamente difícil com a mãe. É famoso por tentar e fracassar em derrubar Hegel — que ele considerava um sofista e charlatão — de sua posição de influência. Buscou refúgio para o sofrimento emocional na filosofia indiana. Escreveu ensaios pungentes e aforismos acerbos e era um dos poucos filósofos que Wittgenstein lia e admirava. Se isso é bom ou não para Schopenhauer depende de você ler ou admirar Wittgenstein.

LUCIUS SÊNECA, 4 a.C.- 65 d.C.
Filósofo e estadista romano
Temas: estoicismo, ética
Refrão: A filosofia, como a vida, deve tratar primordialmente da virtude.
Obra mais conhecida: *Moral Letters*

Sêneca saiu da obscuridade na Córdoba provinciana para se tornar o tutor do Imperador Nero, tenente e, por fim, sua vítima. Sêneca viveu e morreu segundo a moral ditada pelo estoicismo, aceitando intempéries, triunfo e morte com equanimidade. Suicidou-se seguindo a tradição romana, cortando as veias em um banho quente, quando recebeu ordem para isso do paranóico Nero.

SÓCRATES, cerca de 470-399 a.C.
Filósofo e professor grego
Tema; o método socrático
Refrãos: A vida boa é a vida examinada, passada na busca da sabedoria a todo custo.
Obras mais conhecidas: As idéias de Sócrates foram preservadas somente nos diálogos de Platão, de modo que, às vezes, é difícil
separar o homem Sócrates do personagem Sócrates, e distinguir entre seus pensamentos e os de Platão.

O Sócrates histórico e o Platão histórico são mais fáceis de distinguir. Sócrates (assim como Buda, Jesus e Gandhi) foi um sábio influente que não tinha um emprego oficial ou uma posição oficial, mas cuja sabedoria atraiu adeptos importantes e que cresceu em prestígio a partir de sua morte. Sócrates via a si mesmo como alguém que constantemente chamava a atenção dos atenienses para a consciência de suas deficiências filosóficas. Deixou-se ser condenado à morte pelo estado corrupto porque seu argumento forçou-o a ficar, embora seus amigos tivessem providenciado a sua fuga. Portanto, ele prezou a filosofia mais que a própria vida. Platão nunca perdoou os atenienses por executarem Sócrates. Os cristãos acreditam que Jesus morreu para redimir a humanidade de seus pecados; pode-se afirmar secularmente que Sócrates morreu para redimir os filósofos do desemprego.

BARUCH SPINOZA, 1632-1677
Filósofo holandês
Tema: racionalismo
Refrão: Todo conhecimento pode ser deduzido.
Obras mais conhecidas: *Tractatus Theologico-Politicus, Ética*

As opiniões de Spinoza fizeram com que fosse expulso da comunidade judaica, e seus textos também foram atacados e proibidos pelos teólogos cristãos. Provocou hostilidade até mesmo na tolerante Holanda, onde se refugiou. Acreditava que as paixões humanas autopreservativas (isto é, apetites e aversões) levavam a atos predeterminados, mas podíamos nos libertar livrando a nossa razão dos grilhões da paixão. Como Hobbes, Spinoza achava que não gostamos de uma coisa porque é boa, mas chamamos algo de bom porque gostamos dele.

SUN TZU, aproximadamente século IV a.C.
Conselheiro militar chinês
Tema: filosofia da guerra
Refrão: "Ser inconquistável está sempre com você."
Obra mais conhecida: *A arte da guerra*

Sun Tzu redefiniu conflito como uma forma de arte filosófica. Pregava que o "pináculo da excelência" é subjugar o inimigo sem lutar. A sua filosofia da guerra pode ser aplicada analogamente a vários outros tipos de conflitos humanos, da rivalidade conjugal à política.

HENRY DAVID THOREAU, 1817-1862
Escritor, poeta e Ílósofo americano
Temas: transcendentalismo na Nova Inglaterra
Refrão: a "capacidade inquestionável do homem para elevar a sua vida pelo esforço da consciência"
Obras mais conhecidas: *Walden, On Civil Disobedience*

Thoreau defendia a simplicidade, a responsabilidade individual e a comunhão com o ambiente natural como chaves para a vida virtuosa. Viveu e respirou a sua filosofia. A sua teoria da desobediência civil exerceu influência capital em Gandhi e Martin Luther King.

MAIS PLATÃO, MENOS PROZAC

ALFRED NORTH WHITEHEAD, 1861-1947
Filósofo britânico
Tema: empirismo
Refrão: A ciência natural deve estudar o conteúdo das nossas percepções.

Obras mais conhecidas: *Principia Mathematica* (com Bertrand Russell), *The Concept of Nature, Process and Reality*

Whitehead buscou uma interpretação unificada de tudo, da física à psicologia.

LUDWIG WITTGENSTEIN, 1889-1951
Filósofo austríaco
Tema: filosofia da linguagem
Refrãos: o escopo e os limites da linguagem; a linguagem como instrumento social
Obras mais conhecidas: *Tractatus Logico-Philosophicus, Philosophical Investigations*

Wittgenstein acreditava que a filosofia tem pelo menos uma tarefa "terapêutica": esclarecer mal-entendidos e imprecisões da linguagem, que dão margem a problemas filosóficos. Ele é um dos filósofos mais influentes do século XX.

MARY WOLLSTONECRAFT, 1759-1797
Filósofa e feminista britânica
Tema: igualitarismo
Refrão: A função social não deve ser baseada na diferença de sexos.
Obras mais conhecidas: *Vindication of the Rights of Women, Vindication of the Rights of Men*

Wollstonecraft estava à frente de seu tempo ao afirmar os direitos da mulher. Escreveu de modo articulado e convincente a favor do igualitarismo. Sua correspondência com o grande conservador Edmund Burke é esclarecedora. Era mãe de Mary Shelley, autora de *Frankenstein*.

APÊNDICE B

Organizações para a prática filosófica

ORGANIZAÇÕES AMERICANAS

AMERICAN PHILOSOPHICAL PRACTITIONERS ASSOCIATION (APPA)
A APPA é uma associação profissional nacional fundada em 1998. Treina, regulariza e representa os práticos filosóficos no âmbito do aconselhamento de pacientes individuais, da mediação de grupos e consultoria organizacional. Também promove relações profissionais e educacionais com outras profissões de aconselhamento, com organizações e com o público. A APPA oferece as seguintes categorias no quadro de associados:

• *Associados com certificado:* o certificado é oferecido a práticos filosóficos experientes — conselheiros individuais, mediadores de grupos ou consultores organizacionais — que preenchem os requisitos da APPA. Esses membros são listados no *APPA Directory of Certified Practitioners* e estão aptos a serem recomendados e a receber outros benefícios profissionais. Os associados com certificado são regidos pelo APPA Code of Ethical Professional Practice.

• *Associados afiliados:* categoria conferida a profissionais do aconselhamento ou consultoria reconhecidos em outros campos (por exemplo, medicina, psiquiatria, psicologia, assistência social, administração, direito) que desejam se identificar e se tornar mais familiarizados com a prática filosófica, mas não buscam o certificado da APPA. Os membros afiliados estão aptos a freqüentar eventos especiais, reuniões e *workshops*.

• *Membros Adjuntos:* categoria conferida aos que têm título de M.A. ou Ph.D. em filosofia ou formação filosófica equivalente que desejam obter o certificado da APPA. Os membros-adjuntos estão aptos a freqüentar os programas de treinamento para a obtenção do certificado da APPA, Do Inicial (Nível I) ao Avançado (Nível II), e a sua conclusão os qualifica a se tornarem membros com certificados. Os membros-adjuntos também estão aptos a freqüentar eventos especiais, reuniões e *workshops*.

350 LOU MARINOFF, PH.D.

• *Membros Auxiliares:* categoria concedida a amigos e simpatizantes da prática filosófica. Essa categoria acolhe de bom grado todos que queiram participar nessa qualidade. Não é exigida nenhuma qualificação além do interesse em levar uma vida mais examinada. Membros auxiliares estão aptos a freqüentar eventos especiais, reuniões e *workshops*.

• *Membros organizacionais:* categoria oferecida a todas as entidades (por exemplo, empresas, instituições, associações profissionais) que buscam beneficiar ou ser beneficiadas com a prática filosófica. Membros organizacionais estão aptos a uma série de serviços filosóficos fornecidos pelos membros com certificado da APPA, inclusive compromisso ético, enriquecimento do *ethos*, *workshops* com empregados e seminários para executivos.

Todos os membros da APPA recebem o boletim informativo, convites para eventos e outros benefícios.

A APPA é uma entidade educacional sem fins lucrativos. Admite membros com certificado, afiliados e adjuntos exclusivamente com base em suas qualificações respectivas e admite membros auxiliares e organizacionais unicamente com base em seu interesse e apoio à prática filosófica. A APPA não discrimina, no que se refere a seus membros e clientes, nacionalidade, raça, etnia, sexo, preferência sexual, idade, convicção religiosa, credo político ou qualquer outro critério profissionalmente e filosoficamente irrelevante.

Formulários para candidatos a membro e outras informações podem ser obtidos por e-mail, fax, no *website* da APPA, ou escrevendo para a APPA. Por favor, dirijam-se a:

APPA
The City College of New York
137th Street at Convent Avenue
New York, NY 10031
Tel: 212-650-7827
Fax: 212-650-7409
e-mail: admin@appa.edu
http://www.appa.edu

Presidente: Lou Marinoff
Vice-Presidentes: Vaughana Feary, Thomas Magnell, Paul Sharkey
Secretário-Tesoureiro: Keith Burkum

AMERICAN SOCIETY FOR PHILOSOPHY, COUNSELING AND PSYCHOTHERAPY (ASPCP)
A ASPCP (fundada em 1992) é uma sociedade acadêmica aberta dedicada a investigar a relação entre filosofia, aconselhamento e psicoterapia. Promove reuniões anuais em conjunto com a American Philosophical Association (APA).

MAIS PLATÃO, MENOS PROZAC

Por favor, dirijam-se a:

Vaughana Feary
President Elect, ASPCP
37 Parker Drive
Morris Plains, NJ 07950
Tel/fax: 973-984-6692

ORGANIZAÇÕES EM OUTROS PAÍSES

ALEMANHA

International Society for Philosophical Practice (anteriormente *German Society for Philosophical Practice*)
Hermann-Loens Strasse 56c
D-51469 Bergisch Gladbach
Germany
Gerd Achenbach, President
tel: 2202-951995
fax: 2202-951997
e-mail:
Achenbach.PhilosophischePraxis@t-online.de

CANADÁ

Canadian Society for Philosophical Practice
473 Besserer Street
Ottawa, Ontario K1N 6C2
Canada
Stephen Hare, Interim President
tel: 613-241-6717
fax: 613-241-9767

ESLOVÁQUIA

Slovak Society for Philosophical Practice
Dept. of Social & Biological Communication
Slovak Academy of Sciences
Klemensova 19, 81364 Bratislava
Slovakia
Emil Visnovsky, President
Tel: 00421-7-375683
Fax: 00421-7-373442
e-mail: ksbkemvi@savba.sk

FINLÂNDIA

Finish Society for Philosophical Counseling
Tykistonkatu 11 B30
SF — 00260 Helsinki
Filand
Antti Mattila, M.D., chair

HOLANDA

Dutch Society for Philosophical Practice
Wim van der Vlist, Secretário
E. Schilderinkstraat 80
7002 JH Doetinchem
Netherlands
tel: 33-314-334704
e-mail: **W.vanderVlist@inter.nl.net**
Jos Delnoy, President
Herenstraat 52
2313 AL Leiden
Netherlands
Tel: 33-71-5140964
Fax: 33-71-5122819
e-mail: **ledice@worldonline.nl**

ISRAEL

Israel Society for Philosophical Inquiry
Horkania 23, Apt. 2
Jerusalem 93305
Israel
tel: 972-2-679-5090
e-mail: msshstar@pluto.mscc.huji.ac.il
http://www.geocities.com/Athens/Forum/5914
Shlomit Schuster, Chief Inquirer

NORUEGA

Norwegian Society for Philosphical Practice
Cappelens vei 19c
1162 Oslo
Norway

MAIS PLATÃO, MENOS PROZAC

Tel: 47-88-00-96-69
e-mail:
ÏlosoÏskpraksis@bigfoot.com
http://home.c2i.net/aholt/e-nsfp.htm
Henning Herrestad, President
e-mail: **herrestad@online.no**
Anders Holt, Secretary
e-mail: **aholt@c2i.net**
tel: 47-22-46-14-18
cell: 47-92-86-43-47

REINO UNIDO

Anglo-American Society for Philosophical Practice (AASPP)

Keynes House, Austenway
Gerrards Cross, Bucks SL9 8NW
United Kingdom
Anne Noble, Secretary

Tel: 01753-981874
Fax: 01753-889419

Co-Chair, UK: Ernesto Spinelli
Co-Chair, US: Lou Marinoff

Society of Consultant Philosophers

The Old Vicarage
258 Amersham Road
Hazlemere nr High Wycombe
Bucks HP15 7P2
United Kingdom
Tel: 01494 521691
e-mail: **106513.3025@compuserve.com**

Chair: Karin Murris
Secretary: Elizabeth Aylward

APÊNDICE C

Catálogo de profissionais da filosofia

Nota: A maioria dos práticos filosóficos se identificou para ser incluída neste catálogo; outros foram incluídos por cortesia. A prática filosófica ainda não foi regulamentada nos Estados Unidos e no resto do mundo. Métodos, estilos e orientação individuais podem variar bastante.

Quando este livro foi encaminhado para a impressão, a American Philosophical Practitioners Association (APPA) começou a registrar práticos qualificados. Consulte a APPA ou seu website (ver Apêndice B) para a atualização do catálogo dos conselheiros, mediadores e consultores com certificado da APPA.

CANADÁ

Cheryl Nafziger-Leis
16 Meadowlark Road
Elmira, Ontario
Canadá N3B 1T6
tel: 519-669-4991
fax: 519-669-5641
e-mail: Leis@sentex.net
Consultor

Stanley Chan
270 Old Post Road
Waterloo, Ontario
Canadá N2L 5B9
tel: 519-884-5384
fax: 519-884-9120
e-mail: stanleyknchan@hotmail.com
Conselheiro

Wanda Dawe
P.O. Box 339
Crossroads
Bay Roberts, Newfoundland
Canadá A0A 1G0
tel/fax: 709-786-3166
e-mail: wanda.dawe@thezone.net
Conselheiro e mediador

Sean O'Connell
1806, 8920-100 St.
Edmonton, Alberta
Canadá T6E 4YB
tel: 780-439-9752
e-mail: phipsibk@netscape.net
Conselheiro

Peter Raabe
46 - 2560 Whitely Court
North Vancouver, B.C.
Canadá V7J 2R5

tel: 604-986-9446
e-mail: raabe@interchange.ubc.ca
Conselheiro

Anthony Falikowski
Sheridan College
1430 Trafalgar Rd.
Oakville, Ontario
Canadá L6L 1X7
tel: 905-845-9430 x2508
fax: 905-815-4032
e-mail: tony.falikowski@sheridanc.on.ca
Consultor

ESTADOS UNIDOS

Andrew Gluck
392 Central Park West, #8C
New York, NY 10025
tel: 212-316-2810
fax: 212-316-4982
e-mail: andygluck@msn.com
Consultor

Andrew Koch
625 Lower Rush Branch Road
Sugar Grove, NC 28679
tel: 828-297-4548
e-mail: kocham@appstate.edu
Consultor

Elizabeth Randol
17 Mather Street, #2F
Binghamton, NY 13905
tel: 607-771-0475
e-mail: lizard2471@aol.com
Consultor

Christopher Michaelson
PricewaterhouseCoopers, LLP
1177 Avenue of the Americas

New York, NY 10036
tel: 212-597-3844
fax: 212-596-8988
e-mail:
chrsitpher.michaelson@us.pwcglobal.com
Consultor

Sidney Rainey
P.O.Box 1451
Bethesda, MD 20827
tel: 505-983-7011
e-mail: sidneyrainey@earthlink.com
Consultor

John Hanley, Jr.
34341 Aukland Ct.
Fremont, CA 94555
tel: 510-792-7346
fax: 561-679-7769
e-mail: johnhanleyjr@msn.com
Mediador

James Morrow, Jr.
1055 W. Morrow St.
Elba, AL 36323
tel: 334-897-6522
Conselheiro

Richard Dance
6632 East Palm Lane
Scottsdale, AZ 85257
tel: 480-945-6525
fax: 480-429-0737
e-mail: rdance@swlink.net
Conselheiro

F. Byron (Ron) Nahser
President & CEO
The Nahser Agency, Inc.
10 South Riverside Plaza
Suite 1830
Chicago, IL 60606

MAIS PLATÃO, MENOS PROZAC

tel: 312-750-9220
fax: 312-845-9075
e-mail: fbnahser@nahser.com
Consultor

Robert Nagle
8075 E. Morgan Trail
Suite #1
Scottsdale, AZ 85258
tel: 480-649-8430
tel: 480-905-7325
fax: 480-969-5322
Conselheiro

Peter Atterton
1566 Missouri Street
San Diego, CA 92109
tel: 858-274-2977
e-mail: atterton@rohan.sdsu.edu
Conselheiro

Wills Borman
22477 Highway 94
Dulzura, CA 91917
tel: 619-468-9693
wborman@mindspring.com
Conselheiro

Harriet Chamberlain
1534 Scenic Avenue
Berkeley, CA 94708
tel: 510-548-9284
e-mail: think@flash.net
Conselheiro e mediador

Sandra Garrison
758 S. 3rd Street
San Jose, CA 95112
tel: 650-937-2983
cell: 408-893-5952
e-mail: sandrag@netscape.com
Conselheiro

Julie Grabel
Academy of Philosophical Midwifery
1011 Brioso Dr. #109
Costa Mesa, CA 92627
tel: 949-722-2206
fax: 949-722-2204
e-mail: julieg@deltanet.com
Conselheiro

Pierre Grimes
Academy of Philosophical Midwifery
1011 Brioso Dr. #109
Costa Mesa, CA 92627
tel: 949-722-2206
fax: 949-722-2204
e-mail: pierreg@deltanet.com
Conselheiro

Sushma Hall
315 W. Radcliffe Drive
Claremont, CA 91711
tel: 909-626-2327
e-mail: sushmahall@hotmail.com
Conselheiro

James Heffernan
Department of Philosophy
University of the Pacific
Stockton, CA 95211
tel: 209-946-3094
e-mail: jheffernan@uop.edu
Conselheiro

Gerald Hewitt
Department of Philosophy
University of the Pacific
Stockton, CA 92511
tel: 209-946-2282
e-mail: ghewitt@uop.edu
Conselheiro

Lou Matz
Department of Philosophy
University of the Pacific
Stockton, CA 95211
tel: 209-946-3093
e-mail: lmatz@uop.edu
Conselheiro

Jason Mierek
8831 Hillside St. #C
Oakland, CA 94605
tel: 510-777-0923
e-mail: jmierek@earthlink.net
Conselheiro

Christopher McCullough
175 Bluxome St., #125
San Francisco, CA 94107
tel: 415-357-1456
e-mail: cmccull787@aol.com
Conselheiro, mediador

Paul Sharkey
819 West Avenue H-5
Los Angeles, CA 93534
tel: 661-726-0102
cell: 661-435-3077
fax: 661-726-0307
e-mail: pwsharkey@email.msn.com
Conselheiro e consultor

Regina Uliana
16152 Beach Blvd.
#200 East
Huntington Beach, CA 92647
tel: 714-841-0663
fax: 714-847-8685
e-mail: rlu@deltanet.com
Conselheiro

Lawrence White
1345 Arch Street
Berkeley, CA 94708
tel: 510-845-0654
fax: 510-845-0655
e-mail: LWWHITEMD@aol.com
Conselheiro

Eleanor Wittrup
Department of Philosophy
University of the Pacific
Stockton, CA 95211
tel: 209-946-3095
Conselheiro

Kritika Yegnashankaran
2453 Hallmark Drive
Belmont, CA 94002
tel: 650-654-5991
e-mail: thecure@stanford.edu
Conselheiro

Martin Young
1102 S. Ross Street
Santa Ana, CA 92707
tel: 714-569-9225
e-mail: mzyoung@uci.edu
Conselheiro

Alberto Hernandez
1112 N. Wahsatch, Apt. A
Colorado Springs, CO 80903
tel: 719-448-0337
e-mail: aherandez@coloradocollege.edu
Conselheiro

Alicia Juarrero
4432 Volta Place NW
Washington, D.C. 20007
tel: 202-342-6128
fax: 202-342-5160

MAIS PLATÃO, MENOS PROZAC

e-mail: ja83@umail.umd.edu
Conselheiro

Robert Beeson
1225 Osceola Dr.
Fort Myers, FL 33901
tel: 941-332-7788
fax: 941-332-8335
e-mail: rbsun@cyberstreet.com
Conselheiro

Carl Colavito
The Biocultural Research Institute
7131 NW 14th Avenue
Gainesville, FL 32605
tel: 904-461-8804
fax: 352-332-9931
e-mail: encc@aug.com
Conselheiro

Maria Colavito
The Biocultural Research Institute
7131 NW 14th Avenue
Gainesville, FL 32605
tel: 352-332-9930
fax: 352-332-9931
e-mail: diotima245@aol.com
Conselheiro

Antonio T. de Nicolas
The Biocultural Research Institute
7131 NW 14th Avenue
Gainesville, FL 32605
tel: 352-332-9930
fax: 352-332-9931
e-mail: diotima245@aol.com
Conselheiro

Mark M. du Mas
2440 Peachtree Road NW

Number 25
Atlanta, GA 30305
tel: 404-949-9113
fax: 404-846-0081
e-mail: mmdumas@msn.com
Conselheiro e consultor

Avner Baz
5555 N. Sheridan Road
Chicago, IL 60640
tel: 773-784-4728
e-mail: abaz2@uic.edu
Conselheiro

Sean O'Brien
Davidson Honors Hall
University of Montana
Missoula, MT 59812
tel: 406-243-6140
Conselheiro

Claude Gratton
Philosophy Department
University of Las Vegas at Nevada
4505 Maryland Parkway, Box 455028
Las Vegas, NV 89154
tel: 702-895-4333
voice mail: 702-897-3727
e-mail: grattonc@nevada.edu
Conselheiro

Peter Dlugos
355 Lincoln Ave., Apt. 1C
Cliffside Park, NJ 07010
tel: 201-943-8098
e-mail: pdlugos@bergen.cc.nj.us
e-mail: pdlugos@aol.com
Conselheiro e mediador

Amy Hannon
2 River Bend Road

Clinton, NJ 08809
tel: 908-735-0728
e-mail: ardea@csnet.net
Conselheiro

Vaughana Feary
37 Parker Drive
Morris Plains, NJ 07950
tel/fax: 973-984-6692
e-mail: VFeary@aol.com
Conselheiro, mediador e consultor

Jean Mechanic
1365 North Avenue, Apt. 9D
Elizabeth, NJ 07208
tel: 908-351-9605
e-mail: mechanicdr@aol.com
Conselheiro

Jennifer Goldman
619 Don Felix St., Apt.B
Santa Fe, NM 87501
tel: 505-982-9189
Conselheiro
Barbara Cutney
782 West End Avenue, #81
New York, NY 10025
tel: 212-865-3828
Conselheiro e consultor

Edward Grippe
117 Lakeside Drive
Pawling, NY 12564
tel: 914-855-0992
fax: 914-855-3997
e-mail: ejgphil@aol.com
Conselheiro

Michael Grosso
26 Little Brooklyn Road
Warwick, NY 10990

tel: 914-258-4283
e-mail: mgrosso@warwick.net
Conselheiro

George Hole
291 Beard Avenue
Buffalo, NY 14214
tel: 716-832-6644
e-mail: holeg@buffalostate.edu
Conselheiro e consultor

Lou Marinoff
Philosophy Department
The City College of New York
137th Street at Convent Avenue
New York, NY 10031
tel: 212-650-7647
fax: 212-650-7409
e-mail: marinoff@mindspring.com
Conselheiro, mediador e consultor

Bruce Matthews
531 West 26th Street, Loft 3R
New York, NY 10001
tel: 212-239-9223
e-mail: philobam@interport.net
Conselheiro e consultor

Annselm Morpurgo
6 Union Street
Sag Harbor, NY 11963
tel: 516-725-1414
e-mail: morpurgo@msn.com
Conselheiro

Julia Neaman
248 Tenth Avenue, #5A
New York, NY 10001
tel: 212-807-6371
e-mail: schoolia@aol.com
Conselheiro

MAIS PLATÃO, MENOS PROZAC

Bernard Roy
396 Third Avenue, #3N
New York, NY 10016
tel: 212-686-3285
fax: 212-387-1728
e-mail: bernard_roy@baruch.cuny.edu
Conselheiro e mediador

Charles Sarnacki
199 Flat Rock Road
Lake George, NY 12845
tel: 518-668-5397
e-mail: csarnacki@hotmail.com
Conselheiro

Mehul Shah
66 Dogwood Lane
Irvington, NY 10533
tel: 914-591-7488
e-mail: mshah1967@aol.com
Conselheiro, mediador e consultor

Wayne Shelton
P.O. Box 407
North Chatham, NY 12132
tel: 518-262-6423
fax: 518-262-6856
e-mail: wshelton@ccgateway.amc.edu
Conselheiro e consultor

Peter Simpson
College of Staten Island
2800 Victory Blvd. 2N
Staten Island, NY 10314
tel: 718-982-2902
fax: 718-982-2888
e-mail: simpson@postbox.csi.cuny.edu
Manhattan:
425 W. 24th St. #3C
New York, NY 10011
tel: 212-633-9366
Conselheiro

Nicholas Tornatore
585 Bay Ridge PKWY
Brooklyn, NY 11209
tel: 718-745-2911 / 212-535-3939
Conselheiro

Lynn Levey
1959 Fulton Place
Cleveland, OH 44113
tel: 216-651-0009
e-mail: lynnlevey@aol.com
Conselheiro

G. Steven Neeley
900 Powell Ave.
Cresson, PA 16630
tel: 814-472-3393
Conselheiro
Ross Reed
3778 Friar Tuck Road
Memphis, TN 38111
tel: 901-458-8112
e-mail: doctorreed@yahoo.com
Conselheiro

Amelie Benedikt
3109 Wheeler Street
Austin, TX 78705
tel: 512-695-7900
e-mail: afb@io.com
Conselheiro

Amy McLaughlin
6811 Daugherty Street
Austin, TX 78757
tel: 512-467-8049
e-mail: a1mclaughlin@aol.com
Conselheiro

Joseph Monast
Department of History & Philosophy
Virginia State University
Petersburg, VA 23806
tel: 804-524-5555
fax: 804-524-7802
e-mail: jmonast@erols.com
Conselheiro

Britni Weaver
1715 W. Pacific #C
Spokane, WA 99204
tel: 509-838-4886
e-mail: britnijw@yahoo.com
Conselheiro

FRANÇA

Anette Prins
43, Avenue Lulli
92330 Sceaux, France
e-mail: prins@aol.com
tel: 33-014-661-0032
fax: 33-014-661-0031
Conselheiro

ISRAEL

Ora Gruengard
43 Yehuda Hanasi Street
Tel-Aviv, 69391 Israel
tel: 972-3-641-4776
fax: 972-3-642-2439
e-mail: egone@mail.shenkar.ac.il
Conselheiro

Eli Holzer
33 Halamed Heh Street
Jerusalém, 93661 Israel
tel: 972-02-567-2033
e-mail: esholzer@netvision.net.il
Conselheiro

NORUEGA

Anders Lindseth
University of Tromso
N-9037 Tromso, Noruega
e-mail: andersl@fagmed.uit.no
Conselheiro

PAÍSES BAIXOS

Judy Wall
The CPD Centre,
51A Cecil Road
Lancing, West Sussex
United Kingdom, BN15 8HP
tel: 011-44-0193-764301
fax: 011-44-0193-765970
e-mail: lifeplan@cwcom.net
Consultor

Dries Boele
Spaarndammerplantsoen 108
1013 XT Amsterdã
tel: 31-20-686-7330
Conselheiro, mediador

Will Heutz
Schelsberg 308
6413 AJ Heerlen
tel: 31-45-572-0323
Conselheiro e consultor

Ida Jongsma
Hotel de Filosoof
Anna Vondelstraat 6
1054 GZ Amsterdã
tel: 31-20-683-3013
fax: 31-20-685-3750
Conselheiro, mediador e consultor

REINO UNIDO

Alex Howard
8 Winchester Terrace
Newcastle upon Tyne
United Kingdom, NE4 6EH
tel: 44-91-232-5530
e-mail:
consult@alexhoward.demon.co.uk
Conselheiro

TURQUIA

Harun Sungurlu
P.K. 2 Emirgan
Istambul, Turquia 80850
e-mail: sungurludh@superonline.com
Conselheiro

APÊNDICE D

Leitura complementar

LIVROS

Achenbach, Gerd; *Philosophische Praxis*, Colônia: Jürgen Dinter, 1984.

Cohen, Elliot; *Philosophers at Work*, Nova York: Holt, Rinehart & Winston,1989.

Deurzen, Emmy van; *Paradox and Passion in Psychotherapy*, Nova York: John Wiley & Sons, 1998.

Eakman, Beverly; *Cloning of the American Mind: Eradicating Morality through Education*, Lafayette, La.: Huntington House Publishers,1998

Ehrenwald, Jan (org.); *The History of Psychotherapy*, Northvale, N.J.: Jason Aronson, 1997.

Erwin, Edward; *Philosophy and Psychotherapy*, Londres: Sage Publications,1997.

Evans-Wentz, W. (editor); *Tibetan Yoga and Secret Doctrines*, Londres: Oxford University Press, 1958.

Grimes, Pierre; *Philosophical Midwifery*, Costa Mesa, Calif.: Hyparxis Press, 1998

Hadot, Pierre; *Philosophy as a Way of Life, Londres: Blackwell*, 1995.

Held, Barbara; *Back to Reality: A Critique of Postmodern Theory in Psychotherapy*, Nova York: W.W.Norton, 1995.

Kapleau, Philip; *The Three Pillars of Zen*, Nova York: Doubleday, 1969.

Kennedy, Robert; *Zen Spirit, Christian Spirit*, Nova York: Continuum, 1997.

Kessels, Jos; *Socrates op de Markt, Filosofie in Bedrijf,* Amsterdã: Boom, 1997.

Koestler, Arthur; *The Ghost in the Machine*, Londres: Hutchinson,1967.

Lahav, Ran, and Tillmanns, Maria (organizadores); *Essays on Philosophical Counseling*, Laham, Md.: University Press of America, 1995.

McCullough, Chris; *Nobody's Victim: Freedom from Therapy and Recovery*, Nova York: Clarkson Potter, 1995.

Nelson, Leonard; *Socratic Method and Critical Philosophy*, trad. Thomas Brown III, Nova York: Dover Publications, 1965.

Russell, Bertrand; *A History of Western Philosophy*, Nova York: Simon & Schuster, 1945.

Spinelli, Ernesto; *The Interpreted World*, Londres: Sage Publications, 1989.

Szasz, Thomas; *The Myth of Mental Illness*, Nova York: Harper & Row, 1961.

Thome, Johannes; *Psychotherapeutische Aspekte in der Philosophie Platons*, Hildesheim, Zurique, Nova York: Olms-Weidmann, (*Altertumswissenschaftliche Texte und Studien*, vol.29), 1995.

Wallraaf, Charles; *Philosophical Theory and Psychological Fact*, Tucson: University of Arizona Press, 1961.

366 LOU MARINOFF, PH.D.

Wiseman, Bruce; *Psychiatry: The Ultimate Betrayal*, Los Angeles: Freedom Publishing, 1995.

Woolfolk, Robert; *The Cure of Souls: Science, Values and Psychotherapy*, San Francisco: Jossey-Bass Publishers, 1998.

JORNAIS ERUDITOS SOBRE A PRÁTICA DA FILOSOFIA

Zeitschrift fur Philosophische Praxis (Journal for Philosophical Practice)
Michael Schefczyk, editor
Grabengasse 27
50679 Köln
Germany
(publicado em alemão e inglês)

Filosoïsche Praktijk (Philosophical Practice)
Dutch Association for Philosophical Practice (ver Apêndice B) (publicado em holandês)

International Journal of Applied Philosophy
Elliot Cohen, editor
Philosophy Program
Indian River Community College
3209 Virginia Avenue
Fort Pierce, FL 33454-9003

Journal of Applied Philosophy
Society for Applied Philosophy
Carfax Publishers, Abingdon, Oxfordshire, United Kingdom

Journal of the Society for Existential Analysis
Hans W. Cohn and Simon du Plock, editors
Society for Existential Analysis
BM Existential
London WC1N 3XX
United Kingdom

EDIÇÕES ESPECIAIS SOBRE A PRÁTICA FILOSÓFICA

Journal of Chinese Philosophy
Chung-Ying Cheng, editor
Vol.23, No.3, Sept.1996
Philosophical counseling and Chinese philosophy

Inquiry: *Critical Thinking Across the Disciplines*
  Robert Esformes, editor
  Vol.27, No.3, Spring 1998
  Selected papers from the Third International Conference on Philosophical Practice.

APÊNDICE E

Consultando o *I Ching*

"O I Ching insiste a todo instante no autoconhecimento. O método pelo qual isso deve ser alcançado está sujeito a todo tipo de aplicações errôneas e, por isso, não convém aos frívolos e imaturos... Só é apropriado para as pessoas reflexivas que gostam de pensar sobre o que fazem e o que lhes acontece..."

CARL JUNG

O *I Ching*, ou *Livro das Mutações,* é anterior a Confúcio e Lao Tsé. Esses dois grandes filósofos referem-se a ele, e o seu autor (ou autores) é desconhecido. Repleto de sabedoria antiga, o *I Ching* foi amplamente mal compreendido no Ocidente, e traduzido com vários propósitos diferentes. Muitos o usam como um meio para ler a sorte ou como oráculo. Na verdade, é um tesouro da sabedoria filosófica e, se usado adequadamente, um espelho do que você está realmente pensando, mesmo que subconscientemente. O método de selecionar varetas de caule de milefólio ou lançar moedas para indicar-lhe um trecho específico é irrelevante para obter um reflexo claro do que se passa no seu coração e na sua mente — o que, talvez, você esteja prestes a conhecer conscientemente, mas que ainda não emergiu. Este Apêndice delineia resumidamente a maneira adequada de usar moedas para indicar uma interpretação.

É o elemento interativo que descarta o *I Ching* como adivinho. As moedas o encaminharão para uma interpretação e, em minha experiência, a passagem selecionada freqüentemente tem a capacidade notável de tratar diretamente das questões imediatas da pessoa. Alguns acreditam que haja uma conexão mística entre o lançamento das moedas e as respostas a que elas levam no livro. Esse não é necessariamente o caso. Se você abrir o livro ao acaso, em qualquer página, a probabilidade maior é de que o abra mais perto do meio do que de um dos extremos. É menos provável de atinja os capítulos iniciais e finais do que os do meio. As moedas podem simplesmente igualar as probabilidades. Mas, independentemente do capítulo, a sua mente consciente ativa encontrará algo significativo e útil no texto, o que, realmente, é um reflexo do que é significativo e útil em seus pensamentos submersos. Haverá uma ressonância entre a sabedoria dele e a sua, pois o *I Ching* reflete o que se passa no seu coração. Também pode ler o livro todo e selecionar o que se aplica a você. Mas são centenas de páginas, e isso levará um tempo. De

370 LOU MARINOFF, PH.D.

qualquer modo, cada capítulo é denso de *insights*. Um capítulo oferece mais do que o suficiente cada vez que consultar o livro.

Sugiro que experimente o *I Ching* com o método esboçado abaixo. Considero a tradução de Wilhelm-Baynes bem superior às outras — é a única que uso. Mas há muitas edições para escolher em quase todas as livrarias.

O *I Ching* é dividido em sessenta e quatro capítulos temáticos, e cada um é identificado por um hexagrama — uma figura composta de seis linhas. As linhas são inteiras ou quebradas. As linhas quebradas são consideradas linhas yin (femininas), e as inteiras são yang (masculinas). Essa maneira de classificar as linhas nos lembra que elas não são opostas, mas complementares, como no conhecido símbolo taoísta. Na filosofia chinesa, o equilíbrio entre elas é fundamental.

Há duas maneiras de selecionar o seu hexagrama — e, portanto, o capítulo que você deverá consultar naquele momento. Uma envolve a manipulação das varetas de caule de milefólio, e é mais complicada. Mas você pode usar três moedas comuns para chegar ao mesmo resultado. A tradição recomenda usar a moeda mais humilde em deferência ao conselho que procura, por isso uso moedas de centavos (embora qualquer uma funcione). Pegue três moedas e jogue-as, e acabará obtendo uma das quatro combinações possíveis: três caras, três coroas, uma cara, duas coroas, ou duas caras e uma coroa. Por convenção, as caras têm o valor de 2 e as coroas, de 3. Some o valor de sua combinação (três caras dão 6; duas caras e uma coroa dão 7; duas coroas e uma cara dão 8; três coroas dão 9). O lançamento de uma moeda foi convertido em um número, e agora converta os números em uma linha: 6 ou 8 indicam uma linha yin (quebrada); 7 ou 9 indicam uma linha yang (inteira). Cada linha yin ou yang também pode ser "mutável" ou "imutável". 6 e 9 são linhas mutáveis; 7 e 8 são linhas imutáveis.

Lance seis vezes as moedas e a cada vez anote a linha yin (quebrada) ou yang (inteira) em um pedaço de papel. Também indique (com um asterisco ou outro sinal) as linhas mutáveis, se houver. Certifique-se de iniciar de baixo para cima: o primeiro lançamento é a linha inferior do hexagrama; o último lançamento é a linha superior do hexagrama. Depois de pegar o jeito, o processo leva apenas um ou dois minutos.

JASON

Por exemplo, Jason dedicou voluntariamente seu tempo prestando serviço a uma organização com uma missão em que acreditava. O seu trabalho foi considerado valioso, e o Conselho de Diretores convidou-o a assumir um cargo de considerável responsabilidade — sempre como voluntário —, e que Jason aceitou. A organização cresceu. Mas nem todos que pertenciam ao conselho eram amigos de Jason. Um ou dois foram contrários à sua indicação, possivelmente por inveja ou outro problema pessoal por que estivessem passando. Um dos adversários de Jason — vamos chamá-lo de George — contratou um profissional independente, a quem deu documentos sobre as atividades de Jason, para investigar a sua vida sem o seu

MAIS PLATÃO, MENOS PROZAC 371

conhecimento. Baseado nessa evidência limitada, o profissional concluiu que Jason tinha um conflito de interesses entre o trabalho voluntário para essa organização e suas outras iniciativas profissionais. Jason queria manter as duas relações: com a organização e com a sua profissão. Mas George queria que Jason abrisse mão da organização, e tentou usar essa investigação para forçar a sua demissão.

Jason estava tentando decidir se deveria se defender desse ataque injustificado de George, ou contra-atacar pedindo ao Conselho de Diretores que afastasse George, entre outras coisas. Então, consultou o *I Ching* (assim como seus amigos do Conselho). As linhas obtidas foram: 8, 8, 7, 7, 9, 9. O hexagrama corresponde ao seguinte:

$$\begin{array}{l}
\underline{\qquad}\ ^* \\
\underline{\qquad}\ ^* \\
\underline{\qquad} \\
\underline{\qquad} \\
\underline{\ \ }\ \underline{\ \ } \\
\underline{\ \ }\ \underline{\ \ }
\end{array}$$

Os asteriscos indicam as linhas mutáveis: nove na Quinta linha e nove na Sexta. O hexagrama é o de número 33, cujo tema é "Retirada". (Você encontrará o número do seu hexagrama e a sua localização no livro verificando na tabela fornecida na maioria das edições.) Entre outras coisas, a Retirada aconselhou:

"A fuga significa salvar-se a qualquer custo, enquanto a retirada é um sinal de força... Portanto, não abandone simplesmente o campo ao adversário; dificulte-lhe o avanço demonstrando perseverança em atos de resistência. Dessa maneira, na retirada, preparamos o contra-ataque."

Jason entendeu isso como se ele não devesse demitir-se imediatamente, que deveria resistir à alegação de "conflito de interesses", mas que não deveria contra-atacar George (pelo menos, não dessa vez). Além do mais, a Retirada dava um conselho importante sobre a atitude de Jason, assim como a sua conduta:

"A montanha ergue-se sob o céu, mas, em virtude de sua natureza, se detém ao final. O céu, por outro lado, retira-se para o alto e permanece fora de alcance. Isso simboliza o comportamento do homem superior diante da ascensão do inferior; recolhe-se aos seus próprios pensamentos enquanto o homem inferior avança. Não o odeia, pois o ódio é uma forma de envolvimento subjetivo pelo qual ficamos ligados ao objeto odiado. O homem superior demonstra força (céu) ao provocar a contenção do homem inferior (montanha) por seu recato."

Isso parecia bem claro: as alegações de George nunca pareceram razoáveis a todo o conselho de diretores, de modo que Jason pôde derrotá-lo sem confrontá-lo nem odiá-lo. (Conselho semelhante é dado em *Mateus* 5:39 — "... não resista ao mal".)

Quando você obtém linhas mutáveis, como Jason na Quinta e Sexta linhas, muda-as para o oposto (yin para yang, yang para yin) e, assim, obtém um novo hexagrama, o que significa tratar da situação que se segue a esta. O nove muda para oito, e o seis para sete. Mudando os dois noves de Jason para oitos, o seu novo hexagrama foi:

— —
— —
———
— —

Este hexagrama é o 62, "Preponderância do Pequeno". Deu mais um conselho a Jason sobre a sua relação com a organização:

"Uma extraordinária modéstia e um espírito consciencioso serão recompensados com o sucesso. Entretanto, para um homem não se desperdiçar, é importante que essas qualidades não se transformem em formalismo vazio e subserviência, mas que sejam sempre acompanhadas de integridade em seu comportamento pessoal. Devemos entender as exigências do tempo para encontrar a compensação necessária para as suas deficiências e danos."

Por conseguinte, o *I Ching* ajudou Jason a manter sua relação com a organização, e desviou a má conduta dos outros sem provocar a sua punição.

Ao consultar o *I Ching*, reflita com calma sobre a interpretação para descobrir que sabedoria lhe oferecerá na sua situação. Uma vez satisfeito pelo menos com suas impressões iniciais, entram as linhas "mutáveis" e "imutáveis". Afinal, é o *Livro das Mutações*, portanto, esta parte é decisiva. Se não obteve nenhuma linha mutável, isto significa que a sua situação permanecerá constante por enquanto. Por outro lado, se todas as linhas são mutáveis, significa que você tem uma porção de coisas acontecendo. Quase sempre, cairá no meio, como Jason. Não há limite de tempo absoluto — as mudanças podem acontecer agora, na semana seguinte ou em cinco anos. Você saberá o que significa para você. Você determina a velocidade da mudança. Cada capítulo tem um comentário especial adicional para cada linha mutável.

Qualquer hexagrama pode, potencialmente, se transformar em outro. Simbolicamente, isso leva ao âmago dessa filosofia: qualquer situação pode mudar para outra. Praticamente, isso significa que o *I Ching* não trata de apenas 64 situações específicas, porém de muito mais. Em cada hexagrama, há 64 combinações possíveis de linhas mutáveis e imutáveis (por exemplo, nenhuma linha mutável, todas as linhas mutáveis, e todas as possibilidades entre uma coisa e outra). Também há 64 hexagramas diferentes, que somam 64 vezes 64, ou 4.096 situações possíveis. Além do mais, qualquer hexagrama com linhas mutáveis (isto é, qualquer das 4.096 situações mutáveis possíveis) pode se transformar em outro hexagrama (64 situações possíveis). Portanto o *I Ching* trata de um total de 4.032 vezes 64, ou 258.048 situações possíveis. (Em comparação, a coluna do horóscopo diário trata de 12.)

O *I Ching*, assim como a filosofia chinesa em geral, não depende do destino. Ele extrai o máximo de uma determinada situação. Ele enfoca seu papel na cir-

MAIS PLATÃO, MENOS PROZAC

cunstância atual — e na maneira mais sábia de desempenhá-lo. O seu presente se tornará um dos muitos futuros possíveis, mas pode engendrar resultados desejáveis e impedir os indesejáveis assumindo a responsabilidade e sendo prudente. O que você pensa, diz e faz é sua responsabilidade. O *I Ching* o orienta na passagem de uma situação ruim para uma boa, ou de uma boa para uma melhor, e o ajuda a evitar ir de uma ruim para uma pior. Reflita sobre esta passagem do hexagrama 15, "Modéstia":

"Os destinos dos homens estão sujeitos a leis imutáveis que devem ser cumpridas. Mas o homem tem o poder de moldar o seu destino, na medida em que a sua conduta o expõe à influência de forças benéficas ou destrutivas."

Enquanto a filosofia ocidental parte do bom senso, mas chega a um paradoxo, grande parte da filosofia chinesa começa com um paradoxo e chega ao bom senso.

Depois de lançar as moedas e analisar a interpretação, talvez se surpreenda ao ver como isto se aplica especificamente ao que está em sua cabeça, como aconteceu nos casos de Sarah e Jason. Não tenho como explicar o fato de que este livro aperte com tanta freqüência o botão certo — mas aceito o resultado com alegria. Pode me chamar de pragmatista místico. Jung chamava isso de "sincronia" — uma correspondência não simultânea entre duas seqüências de acontecimentos aparentemente sem relação entre si. Você busca um conselho, lança algumas moedas, e o *I Ching* lhe dá uma orientação habilidosa puramente por acaso. Não faz sentido exatamente, mas funciona. Hume achava "acaso" uma palavra vulgar, que expressava somente a nossa ignorância. A confiabilidade do *I Ching* sugere que Hume tinha razão.

Pode acontecer de você ser levado a um hexagrama cujo conselho não é transparentemente óbvio. De qualquer maneira, deve usar o que está lendo como um trampolim para a contemplação. Platão aprovaria a premissa: o conhecimento já está dentro de você, embora possa precisar de ajuda para trazê-lo à tona.

Vejo o *I Ching* como uma janela que lhe dá uma visão do que você realmente pensa sobre as coisas. Psicanalistas e psicólogos também têm as suas janelas para olhar dentro de sua mente. As técnicas freudianas da livre associação de palavras (o analista diz uma palavra, e você diz então a primeira palavra que lhe vier à cabeça) e a interpretação dos sonhos são duas maneiras de alcançar os seus pensamentos e sentimentos mais profundos. Isso também pode ser feito de forma não verbal, como nos testes de Rorschach (borrões de tinta). Consultar o *I Ching* é uma maneira filosófica de pescar nessas águas profundas. Mas, em vez de descobrir algo errado com você, ajuda-o a fazer a coisa certa. E, nesse particular, está um mundo de diferença.

Índice Remissivo

A Náusea (Sartre), 100
A Origem das Espécies (Darwin), 83
Achenbach, Gerd, 22, 57, 103
Aconselhamento filosófico, 22-24,
57-58, 102-03; pertinência, 25-
26; benefícios, 18-19; falácia de
causa e efeito, 44-45; processo de,
20, 24, 28-30, 35-36; *ver também*
PEACE versus terapia psicológica
ou psiquiátrica, 18, 22, 34-36,
38-40, 43, 50-53, 54, 67-68;
auto-ajuda, 71-72; curto prazo
de, 54, 60, 147-48; "terapia para
o são", 26-27.
Adams, John, 91
Adler, Alfred, 30
Agostinho, 203. *Ver também* Apêndice A
Ahimsa (não fazer mal a seres sensíveis),
200, 231
Ambiente de Trabalho, 181-203; caso,
avaliando metas de vida, 200-03;
caso, mudança de carreira, 209-
13, 214-19; caso, injustiça, 67-71;
caso, falta de reconhecimento, 189-
91; competição, 184-85; patrões
difíceis, 193-95; ética, 198-200;
trabalho significativo, 185-89; mudanças de carreira na meia-idade,
205-19; política, 189; trabalho de
rotina, valor de, 196-98; equipe de
trabalho, 192-93
Ansiedade, 99
Antinaturalismo, 227, 229-30

Aquino, Tomás de, 82
Aristóteles, 20, 36, 80-81, 117, 120, 136,
165, 169, 189, 202, 230, 232, 247,
279. Veja também o Apêndice A.
Aurélio, Marco. 7, 69-70, 183. *Ver também* Apêndice A
Auto-referência e interesse próprio, 123,
172, 286
Ayer, Alfred, 101

Bacon, Francis, 84, 85. *Ver também*
Apêndice A
Beauvoir, Simone de, 253, 283. *Ver tam-
bém* Apêndice A
Bentham, Jeremy, 94-102. *Ver também*
Apêndice A
Bergson, Henri, 109. *Ver também* Apên-
dice A
Berkeley, George, 86. *Ver também* Apên-
dice A
Bhagavad Gita, 77, 182, 191, 217, 284.
Ver também Apêndice A
Biblioterapia, 126-29, 201-03
Boethius, Anicius, 9. *Ver também* Apên-
dice A
Boyle, Robert, 36
Buber, Martin, 139, 159, 195, 263. *Ver
também* Apêndice A
Buda (Siddharta Gautama) e budismo
9, 75-78, 114, 191, 197, 217, 232-
33, 250, 279, 290-92, 304; Quatro
Verdades Nobres, 76, 304; parábola
da xícara de chá vazia, 288-89; pa-

rábola da semente de mostarda, 283. *Ver também* Apêndice A

Burkum, Keith, 247

Burton, Richard, 140

"Cafés de Filósofos", 310-14

Camus, Albert, 98, 100. *Ver também* Apêndice A

Carlyle, Thomas, 186. *Ver também* Apêndice A

Carma, 232

Casals, Pablo, 65-66

Chamberlain, Harriet, 158

Chan, Stanley, 297-99

Chuang Tsé, 270. *Ver também* Apêndice A

Churchill, Winston, 261-62

Clausewitz, von, Carl, 161

Confúcio/confucionismo, 78, 120, 165, 208, 230, 232, 233, 283. *Ver também* Apêndice A

Crítica da Razão Pura (Kant), 88

Dalai Lama, 143, 146, 233, 281

Dance, Richard, 133

Darwin, Charles, 36, 83

Deontologia, 89-90, 234

Depressão, 51-53, 264-65, 277

Descartes, René, 84, 85, 286. *Ver também* Apêndice A

Determinismo, 218

Deus (judaico-cristão), 225, 254, 262-63, 265-68

Dever, 153-54

Dewey, John, 96. *Ver também* Apêndice A

Diagnostic and Statistical Manual (DSM), 35, 37, 47

Dialética, 93

Diálogo Socrático, 309, 314-15; exemplo, "O que é esperança?", 317-21; processo do, 315-17;

Disposição, 63-64

Distúrbio de atenção e comportamento (ADHD — *attention deficit hyperactivity disorder*), 47-49

Du Bois, W. E. B., 181

Du Plock, Simon, 272, 273

Eclesiástico, 205, 210, 257-58. *Ver também* Apêndice A

Egoísmo como virtude, 146-48

Einstein, Albert, teoria da relatividade, 97

Eliot, T. S., 31

Emerson, Ralph Waldo, 257

Emoção, 62. *Ver também* PEACE

Empirismo, 86-88

Epicuro, 7, 17, 57, 167. *Ver também* Apêndice A

Essencialismo, 97

Estóicos, 81, 118, 167, 184, 216

Estrangeiro, O (Camus), 100

Ética, 80, 221-51; aplicada e aconselhamento filosófico, 102-03; filósofo de empresa e, 321-25; definição, 223-24; deontologia (baseada na norma), 89-90, 234; metaética, 235; mito do anel de Gyges, 249-51; sistemas de crenças pessoais em risco, 236-37; religião e, 236; ciência e, 226-27; teleológico, 89, 235; ética da virtude, 227, 247-48; o que é bom?, 227-34; o que é certo?, 234-36; local de trabalho ou empresa, 198-200. *Ver também* Bem/bondade

Ética da virtude, 227-28, 247-48

Eu-Você ou Eu-Isso, 139, 195

Existencialismo, 21, 96-100, 253-55

Falácia do Jogador, 177-79

Família. *Ver* Relações, família

Fatalismo, 261-62, 276

Feary, Vaughana, 156-57

Felician College, 83

MAIS PLATÃO, MENOS PROZAC

Fides et ratio (João Paulo II), 83
Filosofia chinesa, 74-75; sobre o comportamento sem culpa, 67, 200; sobre a mudança, 77; fins e começos, 108, 109; sobre o Bem, 233-34; resolvendo problemas/ conflito, 128, 129
Filosofia, 22, 23, 30-31; analítica, 23, 100-02; chinesa, 74-75; pensamento oriental, 76-78; tradição européia, 73, 74, 79-100; Sábios das Florestas da Índia, 75; origem, 74; separação da ciência, 36-51. *Ver também tradições específicas ou escolas*
Filosofia experimental, 90-91
Filósofo de Empresas, 321-25
Fracasso, sentimento de, 156-58
Frankl, Victor, 30
Franklin, Benjamin, 90-91
Frege, Gottlob, 101
Freud, Sigmund; teoria freudiana, 30, 37, 51-52, 285, 287

Galileu, 82, 84, 86
Gandhi, 198
Gauguin, Paul, 213-14
Gibran, Khalil, 172. *Ver também* Apêndice A
Gödel, Kurt, 97. *Ver também* Apêndice A
Green, Thomas, 237. *Ver também* Apêndice A
Grimes, Pierre, 149

Hadot, Pierre, 73
Hare, Stephen, 201, 301
Hegel, Georg Wilhelm Friedrich, 9, 92-93; relação senhor-escravo, 138, 194. *Ver também* Apêndice A
Heráclito de Éfeso, 121, 127, 134, 135, 260. *Ver também* Apêndice A
Hesse, Hermann, 281

Hillel, 232. *Ver também* Apêndice A
Hinduísmo, 76-78, 134, 200, 208, 216, 231, 232, 290
Hipócrates, 231
Hobbes, Thomas, 21, 61, 82, 84, 85, 92, 122, 131, 137, 139, 188, 192, 225, 229, 285-86, 287, 320. *Ver também* Apêndice A
Hume, David, 86, 87, 230, 292. *Ver também* Apêndice A

I Ching (O Livro das Mutações), 20, 61, 75, 77, 126-28, 163. *Ver também* Apêndice A
Identidade, busca de, 173
Igreja Católica Romana, 81-84; Índice de Livros Proibidos, 82-83
Império Romano, 81
Individualismo, 132-33
Injustiça (dano ou insulto), 67-71
Into Thin Air, 279

Jainismo, 200
James, William, 38, 43, 96. *Ver também* Apêndice A
Jefferson, Thomas, 90-91
Joad, Cyril, 38, 309. *Ver também* Apêndice A
João Paulo II, 83
Juarrero, Alicia, 166
Jung, Carl, 37, 78. *Ver também* Apêndice A
Justiça, 247-48

Kant, Immanuel, 20, 88-90, 139, 154, 155, 172, 195, 221, 233. *Ver também* Apêndice A
Kao Feng, 121
Kennedy, Roshi Robert, SJ, 83
Kierkegaard, Soren, 20, 98, 309. *Ver também* Apêndice A
Kipling, Rudyard, 218, 260
Kipnis, Kenneth, 323

Koestler, Arthur, 41
Korzybski, Alfred, 256. *Ver também* Apêndice A

Lahav, Ran, 35
Lao Tsé, 21, 22, 78, 113, 134, 143, 155, 194, 195, 233, 260, 305. *Ver também* Apêndice A
Leibniz, Gottfried, 137, 210, 213. *Ver também* Apêndice A
Leviatã (Hobbes), 82
Liberdade: Buber sobre, 159; como compromisso, 130; Sartre sobre, 160
Livre-arbítrio, 99-100, 160, 217, 261, 276
Livro Tibetano dos Mortos, O, 292
Locke, John, 86, 87. *Ver também* Apêndice A
Lógica, 80

Maimônides, Moses, 33
Mal, 221-22, 225
Mann, Thomas, 82, 259
Maquiavel, Nicolau, 128, 195, 218. *Ver também* Apêndice A
March, Peter, 26
McCullough, Christopher, 129
McLuhan, Marshall, 108
McTaggart, John, 297-98. *Ver também* Apêndice A
Mead, Margaret, 41
Meditação, técnica de revisão, 134
Meia-idade, mudanças na, 205-19, 294-95
Mengleberg, Stephan, 214
Metaética, 235
Mijuskovic, Ben, 263
Mill, John Stuart, 69, 94-95, 158, 170. *Ver também* Apêndice A
Moore, George Edward, 101, 224, 229-30. *Ver também* Apêndice A
Moralidade, 37-39, 221-51; budismo

sobre, 76-77; caso, apoio do prefeito ao asilo, 247-49; caso, direito moral ao prêmio, 237-41; caso, dilema dos pais, 241-47; definição, 223-24; legalidade versus, 240-41; responsabilidade e, 99-100. *Ver também* Ética
Morgenstern, Oskar, 175-76
Morte e agonia, 283-305; concepção do tempo em série A/série B, 297-99; parábola budista da xícara de chá vazia, 288-89; parábola budista da semente de mostarda, 283; caso, morte do filho, 299-300; caso, avaliação da meia-idade, 294-96; caso, reconciliação mãe-filha, 293-94; caso, decisão sobre suicídio, 301-03; esclarecendo crenças sobre, 289-91; negação e, 284-85; fé e, 287-88; vivendo intensamente e, 296; processo de descoberta, 291-93; por que o luto, 285-87, 303-05
Mudança, 216; como constante, 260; lidando com ou vendo, 61-62, 77-78; pessoal, 87-88, 207-09; relação, 127-28, 154-56
Murdoch, Iris, 9. *Ver também* Apêndice A
Naturalismo, 227-29

Nelson, Leonard, 73, 187, 314. *Ver também* Apêndice A
Neumann, von, John, 175, 176. *Ver também* Apêndice A
Newton, Isaac, 36
Nietzsche, Friedrich, 98, 99, 107, 165, 224
Niilismo, 258
Noddings, Nel, 156

On Liberty (Mill), 95
Paine, Thomas, 91

MAIS PLATÃO, MENOS PROZAC

Passages (Sheehy), 207
Patologos, 149-50
Paulo de Tarso, São, 232
PEACE, processo, 57-72; análise, 58-60, 62, 68-69; caso, morte do filho, 299-300; caso, divórcio e amor-próprio, 148-51; caso, injustiça, 67-71; contemplação, 58, 59, 63, 69-70; emoção, 59-60, 62, 68; equilíbrio, 60, 64-65, 70-71; exemplos (Casals e Twain), 65-67; descrição geral, 60-65; problema, 58-59, 61-62, 67-68
Peirce, Charles Sanders, 96. *Ver também* Apêndice A
Pensamento crítico, 80, 228
Peste, A (Camus), 100
Pitágoras, 131. *Ver também* Apêndice A
Platão, 73, 79-80, 86-87, 88, 97, 122, 149, 224, 225, 227-29, 232, 290, 314; mito do anel de Gyges, 249-51. *Ver também* Apêndice A
Pragmatismo, 96
Príncipe, O (Maquiavel), 128, 139
Propósito da vida. *Ver* Significado e propósito
Protágoras de Abdera, 169. *Ver também* Apêndice A
Psicologia behaviorista, 39-41

Quine, Willard, 102. *Ver também* Apêndice A

Raabe, Peter, 265
Racionalismo, 88-90, 187, 210-12
Rand, Ayn, 20, 146, 196, 202. *Ver também* Apêndice A
Reencarnação, 77, 274-75, 290, 292
Relações, descobrindo, 107-20; caso, poder alienador da tecnologia, 109-15; caso, compromissos da vida depois, 205-07, caso, valores e padrões elevados, 115-20;

filosofia chinesa sobre, 107-09; cristianismo e hinduísmo sobre, 108-09; tecnologia interferindo em, 108-09
Relações, família, 163-80; caso, crise de um membro da família, 166-67; caso, conflito mãe-filha, 167-73, 293-94; caso, pai ou mãe precisando de cuidados, 173-80; caso, preocupação dos pais, 164-66
Relações, fim de, 143-61; caso, divórcio e amor-próprio, 143-51; caso, sentimento de fracasso, 156-58; caso, dependência financeira e sensação de estar preso, 158-61; caso, casamento longo e divórcio, 151-56; mudança, 154-56; dever, 153-54; egoísmo como virtude, 146-48
Relações, mantendo, 121-41; biblioterapia, 126-29; Eu-Tu e, de Buber, 159; caso, expectativas conflitantes do casamento, 135-38; caso, controle dos assuntos, 133-36; caso, divergência sobre o momento de ter filhos, 124-29; caso, receios em relação a compromissos duradouros, 129-31; guerra civil, 139-41; autoridade externa e, 131-33; senhor e escravo, 138; poder e felicidade, 122-24; luta de poder, 137
Relativismo *versus* absolutismo, 169-71, 235-36
Religião, 225, 261-62, 287-88
República, A (Platão), 224, 249-51
Romantismo, 91-93, 188-89
Ross, William, 154, 155. *Ver também* Apêndice A
Rousseau, Jean-Jacques, 91, 92, 188, 189. *Ver também* Apêndice A
Roy, Bernard, 320
Russell, Bertrand, 21, 82, 101, 139. *Ver também* Apêndice A
Sábios da Floresta da Índia, 75, 76-78

Sartre, Jean-Paul, 98-100, 159-60. *Ver também* Apêndice A
Schopenhauer, Arthur, 107, 312, 320. *Ver também* Apêndice A
"Se"(Kipling), 260
Seguro, cobertura, 42
Sem Saída (Sartre), 100
Sêneca, Lucius, 119. *Ver também* Apêndice A
Shakespeare, William, 302
Sheehy, Gail, 207
Shibayama, 197
Significado e propósito, 253-81; tédio, 278-80; caso, aceitação do estado atual, 269-72; caso, monge quebrando os votos, 263-65; caso, crise espiritual, 265-68; caso, estudante no exterior, 272-74; Churchill e, 261-62; definido, 255-61; depressão e, 263-65, 277; evolução de, 274-75; fatalismo, 276-77; Deus e, 262-63, 265-69; ajudando o outro, 280-81
Singer, Isaac Bashevis, 276
Skinner, B. F., 39
Small is Beautiful: Economics as if People Mattered (Schumacher), 202
Sócrates 7, 22, 26, 79, 140, 149, 224. *Ver também* Apêndice A
Sofrimento, 76, 304
Solidão, e alienação, 109-15
Spinoza, Baruch, 221
Spinrad, Norman, 212
Strachey, Lytton, 297
Suicídio, 301-03
Sun Tzu. *Ver* Apêndice A
Szasz, Thomas, 33, 46

Taoísmo, 78, 195; sobre descobrir uma relação, 113; sobre o bem, 225, 233; sobre o caminho perfeito, 194; os opostos se confundem, 269, 286; *Tao Te Ching*, 154-55

Taylor, Elizabeth, 140
Tédio, 278-80
Teleologia, 89, 235, 262
Tempo, filosofia do, 297-99
Teoria da decisão, 175-80
Terapia psicológica ou psiquiátrica, 37-51, 54; abordagem de problemas, 35-36, 51-53, 62-63; insatisfação com, 18; empatia e, 53-55; falácias de, 44-51, 61-62; modelo clínico, 37-38, 45-49; necessidade de, 25, 34; popularidade de, 33-34
Thoreau, Henry David, 17, 202, 205, 280. *Ver também* Apêndice A
"To an Athlete Dying Young" (Housman), 259
Tolstoi, Leon, 119, 276
Transcendência, 93
Tristeza, 180
Twain, Mark, 65-67

Utilitarismo, 94-95

Virtude, 117, 120, 164-66, 172
Vivendo o momento, 289, 297-99
Voltaire, 181, 187

Walden (Thoreau), 202, 280
Watson, John, 39
Watts, Alan. 256
Welty, Eudora, 262
White, T. H., 180
Whitehead, Alfred North, 73. *Ver também* Apêndice A
Wilson, E. O., 226
Wittgenstein, Ludwig, 57. *Ver também* Apêndice A
Wollstonecraft, Mary, 95, 163, 253. *Ver também* Apêndice A
Wordsworth, William, 92
Wundt, Wilhelm, 38

Este livro foi composto na tipografia Agaramond,
em corpo 11/14, e impresso em papel off-white
no Sistema Digital Instant Duplex da Divisão
Gráfica da Distribuidora Record.